二战德军
653重装甲歼击营 战史

士兵突击

SCHWERE
PANZERJÄGER-ABTEILUNG

黄锴 编译

▽上

重庆出版集团 重庆出版社
果壳文化传播公司

图书在版编目（CIP）数据

653重装甲歼击营战史 / 黄锴编译. —重庆：重庆出版社，2016.3（2023.2重印）
ISBN 978-7-229-10678-2

Ⅰ.①6… Ⅱ.①黄… Ⅲ.①第二次世界大战—装甲兵部队—军事史—德国 Ⅳ.①E516.9

中国版本图书馆CIP数据核字（2015）第280265号

653 重装甲歼击营战史
653 ZHONGZHUANGJIA JIANJIYING ZHANSHI
黄 锴 编译

责任编辑：周北川
责任校对：何建云　李小君
装帧设计：韩木华

重庆出版集团　出版　果壳文化传播公司　出品
重庆出版社

重庆市南岸区南滨路162号1幢　邮政编码：400061　http://www.cqph.com
三河市顺兴印务有限公司印刷
重庆出版集团图书发行有限公司发行
E-MAIL:fxchu@cqph.com　邮购电话：023-61520646
重庆出版社天猫旗舰店
cqcbs.tmall.com
全国新华书店经销

开本：720mm×1020mm　1/16　印张：38.5　字数：380千　彩色插页：16
2016年 3 月第 1 版　2023年 2 月第 2 次印刷
ISBN 978-7-229-10678-2

定价：85.80 元（总价）

如有印装质量问题，请向本集团图书发行有限公司调换：023-61520678

版权所有　侵权必究

目录 Contents

前　言 ··· 1

第一章
第197突击炮营的组建和征战历程 ····················· 001
（1940年11月—1943年2月）

第二章
第653重装甲歼击营的组建和初期征战 ················ 055
（1943年4月—1943年12月）

第三章
在奥地利圣瓦伦丁对"费迪南德"进行翻修 ············ 287
（1944年1月—1944年3月）

第四章
第653重装甲歼击营第1连在意大利的行动 ············ 293
（1944年2月—1944年8月）

目录 Contents

第五章
第653重装甲歼击营第2和第3连在苏联的征战历程 ······························ 365
（1944年4月—1944年8月）

第六章
第653重装甲歼击营第2连和第614陆军重装甲歼击连的机动和作战 ····· 459
（1944年9月—1945年5月）

第七章
换装"猎虎"坦克歼击车的第653重装甲歼击营训练、重组及作战 ······ 475
（1944年—1945年）

附 录
车辆标记与涂装 ··· 589

前 言

在第二次世界大战期间，德军的坦克歼击车大多采用坦克底盘，安装固定式战斗室，配备比同底盘坦克威力更大的主炮，用来对付敌人的装甲目标。在这类武器中，"费迪南德"和"猎虎"都以其威力超群的主炮和厚重的装甲，给交战各方留下了深刻的印象，更为后世的史学研究者和军事爱好者高度关注。有趣的是，德军中只有一支营级部队先后装备过"费迪南德"和"猎虎"，它就是德国陆军的第653重装甲歼击营。

第653重装甲歼击营的前身是著名的第197突击炮营，这个营组建于1940年11月，在德军入侵巴尔干半岛之时首次投入战斗。苏德战争爆发后，该营也在开战第一天就越过边界随着大部队向苏联进攻，一路向东，参加了基辅战役，随即又被调到战线南端的克里米亚半岛，加入到苏德双方在克里米亚的一系列残酷战事中去。

到了1943年4月，第197突击炮营被调离前线，来到奥地利换装"费迪南德"坦克歼击车，这是一种用波尔舍公司竞标失败的"虎"式底盘发展而来的战车，配备一门71倍径88毫米反坦克炮，该营此后即被改编为第653重装甲歼击营。1943年7月，这个营参加了德军代号为"城堡"行动的库尔斯克战役，在奥廖尔地区及其附近作战，其装备的"费迪南德"在与苏军装甲部队的对垒中表现出强大的优势——据德军统计，平均每辆"费迪南德"击毁的坦克高达15辆。库尔斯克战役结束后，这个营又被调到第聂伯河东岸，在德军固守的桥头堡内，用强大的火力支援守军。不过由于"费迪南德"的高故障率，在凛冬来临之际，全营回到奥地利翻修、改装战车。经过改进的"费迪南德"后来被德国官方文件更名为"象"式。

1944年初，随着盟军在意大利战区的攻势愈来愈强，第653重装甲歼击营不得不按照上级命令，派遣第1连携带紧急维修好的一批战车进入意大利助战，而其余的部队则在1944年4月被调到乌克兰集团军群的地段里。面对官兵素质和武器装备都大大增强的苏军，加上自身装备的高故障率，第653重装甲歼击营在随后的战斗中损失惨重，仅存的"象"式也被集中到第2连里，而该连也在1944年12月被改名为第614重装甲歼击连。第653重装甲歼击营的其余部队再次回到后方，换装以"虎王"坦克

653重装甲歼击营战史

底盘发展而来的"猎虎"坦克歼击车,这种战车配备的128毫米主炮威力在当时堪称翘楚。

1944年底,换装完毕的第653重装甲歼击营匆匆参加了德军在西线发起的阿登反击战。在1944年与1945年交替之际又加入G集团军群的序列,投入到"北风"行动中去,随后一直留在德法边境附近作战。由于盟军已经突入其防区的后方,该营也不得不一路撤退,在二战结束之时,全营大部分别向美军和苏军投降。

本书的德文版,不但有现存于德国联邦档案馆之弗莱堡军事档案馆的战时文件的考证,还搜集了许多地方档案馆的资料,尤为可贵的是,第197突击炮营和第653重装甲歼击营等部队的老兵还提供了大量的战时照片、日记、笔记、证件和第一手的回忆材料。以上的这一切,构成了本书坚实的基础。除此之外,书中还穿插了清晰的统计图表,绘制了精美的各时期编制表,各种战车彩绘,全面表现了第197突击炮营和第653重装甲歼击营的征战历程,对于战争最后阶段的第614重装甲歼击连的历史,也有全面的讲述。

关于本书编译中的几个问题,本人在此说明:

1. 参与到"费迪南德"和"猎虎"生产的德国Porsche公司,中文译法有"波尔舍"和"保时捷"两种,由于"波尔舍"是人名译法,而"保时捷"是最早从港台传入的音译加意译的独特汽车品牌译法,因此译者在本书中一律采用了"波尔舍"的译法。

2. Ferdinand的中文译法通常有"费迪南"、"斐迪南"和"费迪南德"几种,本人同样是考虑到这种战车得名于其设计师费德南德·波尔舍博士,而不是奥地利历史上的几位名人,所以根据《新华社世界人名翻译大辞典》,采用了"费迪南德"的译法。本书中的其他人名地名,也是按照《新华社世界人名翻译大辞典》和《世界地名翻译大辞典》译出。

3. Panzerjäger的中文译名通常有"坦克歼击车"、"驱逐坦克车"、"自行反坦克炮"等,本书采用了"坦克歼击车"的译法;而schwere Panzerjäger-Abteilung,本书译为重装甲歼击营,以体现二战德军部队的特色。

4. 二战德军的军衔名称是一个非常复杂的体系,中文翻译界采用直译、意译和套译给出了数种翻译方案,而本书采用的是《闪电战》杂志社经数年出版经验整理之后目前所采用的一套译法。

5. 在德文版中,书中还多处采用当地语言拼出某些地名或者名词,本人根据实际情况对相同的名词给出了统一的中文翻译,在此不一一说明。另外原书中有时按照西方人的习惯用Russland(俄国)指代苏联,在本书中统一称为苏联。

在本书的编译过程中，本人得到了赵国星、潘学基、赵玮、张世超的帮助和指导，此外还有"双子座文化"编辑老师们的辛勤劳动，译者在此一并表示感谢。

最后祝愿中文版的读者，能和本书各种语言版本的读者心情一样，饶有兴趣地读完此书！

黄锴

2014年4月

第一章
第 197 突击炮营的组建和征战历程
（1940 年 11 月—1943 年 2 月）

653重装甲歼击营战史

第197突击炮营各突击炮连战斗车辆编制（1941年4月6日）

	连长座车	Sd.kfz.253半履带装甲观测车			
	第1排	Sd.kfz.253半履带装甲观测车	短身管三号突击炮	短身管三号突击炮	Sd.kfz.252半履带弹药运输装甲车
第1连	第2排				
	第3排				
	连长座车				
	第1排				
第2连	第2排				
	第3排				
	连长座车				
	第1排				
第3连	第2排				
	第3排				

第一章　第197突击炮营的组建和征战历程

1940年11月下旬，驻扎在柏林附近于特博格（Jüterbog）的炮兵教导团第7营（Ⅶ/Artillerie-Lehr-Regiment）完成了组建第192和第197突击炮营的准备工作。德国（国防军）陆军总司令部于1940年11月22日发布了第197突击炮营的军官名单。

营长：赫尔穆特·克里斯特少校（Major Helmut Christ）
营副官：汉斯·利特克中尉（Oberleutnant Hanns Liedtke）
营联络官：阿德里安·加特纳中尉（Oberleutnant Adrian Gartner）
营总医官：军医少尉赫伯特·鲍尔迈斯特博士（Assistenzarzt Dr. Herbert Bauermeister）
营出纳：卡尔·科赫中尉（Oberzahlmmeister Karl Koch）
营部连连长：格拉尔德·德·拉·雷诺提尔中尉（Oberleutnant Gerald de la Renotiere），后来相继为维尔纳·普罗伊塞尔少尉（Leutnant Werner Preusser）和卡尔·塞茨少尉（Leutnant Karl Seitz）
第1连连长：乌尔里希·布林克中尉（Oberleutnant Ulrich Brinke）
第2连连长：富尔中尉（Oberleutnant Fuhr）
第3连连长：格贝中尉（Oberleutnant Goebe）
营总技师：战争技术管理顾问鲁道夫·沙弗拉内克（Kriegsverwaltungsrat Rudolf Schaffranek）

该营的正式成立日期是1940年11月25日（星期一），其常驻地是于特博格训练基地的新营区。

第197突击炮营在于特博格的训练一直持续到1941年2月上旬。二战初期德军的训练非常从容，这为该营官兵提高凝聚力，加强团结提供了充分的条件。

1941年2月4日，第197营的突击炮在齐纳（Zinna，于特博格南面约40公里）上了火车，来到布里格（Brieg，位于西里西亚，现属于波兰，已改名为布热格（Brzeg））的第8军区。第197突击炮营一到目的地，就被配属给埃德加·泰森中将（Generalleutnant Edgar Theißen）指挥的第262步兵师。第262步兵师隶属于步兵上将赫尔曼·盖尔（General der Infanterie Hermann Geyer）指挥的第9军，军部设在奥珀伦（Oppeln）。第9军的上级机关是司令部设在扎科帕内（Zakopane）的第17集团军。泰森中将于1941年2月13日视察了全营，并在穆德拉（Mudra）兵营阅兵场观看了第1连的密集队形运动。

653重装甲歼击营战史

全营在1941年2月17日到3月25日之间演练了各种各样与步兵协同的训练科目，还进行了军令传递训练，以提高步兵排级军官（有时是步兵士官）和突击炮车长们的协同能力。盖尔步兵上将在第9军部分军官的陪同下，于1941年2月26日视察了第197营的第3连，当时第3连车辆不足，因此特地从第1连借调了一些车辆以满员实力接受检阅。

演习中还有一个步兵营及第197营第2连（欠第3排）参与。

1941年3月29日，摩托车传令兵给营部送来军令，命令全营做好开拔准备。得到即将参战的命令之后，部队士气大涨。

巴尔干战役于1941年4月6日开始。德军铁路运力不足，无法转运所有的人员和装备，所以第197营的出发时间一再延迟。一直到1941年4月8日，他们的突击炮和支援车辆才开始在布里格装车，第一趟军列于凌晨3点58分出发。第197营从布里格，经过摩拉维亚的奥斯特劳（Ostrau）、卢嫩堡（Lundenburg），于1941年4月9日抵达维也纳。在那里，赛梅林铁路穿过维也纳新城（Wiener Neustadt）海拔986米的赛梅林（Semmering）关口，到达格拉茨（Graz）。第197营的各连在不同的车站卸车，其中，营部连在维尔东（Wildon）卸车，第1连在凯斯多夫（Kaisdorf）卸车，第2连卸车点不明，而第3连在格拉茨东部卸车。各连分别在埃伦豪森（Ehrenhausen）、加姆利茨（Gamlitz）和南斯拉夫边境扎营。

第197突击炮营被配属给第132步兵师，不过因德劳河（Drau）上的桥梁已被炸毁，而无法为该师担当前卫。该营只得闲等一座承重16吨的桥梁建好。最终，他们于1941年4月13日在普图伊（Pettau）渡河。渡河之后，该营在没有遭遇抵抗的情况下穿过阿格拉姆（Agram），于1941年4月16日来到卡尔施塔特（Karlstadt，又名卡尔洛瓦茨（Karlovac））。因为其间塞尔维亚已经投降，所以该营在部分先头部队已经到达巴尼亚-卢卡（Banja-Luca）的情况下停下了脚步。全营留在卡尔施塔特。1941年4月20日该营在接到命令后开始启程回国。行军路线是途经纳瓦基（Novaki）、亚斯特雷巴斯科（Jastrebarsko）、克宾斯基普利采（Krapinske Toplice）和克拉皮纳（Krapina），来到马堡（Marburg，现斯洛文尼亚的马里博尔（Maribor））。之后的行军路线沿着德劳河的流向来到奥地利的克恩滕州。全营于1941年4月22日抵达菲拉赫（Villach）。

此时，第197营奉命就地休整14天以检修车辆，士兵们则借宿在当地居民家中。官兵们还趁此机会到附近的沃尔特湖（Wörther）和米特施塔特湖（Mittelstätter）旅游。各连对所属的突击炮和车辆都进行了维护。

1941年5月7日凌晨，所有车辆又在菲拉赫火车西站装车。全营于5月9日抵达西里

第一章　第197突击炮营的组建和征战历程

西亚的格拉茨，进驻莫尔特克（Moltke）兵营。1941年5月19—28日，全营在当地训练区展开各种地形训练，以提高战备水平并吸收巴尔干战役中学到的新知识。1941年5月21日的一次大规模车辆检查结果也令营长十分满意。

1941年5月29日，该营开始为离开格拉茨做准备，所有准备工作于5月30日完成。火车全速向东，经过科塞（Kosel），又途经拉蒂博尔（Ratibor）和克拉科夫（Krakow），在离普热梅希尔（Przemysl）60公里远的热舒夫（Rzeszow）车站下了火车。从这里，第197营继续向北进行公路行军，穿过扎卡罗夫-叶扎夫（Sakalow-Jezewe），接着又穿过扎瓦达（Zawada）奔向扎莫希奇（Zamosc），最后来到了目的地扎亨村（Sahryn）。热舒夫到扎亨之间的距离是214公里。全营除了第1连之外，又继续前往图尔科维采（Turkowice）扎营。

以下是第197突击炮营第1连老兵海因里希·斯科德尔下士（Unteroffizier Heinrich Skodell）的日记，从中可以一窥该营在苏德战争最初几个月中的艰苦战斗：

我的日记——征俄战役

1941年6月22日。星期日。凌晨3点。我们距离布格河（Bug）200米远，河对面就是索卡利（Sokal）。3点15分，第一门德国大炮开始轰鸣，随后数百门加入其中。索卡利立即陷入一片火海，有如人间地狱。战斗工兵为我们拿下了桥梁。突击炮接着奉命前进。

我们在3点50分跨过布格河，在索卡利的街道上前进搜索敌军。一个德军士兵蜷缩在地上——第一个伤亡。10分钟之后我们遭遇了碉堡，随后战斗开始了。我是我们排长指挥车里的一员，他是个年轻的少尉。我们被迫绕了个弯，因为只有这样才能避开反坦克壕沟。在一条窄巷里我们突然遭到了苏军攻击。一阵短暂的交火之后，一座砖厂爆炸起火。苏军近乎鲁莽地冲进了我们突击炮的队列中。我们于凌晨6点突破了碉堡链。我跳下车，拿起无线电继续前进。我们必须在野地里杀出一条血路。子弹在耳边呼啸，炮弹四处爆炸。一些士兵被打中，满身血迹的医护兵在伤兵之间穿梭照料。

霍贝孔斯村（Horbkons）也打了起来，但抵抗很快被瓦解。继续向塔尔塔科夫（Tartakov）推进，我们在此占据了阵地。这座城市笼罩在了猛烈的炮火下。我们在下午晚些时候不得不再次出发，途中俘获了一个炮兵连、两辆坦克和一门反坦克炮。我们排的二等兵斯莫尔卡（Gefreiter Smolka）手臂中枪受伤。当晚我们留在塔尔塔科夫过夜。

1941年6月23日。我们被己方大炮的轰鸣吵醒，继续追击苏军。我们营的突击炮

在一次侦察途中遭遇了一个敌炮兵连，随即把他们炸上了天。我们还消灭了一队苏军步兵。我们的排长乌布利希少尉（Leutnant Ulbricht）在帕维亚蒂切（Parviatycze）以东负伤。瓦格纳少尉（Leutnant Wagner）随后接过了指挥权。当天下午我们担任前卫任务。在采霍夫镇（Cechov）又爆发一场战斗，我们缴获了两门迫击炮及其运载车。二等兵埃贝勒（Gefreiter Eberle）负伤。

1941年6月24日。追击，在兹维纳切（Zviniacze）进行街道战，接着前往拜尔梅尔（Baremel）。犹太人商店里的东西不用付钱任我们白拿。天太热了。

1941年6月25日。拜尔梅尔，凌晨3点，我们预计苏军会发起大规模进攻，但前进过程中却发现此地的苏军已不见踪影。我们必须渡过斯特里河（Styr），不过桥梁已毁。于是我们转向南面前往西帕（Sipa）去渡河，然而那里的桥梁太烂了，我们必须造座新桥。

1941年6月26日。凌晨2点，桥造好了，我们途经佩伦伊（Perenyi）、贝雷特茨（Beretecz），渡过斯特里河，又经过韦尔本（Werben）、赫尼基（Chryniki）。在路上遇到了猛烈空袭，死了不少步兵。随后我们到达了当天的目的地梅尼奥（Melnio）。当天下午在杜布诺以西展开侦查。打死20名苏军，其中首次发现了蒙古面孔。沃勒曼少尉（Leutnant Wollermann）阵亡，施皮尔曼少尉（Leutnant Spielmann）受伤。

1941年6月27日。我们在稻草堆上美美睡了一夜，天气非常暖和。卫生大扫除。我们埋葬了沃勒曼少尉，还参观了"格别乌"（GPU，苏联内务人民委员会下属的苏联国家政治保卫局的英文简写，俄文简写为ГПУ）在杜布诺的监狱，里面真是太可怕了。

1941年6月28日。凌晨4点离开梅尼奥。苏军于18点对西特诺（Sitno）发起一次进攻，但被击退。此战击毁苏军40辆装甲车辆和70辆卡车，还打哑了两个炮兵连。苏军尸横遍野，场面极其骇人。二等兵施塔门（Gefreiter Stammen）负伤。一辆突击炮被一发直接命中的炮弹打坏，只得送到后方修理。击毁一辆52吨的苏军坦克。

1941年6月29日。9点发起进攻。我们跟着步兵攻击苏军残兵。越野途中突然发生交火，三名苏军绝望地躲在谷子地里抵抗。一人被突击炮压死，另外两人被打死。我们在克鲁基（Kruki）过夜。

1941年6月30日。天气非常好。敌人的战斗机在克鲁基紧急迫降。飞行员销声匿迹。17点通过了波切约夫-诺维夫（Poczayov-Nonvy）。当晚在塔拉兹（Taraz）宿营。

1941年7月1日。跨过纳瓦河（Nava）。穿过田野继续进攻。突然遭遇3辆苏军坦克，我们只有一辆突击炮。短暂的交火后一辆苏军坦克被击毁，打死了逃跑的军官。另外两辆被迫撤退。在维纳维茨（Vieniaviec）以北3公里处休息。两次敌空袭没给我

第一章 第197突击炮营的组建和征战历程

们造成任何损失。领到了啤酒:是时候休息一会了!

1941年7月2日。早晨6点。步兵从昨天起就与拼命试图从考特里恩堡(Katrynburg)突围的苏军交战。得到一个炮兵连支援的我部第2排也从昨天起就在那里激战。我们穿过乡野,在抵达镇子前摧毁了一辆苏军坦克。之后战斗工兵进入镇子。与拥有优势兵力的苏军激战持续了数小时。他们反复进攻。战斗结果在下午见了分晓。苏军在付出了惨重损失之后退去,我们抓住了几个俘虏。他们都是誓要战至最后一人的斯大林的精锐部队成员。第2排的两辆突击炮都受损,无法再战,必须修理。

1941年7月3日。昨夜下了一夜雨。我们在霍伊卡(Horynka)附近的森林里过夜,那个地方在维斯尼奥维克(Visniovic)以北10公里外。今天休息。天气反复无常。

1941年7月4日。下了一夜雨,直到下午3点雨才停。我们上午就把所有车辆开出森林沿着公路继续前进。这可不容易,因为地面已经变软了。天黑时才停止前进。作战部队来到维尔扎维克(Vierzoaviec)。由于雨水把路面泡烂了,轻型补给队只得停留在维斯尼奥维克。

1941年7月5日。军粮只能用履带式车辆往前送。半数的车辆陷在烂泥里动弹不得。我们在行军途中遇到无数陷住的车辆。天气开始放晴,地面逐渐干了。马匹牵引的车辆和徒步人员在厚厚的泥沼里走出来可得费点劲。我们这些作战部队把补给队甩得太远,恐怕连着几天都吃不到军粮了。

1941年7月6日。天气很凉爽,似乎要下雨了。我们在早晨6点收起帐篷,朝着比亚特泽扎卡(Biatozorka)前进。休息。我们做了炒肝和炒鸡蛋作为体面的周日早餐。太阳出来了,11点30分,我们越过了苏联的旧国境线奔向基辅方向。我们是前卫,连同一个来自步兵部队的重机枪排。我们预计会遇到抵抗,不过苏军已经逃跑了。我们对着苏军逃跑路线上的一片谷子地打了几炮。用哥萨克的马匹进行骑术训练,在森林里过夜。

1941年7月7日。我们继续向东推进。苏军甚至无法撤退,一些苏军士兵在疲倦和冷漠中掉了队,没能撤退,只能向命运屈服。投降人数每天都在增加。

1941年7月8日。再次担任前卫。我们在通向旧康斯坦丁诺夫(Starokonstantynov)的路上截住了一支苏军。一顿炮击之后,对方就逃跑了,几乎不做抵抗。我们对红军杀伤甚重,还抓了很多俘虏。拿下一座装满了弹药、被服和补给的仓库。第2排担任警戒。我们听到右翼似乎有坦克。那些坦克突然出现,我们冲上去开火,3辆被击毁,其余的快速逃走了。我们小心地追了上去,却发现它们其实是德军坦克。真不吉利。我们今天在斯维纳(Svinna)过夜。

1941年7月9日。天气很热。离开斯维纳之后只走了几公里。晚上下起了雷暴雨。

653重装甲歼击营战史

1941年7月10日。道路一片泥泞。我们穿过旧康斯坦丁诺夫,去攻击城市东北面的"斯大林防线",敌人的抵抗很顽强。劳伊下士(Unteroffizier Rayd)负伤。敌人还进行了骚扰性炮击。一发重炮炮弹晚上就落在附近,我得换个地方睡觉了。

1941年7月11日。苏军继续进行骚扰性炮击,我军炮兵进行还击。我写完这些文字就得去找隐蔽处了,因为炮弹不停地在周围爆炸。真不走运啊……对"斯大林防线"的攻击于下午3点30分开始。苏军在绝望中坚持抵抗。我们突破之后,一些地方爆发了肉搏战。右翼的进攻暂停了。也许明天早晨会继续进攻。

1941年7月12日。右翼的攻击部队后撤,敌人依然在苦战。苏军士兵想放弃碉堡,不过政委们又把他们赶了回去,并从外面锁上了碉堡。苏军士兵们非常害怕他们的政委。

1941年7月13日。战斗仍在继续。苏军用远程火炮轰击我们。火炮观测组费尽力气也没能找到敌炮阵地所在。苏军还空袭了两次,对他们自己的部队造成了严重损失。瓦格纳少尉负伤。我部到达亚布洛廖夫卡(Yabloyovka)。

1941年7月14日。苏军炮兵全力开火,我带着无线电在沼泽地里走了几个小时,有几次全身都陷在里面。苏军的炮击虽然猛烈,好在没伤着我,却使我第一次体会到崩溃的滋味。今天热气腾腾。我们在这样的天气里来到斯卡兹维涅茨(Skarzynitze)。遇到空袭。雷暴雨。道路又无法通行了。

1941年7月15日。看起来苏军再次撤退了。一枪未发,继续前进。阳光再次变得火辣。我们穿过萨林卡(Salinca),朝着佩加斯(Pagarce)前进。因为必须要等待架桥,我们在河边待命。苏军边撤退边毁掉沿途的一切。

1941年7月16日。我们从佩加斯出发继续向东。14点时变得很闷热,15点下起了雷暴雨。我们继续充当前卫。在维恩纳(Vuyna)镇郊外我们冲进了苏军队伍中。只有3辆突击炮、2门陆军的20毫米高射炮和2个步兵排朝着一支兵力占绝对优势的敌军发起了进攻。在长达3小时的激战之后,苏军被迫撤退。夜空非常晴朗,我们睡在开阔地里。

1941年7月17日。我们依然在维恩纳镇里,等待下一步行动命令。我们在开阔地里用最原始的方法宰了头猪烤来吃。双方的炮兵"互相问候"。我们只能时不时地找掩护,不过这没有破坏我们的烧烤。口粮和补给不足,我们必须自给自足。不幸的是,找到的食物也不多。一个被俘的苏军上尉招供他们将在夜间进攻。我们为此做好了防备。

1941年7月18日。进攻没来,我们仍然在维恩纳等待燃料、弹药和军粮。轻型补给队因为道路泥泞没有到达。我们吃的是土豆、芜菁和烤小猪。你得知道如何照顾好自己。11点下起倾盆大雨。如果继续下雨，我们只能滞留于此。一个士官发现了一些面粉，我们烤了面包。挨了一小时炮击，我们很走运，炮弹只落在附近。

1941年7月19日。下了一整夜雨，道路无法通行。我们用半履带车携带燃料、弹药和口粮前进。傍晚，步兵将苏军逼退了几公里，所以我们得以过了一个安稳的夜晚。

1941年7月20日。今天是开战的第四周。坏天气让我们情绪低落。一切都和我们期望的不同。下午我们向马奇诺夫卡（Machnovka）前进。四周似乎很平静。9架苏军战斗机用机枪向我们扫射。也许我们将向基辅前进。

1941年7月21日。我在帐篷里睡了一晚。看起来要下雨。谣言四起，不过没人知道到底怎么回事。晚上又下雨了。

1941年7月22日。天气还是一样。所有东西再次被彻底浇透了。口粮状况还是很糟，啥也没送上来。

1941年7月23日。早晨4点30分开始出发。直到中午天气都很凉爽。我们一路经过别尔季切夫（Berdichev）和日托米尔（Zhitomir），向马卡罗夫（Makaroff）前进。日托米尔是我们见到的第一个街上有汽车的苏联大城市，不过还是和德国城市没法比。城里很多地方被毁，不过城外有条高速公路直通基辅。

1941年7月24日。上午10点30分开始出发。战争痕迹一路都是。大量苏军尸体躺在路上和野地里，但沿路也有很多德军坟墓。我们在安德烈耶夫卡（Andreyevka）北郊暂停前进。天气很好，太阳很毒。我们在一个墓地里过夜。所有坟墓看上去都疏于清理，我们没碰任何一座坟墓，那是不允许的！

1941年7月25日。晚上又下雨了。敌人又开始短暂炮击，我们找了个更安全的地方睡觉。下午的天气很好。附近有很多苏军尸体，尸臭浓烈，使得我们今天必须把尸体都埋起来。我们的集结区是为进攻基辅而准备的。不知道何时开始突击？

1941年7月26日。天气阴沉，太阳在11点左右露脸，也许今天会天气晴朗。我们以睡觉和炸土豆来打发时间。苏军昨晚没有打扰我们，不过上午又对我们致以"问候"，我军炮兵也进行了还击。我们在15点左右遭到猛烈的炮击。许多步兵被打死。列兵许特尔（Kanonier Hütter）受伤。几架德军轰炸机在17点飞来轰炸了苏军阵地。

1941年7月27日。今天是我们在苏联土地上度过的第6个星期日。雨一直下到12点30分。苏军那边没什么动静，不过我们的火炮一直在射击。我们依然在等待进攻。基辅合围圈可能现在还没封闭。一串数量惊人的炮队在向前推进。基辅会成为第二个华沙么？敌军炮兵于18点精确击中了我们的位置，不过令人惊奇的是无人伤亡。我们后撤了几公里，避免晚上出现意外。

1941年7月28日。苏军战斗机的低空扫射惊醒了我们，音响效果要大过实际成效。一个间谍在19点被处决。晚上又下雨了。

1941年7月29日。全天的天气都很好，我们听到远处的炮声。我们明天会再次发起进攻。

1941年7月30日。早晨3点45分，薄雾，也许将是个好天气。发起三次进攻。起初我们从利波夫卡（Lipovka）运动到卡罗列维卡（Karolevka）前往进攻发起点。森林中爆发战斗。苏军伤亡惨重。先是在30米的距离摧毁一门加农炮，然后冒险出击拿下一整个炮兵连。俘虏甚众。一发子弹打到我的头盔上弹开了。二等兵波尔（Gefreiter Pohl）负伤。第三次进攻：在古勒亚（Goleya）东边的树林中战斗。当我军重炮炮弹在树林里开花之后，苏军开始撤退。抓到几个俘虏。空袭——真走运。炸弹在我们身后20米炸开，2名步兵阵亡。22点我们再次进入卡罗列维卡。精疲力竭，在地上睡觉。

1941年7月31日。非常炎热。19点发起了小规模进攻。我们拿下了迈耶顿维卡镇（Maiydonavka）。敌人逃跑了。我们留在迈耶顿维卡过夜。

1941年8月1日。我军步兵于6点进攻，他们顺利地完成了任务。我们向东突进得太远。我们跟一个步兵排一起遭遇了敌人并交火。一辆突击炮触雷动弹不得，乘员弃车。驾驶员克洛特下士（Unteroffizier Kloth）最后一个跳车时直接跳在了一颗地雷上，立即被炸身亡。其他突击炮也受损了，只得后撤。25名步兵在猛烈的敌火面前也无法坚持。我们全撤回了先前攻下的地点。14点，我们派出4人带着探雷器前去回收车辆和死尸。苏军已经把车组遗留的财物搜刮一空。一见到我们他们立即疯狂开火，我们只得再次撤退。17点我们支援了一次进攻。我们顶着敌人的顽抗前进。苏军用猛烈的炮火覆盖我们的进攻路线。太恐怖了！

我们仅存的弹药运输车也触雷了。驾驶员切尔马克列兵（Kanonier Tschermak）阵亡。副驾驶卡恩茨列兵（Kanonier Cantz）重伤。苏军战斗机打下了一个德军防空气球。我们在晚上到达迈耶达纳夫卡（Maiydanavka）。

1941年8月2日。我们占领了迈耶达纳夫卡的北郊。不过苏军炮火太猛，我们只得又退回镇子南部。15点时炮弹落点开始靠近，因此我们又撤得更远，到了我们补给队所在的卡罗列维卡。

1941年8月3日。我们最终撤到马卡罗夫去维修车辆。我在给水点附近支起帐篷。绝佳的洗澡机会。第一次有机会除虱子。

1941年8月4日。局部多云，好天气。我们在自己的车辆上忙碌。武器和人员装备全部补齐。我们打算今晚将两名阵亡的战友遗体找回。

1941年8月5日。我们只设法找回了切尔马克的遗体，由于那个区域的敌炮火太猛烈了，我们只好放弃其他努力。天气不错。

1941年8月6日。天气很暖和。我们清洗并维护了装备。

1941年8月7日。起风了，天色阴沉。"熨斗熨过般的平静！"

1941年8月8日。晚上开始下雨。我们于8点30分来到了基辅南面的普利斯科耶（Plissezkoye）。我们本打算立即发起进攻，但其他方面的情况又有变化，我们只好暂时留在原地。下了一整天雨，非常凉爽。15点左右天气放晴。

1941年8月9日。今天下了几场雷阵雨，其他一切平静。

1941年8月10日。5点30分离开普利斯科耶。我们已经被划给另一个军，来到了扬科夫特舍（Yankovtsche）。16点状况有所改变。我们启程向南行进25公里，经过瓦西里科夫（Vassilkoff）前往奥雷舍昌卡（Olyschanka）。看起来我们将要被派至一个新的师。

1941年8月11日。马拉亚-奥雷舍昌卡（Malaya-Olyschanka）一片平静。天气很好。

1941年8月12日。9点离开前往佩雷斯帕连耶（Peressalenye）。我们进入一片人烟稀少的区域。村子一个个都隔得很远。

1941年8月13日。对第聂伯河的进攻将于8月15日发起。进攻前我们会一直原地待命，不过计划有变。我连突然在17点接到前进的命令。我们向东南方运动50公里赶往前线。步兵很乐于见到我们。苏军前几天一直在坦克的支援下进行反击，不过遭受了数百人的伤亡。我们计划今晚进攻，不过推迟到次日上午。我们在离敌人阵地400米外的一个镇子里过夜。我们能很清楚地听到苏军伤兵的哭喊。

1941年8月14日。夜里计划又有变。凌晨3点，我们又向北行进了15公里赶往另一个团。明日将发起攻击。"斯图卡"轰炸了桥梁。

1941年8月15日。凌晨3点起床。5点开始向第聂伯河方向发起进攻。我们进攻时卡涅夫（Kaneff）及其周围的河谷依然环绕在雾中。排长座车触雷，不过没有伤亡。我们攻击了撤退中的苏军及筑垒阵地。我军步兵缓缓前进。下午我们继续进攻。雷阵雨让地面变得很滑。我们在没有步兵配合的情况下向上午炮击过的一处苏军阵地前进。敌军的炮弹在我们周围炸开，局势凶险而不明朗。由于到处都是死伤者，我们根本搞不清状况，只能勉强看见谁在向我们射击。好在再次撤离。德罗纳下士（Unteroffizier Drohne）的脚踝中了弹片。乌布利希少尉的两条大腿都被子弹击穿。

1941年8月16日。继续进攻。因为今天第2排的大部都不参战，我也留在了后方。我们修好了排长座车，之后移师连队所在地卡涅夫。今天拿下了卡涅夫。下午苏军炸掉了第聂伯河上的铁路桥。抓了很多俘虏。天气很热。上等兵韦勒（Oberkanonier Weller）负伤。

1941年8月17日。星期日。我们从卡涅夫向西北开了40公里朝着德拉奇（Dratschi）前进。看起来我们会调往另外一个地段。

1941年8月18日。又是炎热的一天。维修连把一辆修好的突击炮还给我们,不过它在半途触雷,维尔克纳下士(Unteroffizier Wirkner)负伤。全连三分之一的突击炮都压过地雷。如果这种情况持续下去,我们很快可以回国了。21点下起了雷暴雨。

1941年8月19日。天气不错,战事平静。等待下一次行动。

1941年8月20日。今日休息。

1941年8月21日。天气不错,为明天制订行动计划。

1941年8月22日。凌晨4点出发。向北行军40公里。在瓦斯里卡(Novassilka)待命。18点运动至出发位置。

1941年8月23日。凌晨3点起床。我们必须在敌人眼皮底下穿过高地,所以必须趁着天黑行动。6点发起攻击,很容易就拿下了的黎波利(Tripoliy)。连长座车触雷。驾驶员列兵普洛特尼克(Kanonier Plottnik)被炸聋,而列兵施奈德(Kanonier Schneider)头部受伤。第二次进攻在15点发起,我们突破了敌人的桥头堡。每次苏军都被赶过了第聂伯河。晚上我们在多连纳(Dolena)过夜。

1941年8月23日。星期日。13点出发。我们行军25公里来到卡尔利克(Karlik)。全营集结在此。也许会调到另外一个地段。

1941年8月25日。阵雨。我们准备长途行军,前往南边加入第17集团军麾下。

1941年8月26日。8点出发,途经斯潘多夫卡(Schependovka)、维塞托斯卡(Vincetoska)、巴盖斯塔夫(Bagustaf)、梅杰维亚(Medevia)和利相卡(Lisyanka)前往斯韦戈罗卡(Svenigorodka)。天气不错。

1941年8月27日。6点开始继续行军,途经沃加多契夫克(Vogadschefk)、洛达瓦特卡(Lodavatka)、斯波拉(Schpola)、斯塔托波(Statopol)和斯帕洛夫(Schpalovo)前往费德瓦(Fedvar)。看起来要下雨了。从基辅向南行军300公里实在是单调,一路几乎是一样的景色。有时连续20公里都看不到任何房屋。

1941年8月28日。早晨6点继续行军。倾盆大雨使道路成了泥沼。我们朝东南行军大约90公里后进入一个小村子停下。我们在一个集体农庄里找到了不错的烹饪用油、猪油、鸡蛋和面粉。

1941年8月29日。天气又好起来了。我们在中午前走了10公里,到了一个大点儿的镇子里,在那里待命。我们在一个花草茂盛的花园里竖起了帐篷。我希望行程快点结束,因为我们身上都是虱子。

1941年8月30日。休息日。好天气。

1941年8月31日。星期日。休息日。

1941年9月1日。很热。一场大规模进攻计划明天发起,推进将继续。

第一章　第197突击炮营的组建和征战历程

1941年9月2日。5点离开米罗纳卡（Mironaka），向帕夫利斯（Pavlisch）前进。我们将在那里等待坐船横渡第聂伯河。第197突击炮营的第2和第3连渡河后将建立一个桥头堡。这意味着我们要形成强大的前卫力量以深深刺入敌区。17点启程前往普洛特尼科夫卡（Plotnikovka），在那里过夜。18点下起了大雨。

1941年9月3日。11点。我们渡过了800米宽的第聂伯河。空袭。我们在索洛特尼舍夫斯（Solotnischtsche）待命。睡在谷仓里。晚上又遇到一次空袭。

1941年9月4日。凌晨4点就醒了。我们将投入进攻，又取消了。第聂伯河上的桥修好了，长得难以置信。补给队也过河了。多次遇到空袭。很冷。天气阴沉。苏军多次试图乘着多云天气的掩护攻击桥梁。强大的火力将其击退。我们下午到了莱施特申基（Leschtschenki），在那里过夜。

1941年9月5日。我们10点到达叶里斯东纳卡镇（Yeristonaka）。计划14点经叶里斯东纳卡进攻东边通向克列缅丘格（Krementschug）的铁路线。苏军被我们突击炮的出现所震撼，不做抵抗就四散而逃。苏军的伤亡很大。我们的炮弹杀伤甚重。团长称赞了我们的突击炮。我们在镇子里过夜。

1941年9月6日。16点离开隆日科夫卡（Lonrikovka），向波蒂基（Potiki）开进。次日我们将强渡普肖尔河（Psyol）。苏联空军抓住每个机会骚扰我们。显然德军在这里没有空中优势。防空部队的运气不错，取得一个直接命中，一架轰炸机拖着火焰掉了下来。苏军的袭扰炮火持续了一整夜。排长去侦察强渡普肖尔河的路线，回来时受了轻伤。

1941年9月7日。6点。我军炮兵对普肖尔河对岸发起了大规模炮击。8点，我们从一座铁路桥跨过了普肖尔河。每个团都要求把我部配属给他们。我们在13点发起了第一次进攻。我们抓获了超过100名俘虏，还有很多苏军尸体留在了身后。战场上一片狼藉。排长座车被反坦克炮击中，但一切都还好。驾驶员二等兵施勒明格（Gefreiter Schlemminger）以及二等兵海涅曼（Gefreiter Heynemann）和列兵马洛斯基（Kanonier Mallowski）受了轻伤。我们立即消灭了那门反坦克炮。

1941年9月8日。9点30分开始进攻。我们将包围克列缅丘格。进攻进展很快，没有遭遇像样的抵抗。我们消灭了一支苏军马车部队。敌人炮兵随即向那里开火。我连一辆车被直接命中。列兵利普（Kanonier Lipp）阵亡，列兵蒂图斯（Kanonier Titus）轻伤，卡拉登下士（Unteroffizier Kläden）和菲林特拉普下士（Unteroffizier Flintrap）重伤。我们在村子里过夜。敌人袭扰炮击不断。

1941年9月9日。整夜都在下雨。今天起，我担任突击炮炮手。16点开始进攻。这种感觉很奇怪，锁定目标，手指击发键上，然后手指轻轻一按，很多人就非死即伤。

我所在的突击炮在完成任务后发动机失灵。我们必须把战车弄到维修连去。

1941年9月10日。天气阴沉且凉爽。我们受损的突击炮修好了，于是回到连里。今天不进攻。8架苏军轰炸机在17点攻击了我们，非常难受，不过没有伤亡。

1941年9月11日。4点醒来。我们想进攻，接着想搞一次火力侦察，不过雨下个不停，只好作罢。

1941年9月12日。8点30分进攻奥姆维林克镇（Omvelnik）。苏军依托坚固工事抵抗，很难赶出来。中午才拿下镇子。没抓到什么俘虏，大部分守军战死了。我们的新排长普罗伊塞尔少尉（Leutnant Preusser）负伤。一颗子弹穿过了他的钢盔，不过只擦破了他的头皮。我目睹了他受伤的情景，并干掉了那个敌步兵。我们在奥姆维林克过夜。敌袭扰炮火不强。

1941年9月13日。我们8点动身去与位于罗曼尼克（Romanik）的轻型补给队汇合。克莱斯特集群的第14师已经到了那里，有可能将接管追击苏军的任务。我们要被配给一个新的师。13点启程，我们又渡过了普肖尔河，然后在西尔茨基（Ssilezki）郊外的一片谷子地里和衣而卧。敌人的袭扰炮弹落点离我们就300米远。

1941年9月14日。星期日。14点开始进攻。我们向东北推进了19公里。攻击非常成功。我们这辆突击炮摧毁了5辆卡车、1辆吉普车、1辆牵引车、1门重炮和1门轻型火炮，还有3辆马车。苏军损失惨重。我连其他突击炮摧毁了很多苏军火炮阵地。夜里，敌人朝我们住的镇子打了几炮。我们注意到抵抗正渐渐变为逃窜。苏军步兵坚持不了很久。他们全都是老头，有的只当了8天兵。天气很好。蓬普（Pomp）、皮尔（Piel）和莱曼（Lehmann）失踪。

1941年9月16日。早晨6点继续前进，行军5公里来到下一个镇子。伏击了一个40辆卡车组成的车队，把一辆军官车和两辆卡车打成了火球。我们这一天还逮住了更多卡车，傍晚又抓获了另一支车队。我们今日的战果：推进了30公里，80辆卡车（一些缴获一些击毁），抓了许多俘虏。我们再次拥有了充足的口粮，因为缴获的车辆上装满了这些东西。我们连的一辆军官车起火了。一辆突击炮触雷，不过在2小时内修好了。天气凉爽。临近中午时下雨了，路上全湿了。

1941年9月17日。非常凉爽。我们在下午见到敌人的第一批坦克。离我们5公里有条平行道路，苏军在沿着它撤退。赛跑开始了。苏军用坦克掩护撤退。傍晚我们和苏军坦克激战，我所在的突击炮击毁了两辆坦克，还攻击了敌人的卡车纵队。接下来由于我们耗尽了弹药，只得撤退。

1941年9月18日。我们在一片收割完毕的田野里待命直到中午。13点我们开始行动，没走多远我们就迎面遇上了苏军坦克。交火开始，我所在的突击炮把它们两辆打着火。我们沿着主路到了波尔塔瓦（Poltava）。苏军溃兵中弥漫着恐慌。步行者、马匹、车辆和坦克挤作一团。我们两辆突击炮朝着他们队伍中央开火。我们干掉了10辆坦克，抓了1000个俘虏。傍晚，我们又突袭了敌人的侧翼，导致了严重的混乱。苏军留下了不计其数的装备和死尸。我们留在波尔塔瓦机场过夜。我所在的突击炮被一门反坦克炮命中一弹，福尔格下士（Unteroffizier Volger）负伤。

1941年9月19日。我们开着突击炮回到后勤队修理。天气凉爽。

1941年9月20日。非常凉爽。我们不再睡在帐篷里，而是住进了黏土屋。害虫太多，非常难受。我们的突击炮还没修好。其他突击炮在和苏军坦克大战。一辆突击炮被击中，整个战斗室顶盖被打飞，炮手哈克尔下士（Unteroffizier Hacker）负伤。其他乘员都被吓傻了。它在2天内就被修好了，还补充了一个新乘员，以使原来那位有时间从震惊中恢复过来。车长和一等兵柯尼希（Obergefreiter König）受了重伤，车长的一条腿可能保不住了，一等兵的肺被弹所伤，列兵戈林斯基（Kanonier Golinski）胳膊受伤。施皮尔曼少尉在这段时间里代行连长职务。

1941年9月21日。我们的突击炮修好了，我们到了波尔塔瓦以北30公里处。我们才刚到，就又听说将要被配至另一个师。我们回到波尔塔瓦，刚找到过夜的住处，正庆幸又能以文明人的方式生活时，却又被告知准备再次动身。我们出城朝着哈尔科夫（Kharkov）前进了几公里就停住了。波尔塔瓦城内到处可见激战留下的痕迹。

1941年9月22日。我们又是前卫。走了几公里后，我们遇上了敌人阵地。我们的突击炮具有致命的威力。阵地守军是40—50岁之间的中年人组成的一个营，什么通讯工具都没有。他们的政委跑了。这些人想要阻击我们，并且他们显然对战局一无所知。这个营很快被消灭了，大部分人被击毙，其余的被俘。下午我们继续前进。4架苏军轰炸机突然从低空发起空袭，不过没有造成伤亡。黄昏时我们到了一片树林里，席地而眠。

1941年9月23日。我们必须把我们这辆突击炮弄到波尔塔瓦去修理；也许要花好几天时间。营长克里斯特少校受伤。新的营长是冯·巴里萨尼上尉（Hauptmann Freiherr von und zu Barisani），今天到。

（9月24日没有写下日记）

1941年9月25日。天气不错。在镇子里转了转，很有趣。

1941年9月26日。我们在等维修连。我们的连在哈尔科夫和大量苏军坦克交手，我们的一辆突击炮被击中燃烧，车组勉强将其驶离战区。此车已经两次触雷且在9月20日被直接命中过一弹。有一辆指挥车被击中。菲尔比尔少尉（Leutnant Fellbier），二等兵特劳布（Gefreiter Traub）和二等兵施勒明格阵亡。列兵许特尔和列兵荣格（Kanonier Jung）负伤。施皮尔曼少尉指挥全连，他已经四次负轻伤了，也是开战时

653重装甲歼击营战史

配至我连的6名军官中唯一还与我们在一起的。

1941年9月27日。维修连的先遣队到了。我们开了2公里来到我连占据的库房。全天都遭到空袭。

1941年9月28日。星期日。在突击炮上忙活。空袭。

1941年9月29日。全天都在下雨。没一架苏军飞机现身。新营长带领全营前往波尔塔瓦。本营不再具备战力，人员和装备损失太大。到今天为止，我们连50人中，36人负伤，8人阵亡。

1941年9月30日。维护装备。

1941年10月1日。维护装备。

1941年10月2日。营副官利特克中尉指挥我们连。他念了一封元首发给全营的电报，我们的欢呼把屋顶都要掀翻了。我们希望在未来数天里恢复战力。天气很好。

1941年10月3日。天气很好。18点收听元首的广播讲话。

1941年10月4日。黑策特中士（Wachtmeister Hetzert）晋衔的庆祝会。

1941年10月5日。在共产党建筑里集会。共产党领导人的画像居然还挂在墙上。

1941年10月6日。很冷。第197突击炮营的第2和第3连出动。第3连连长格贝中尉阵亡。

1941年10月7日。下雪了。营部连也出动了。我们要多等几天。新的突击炮还没有运到。

1941年10月8日。灭虱日。

1941年10月9日。我们接收了3辆新的突击炮。将于10月11日出动。

1941年10月10日。全天都在下雨。准备出发。

1941年10月11日。夜里结霜。6点出发前往哈尔科夫。下午天气恶劣，雨雪交加。道路变成了泥沼。在黏土屋里过夜。

1941年10月12日。全天雨雪交加。下午发起小规模进攻。4座苏军把守的建筑被打着了火。

1941年10月13日。外面脏得难以置信。我们在黏土屋里待命。苏军时不时打来恶毒的炮火。

1941年10月14日。1点起床。我们前进了10公里去击退一次苏军进攻，但进攻没来。我们乘着天黑又返回了老住处。非常冷，几乎无法在户外待着。一架I-16"老鼠"战斗机被击中，直坠而下消失。

1941年10月15日。凌晨5点，我们返回昨天的阵地待命。14点接到警报，我们向右翼移动。2辆苏军重型坦克发起进攻。经过半小时的交火，它们逃走了。在新阵地

里，我们只能摸黑寻找住所。军粮一天只送上来一次，只能吃冷的。

1941年10月16日。天气又变了。昨夜没有结冰，冷风将路面吹干了。13点，我们换下了在前沿警戒的第1排。接下来也没什么事发生。黄昏时我们回到住所。

1941年10月17日。4点30分，我们和自行车部队还有其他部队一起组成前卫出动。在一个镇子外围我们遭遇了轻微抵抗。我们瓦解了它，俘虏200人和3辆装着食物的马车。施皮尔曼少尉第5次负伤。他的膝盖被弹片打伤。天黑后我们来到另外一个镇子，让正在房子里吃晚饭的苏军大吃一惊。又抓了很多俘虏。

1941年10月18日。我们于8点继续前进。没什么值得一提的事。我们在一个大村子里找了宿舍。很多逃兵。

1941年10月19日。星期天。终于可以休息一天，只是没有咖啡和蛋糕。15点30分突然接到警报，我们走了几公里。下着雨，天黑后抵达我们的目标。20人在一个窝棚里过夜，挤得和沙丁鱼罐头一样。

1941年10月20日。下雨。轮式车辆都无法出动。一个骑兵连和3辆突击炮动身前往哈尔科夫。我们上了一条硬路并发起攻击。当我们突然出现时，苏军的卡车和马车队伍一片混乱。其中几辆想溜掉，但我们的炮弹更快。苏军的人员和装备损失很严重。我们的目标是哈尔科夫3公里外的一个小镇。我们缺乏弹药和燃料。由于人数太少，我们不得不整夜不睡保持戒备。我们听到了苏军撤退的声响，真遗憾我军炮兵不在。

1941年10月21日。援军夜间赶到。苏军朝着我们所在的镇子开火。

1941年10月22日。哈尔科夫外围几乎已在我手。炮击。今天从第197突击炮营第3连接收了一些弹药。我们还在等燃料和军粮。

1941年10月23日。中午开始进攻哈尔科夫。燃料还是没送到，12点进攻，燃料踩着点送到。我们在炮火准备结束后20分钟发起攻击。我们有两辆突击炮。在街道战中摧毁了4辆坦克和很多火炮。房屋看起来都已荒废，桥梁几乎全部被毁。我们是第一批进入哈尔科夫的德军士兵。我们在几栋房子里过夜。

1941年10月24日。8点我们继续进攻，一个街区一个街区地打过去。每个转角都有路障和坦克。一些平民因为好奇丢了性命。今天的战斗破坏巨大，所见一切一言难尽。我们在城东过夜。晚上下雨了，我们的补给队终于上了一条硬路，希望军粮很快能到。

1941年10月25日。我们于8点向市中心运动。肃清行动仍在继续，不过我们没遇到抵抗。有些平民在德军搜索建筑的时候袭击德军士兵，他们被吊死在市中心的树上，甚至包括两个妇女。苏军自己把监狱放火烧了。

1941年10月26日。星期天。今天天气很好。我们在一幢大房子里住下。休息。我

趁机参观了一下城市。整个城市都需要整修。后院都堆满了污秽。尽管如此，还是有些东方风格的教堂很漂亮。不幸的是，它们都被改作它用了。"劳动人民文化宫"，一座极尽奢华的建筑。我严重怀疑，一个工人可以进入这座建筑么？把每个印象都记下来得花不少笔墨。不管怎样，它没法与德国城市相比。

1941年10月27日。全天都在下雨。军粮紧缺，显然，啥都没送上来。晚上，全连用苏联酒水庆祝胜利。

1941年10月28日。雨下个不停。很安静。

1941年10月29日。杀了两头奶牛作为全连增补军粮。

1941年10月30日。枪毙了两个企图炸毁桥梁的平民。

1941年10月31日。雨。静。

1941年11月1日。准备出发。

1941年11月2日。我们今天将要出动，但燃油还是没送到。天气很好。

1941年11月3日。由于道路难以通行，运载燃料的车辆只能由半履带车拖着燃料车前进。

1941年11月4日。早晨6点出动。今天我们得到了缴获的燃油。改良过的道路只往哈尔科夫城外延伸了几公里，再往前又是泥沼。这是一次缓慢而令人生厌的前进。

1941年11月5日。纯粹就是折磨。道路状况之恶劣笔墨简直难以形容。我们连吃饭的时间都没有。许多车辆被陷住，甚至可以将它们算作全损了。

1941年11月6日。行动变得更为艰难了。天气变得更糟。我们3天内走了100公里，抵达克拉斯诺格勒（Krasnograd）。

1941年11月7日。全营必须重新集结。我们停了一天。下雨了。

1941年11月8日。我们继续前进。我们距离第聂伯罗彼得罗夫斯克（Dnepropetrovsk）已不足40公里。

1941年11月9日。石质道路。好天气。我们在第聂伯罗彼得罗夫斯克跨过第聂伯河。城里有很多德军士兵的坟墓。通往南方的道路路况相当不错。

1941年11月10日。从第聂伯罗斯特罗耶（Dneprostroye）坐船渡过第聂伯河。耗时半天。我们在萨波沃罗耶（Saporoshye）过夜。

1941年11月11日。桥梁被炸严重阻碍了行动。我们距离梅利托波尔（Melitopol）已不到60公里。

1941年11月12日。抵达梅利托波乐。

1941年11月13日。晚上的温度降到零下10摄氏度。

1941年11月14日。还是很冷。12点出发。又前进了80公里。

第一章　第197突击炮营的组建和征战历程

1941年11月15日。抵达佩列科皮（Perekop），它在与克里米亚半岛相连的狭长地峡上端。沿路有很多军人坟墓。

1941年11月16日。在赞科耶（Dzankoye）过夜。

1941年11月17日。中午到达克里米亚首府辛菲罗波尔（Simferopol）。

1941年11月18日。带着4辆卡车开了306公里去到佩列科皮，领取燃料。又湿又冷。

1941年11月19日。彻底清洗了我们的衣服。虱子对我们的折磨越来越厉害。

1941年11月20日。下雪了，很冷。对塞瓦斯托波尔要塞的进攻将于11月26日发起。

斯科德尔下士的日记到此结束。

1941年11月1日。施泰因瓦克斯上尉在哈尔科夫官复原职。1941年11月3日，陆军总司令部命令第197营从第6集团军转隶给第11集团军（克里米亚）。集团军决定行军路线任选，所以营部参谋只用一天就勘察并制订了行军路线。这条路线经克拉斯诺格勒、第聂伯罗彼得罗夫斯克、萨波沃耶那、梅利托波尔和尼古拉耶夫（Nikolayev）直至佩列科皮地峡。在经过了4个月的战斗之后还没有得到任何休整机会，又要在最坏的天气里沿着最坏的道路行军900公里，会给全营带来相当大的损失。不过行军必须尽早开始，所以各连分别出发了。

突击炮在这次强行军中的表现最好，而百分之七十的轮式车辆都出故障了。维修队修理了抛锚车辆并让它们能走得更远。维修队直到1942年1月才抵达克里米亚，不过他们一路修好了所有出故障的车辆。

1941年11月13日，施泰因瓦克斯上尉向第11集团军司令冯·曼施坦因大将报到。第197营分批抵达了辛菲罗波尔以北。一到那里，第190突击炮营的维修队就忙活开了。

经过几次简报和一些勘察之后，第197营被配属给第54军。施泰因瓦克斯上尉建议把整个营部署到第22步兵师的地段上，因为那里地形有利，不过被拒绝了。全营被拆分配属给3个师。

德军对塞瓦斯托波尔的第一次大规模进攻于1941年12月17日开始，第197突击炮营第1连在攻势的右翼前进，穿过完全开阔的地形，很快招致苏军重炮的轰击。进攻在难以言状的天气和地形里继续，为满足步兵和工兵不近情理的要求穿过雷场，对付防御严密的火炮和可升降的装甲炮塔。第197突击炮营第2和第3连配属给了第190突击炮营，全力以赴地向前进攻，夺取阵地。当苏军在12月底登陆刻赤（Kerch）和叶夫帕托里亚（Eupatoria）时，德军的进攻只得在1941年12月31日取消。德军战线向后退了不少。第22步兵师师长沃尔夫中将向施泰因瓦克斯上尉表达了对其突击炮支援行动的谢意。

653重装甲歼击营战史

赫尔穆特·克里斯特少校返回第197营，重新出任营长。不过没过多久他又因病再次卸任。短暂假期之后，施泰因瓦克斯上尉被任命为营长。

严重削弱的第197突击炮营于1941年1月和2月进行了一次前线休整。战争技术管理顾问沙弗拉内克率领维修队不知疲倦地工作，成功恢复了全营战斗力。第197突击炮营第1连接收了6辆新突击炮。1942年1月，第3连又短暂脱离营建制，参加了从苏军手中重夺费多西亚（Fedosia）的成功反击战。

1942年2月27日早晨，拥有巨大优势兵力的苏军沿着帕尔帕特施（Parpatsch）前线和刻赤半岛发动了筹备已久的"斯大林攻势"，试图夺回克里米亚。第197突击炮营只有第1和第2连共11辆突击炮可投入战斗。两个连在包括第10步兵师和第170步兵师在内的很多不同建制下一起参与了防御战。苏军坦克和步兵的强大攻势一直持续到1942年3月25日。

第197营在防御战中表现出色，击毁了大约80辆苏军坦克。1942年3月15日的国防军每日战报中提及该营："在刻赤半岛的战斗中，某突击炮营的施皮尔曼少尉指挥的一个突击炮排，在3月13日和14日的战斗中，击毁了敌人14辆坦克。"

次日战报又亲切地提及该营："在1941年3月13日的战斗中，某突击炮营的突击炮车长炮兵军士长施罗德尔，击毁了包括3辆重型坦克在内的8辆敌军坦克。"

1941年4月4日的每日战报再次提及第197营："第197突击炮营从东线战事爆发之日起已经击毁了200辆敌军坦克。"

炮兵军士长施罗德尔于1942年4月11日获得金质德意志十字奖章。1942年4月11日，约翰·施皮尔曼中尉（1941年7月1日晋升）获得了骑士十字勋章。

第197突击炮营在返回乌克兰战区后完全恢复了战斗力。与此同时，德军夺回克里米亚的"猎鸨行动"也开始筹备了。1942年5月8日，第197突击炮营（欠第3连）协同第50步兵师参加了攻击。第197突击炮营第3连被配属给第170步兵师。

第197突击炮营第1连连长利特克中尉在进攻开始不久就受了重伤，施皮尔曼中尉代行连长指挥权。雨天和泥浆使得一开始就无法快速推进。第197突击炮营第3连在第二天就陷在泥浆里，只得用牵引车拉出来。天气逐渐好转，第22装甲师开始前进了。该营也多次支援第28轻装师的进攻，战果颇丰。1942年5月20日，苏军在刻赤东部的最后抵抗被瓦解了。

第197突击炮营的官兵因为在这些行动中的表现获得了很多勋章和嘉奖。不幸的是，他们也承受了相当大的伤亡，阵亡者中就有第197营第2连连长哈格尔中尉。埃伯哈德·孔策中尉接任了连长职务。而最艰巨的任务依然摆在第11集团军的面前：夺取塞瓦斯托波尔要塞（Sevastopol）。

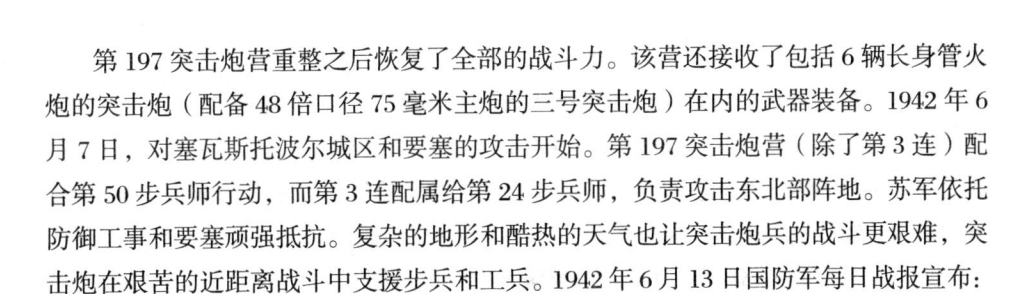

第 197 突击炮营重整之后恢复了全部的战斗力。该营还接收了包括 6 辆长身管火炮的突击炮（配备 48 倍口径 75 毫米主炮的三号突击炮）在内的武器装备。1942 年 6 月 7 日，对塞瓦斯托波尔城区和要塞的攻击开始。第 197 突击炮营（除了第 3 连）配合第 50 步兵师行动，而第 3 连配属给第 24 步兵师，负责攻击东北部阵地。苏军依托防御工事和要塞顽强抵抗。复杂的地形和酷热的天气也让突击炮兵的战斗更艰难，突击炮在艰苦的近距离战斗中支援步兵和工兵。1942 年 6 月 13 日国防军每日战报宣布：

在塞瓦斯托波尔外围的战斗中，某突击炮营的炮兵连长，骑士十字勋章获得者施皮尔曼中尉，以及某步兵团的连长弗兰克中尉，都以超凡的勇气备受尊敬。

1942 年 6 月 17 日，第 24 步兵师在第 197 突击炮营的支援下，夺取了"莫洛托夫"、"格别乌"和"第聂伯"堡垒。令该营官兵感到毛骨悚然的是，苏军在"英克曼"堡垒中兵营和野战医院都没转移之时，就把它炸掉了。

第 197 营最后一辆可用的突击炮配合第 50 步兵师越过反坦克壕攻入了塞瓦斯托波尔。1942 年 7 月 1 日，这场特别艰苦、代价特别巨大的战役终于胜利了。塞瓦斯托波尔战役结束。第 197 突击炮营在这个地区参加了一系列非比寻常的战斗。每个士兵，从驾驶员到机械士，每时每刻都全力以赴。各级指挥机关都普遍认同这一点。

全营在经过完善但短暂的休息之后，被转隶给部署在沃罗涅日地区的第 7 军。在那里，该部支援了很多个师——第 340 步兵师、第 377 步兵师和第 387 步兵师——防御苏军的多次猛烈进攻。1942 年 8 月 14 日，第 3 连连长格拉尔德·德·雷诺提尔中尉（1942 年 7 月 28 日获得金质德意志十字奖章）不幸重伤。

1942 年 8 月 17 日，苏军中止了在该地区损失巨大的进攻。第 197 突击炮营在 1942 年 8 月 23 日接到调动命令，他们将转隶给部署在奥廖尔的第 2 装甲集团军。他们一到那里，就被配属给克洛斯内尔将军指挥的第 53 军并接受如下任务："自由行动——把步兵从敌军持续不断的装甲突击中解救出来。"

第 197 营立即勘察地形，筹备行动，在数天内发动奇袭，击毁敌人 7 辆 KV-1 坦克，完成了任务。

1942 年 8 月，该营被转隶给斯帕斯-杰缅斯克地区的第 4 集团军，在第 56 军负责的地段上担任集团军预备队。除了偶尔会响起的战斗警报之外，他们在这段日子里的工作有：训练、侦查、备战、推演兵棋以及参加军事简报会。1942 年 12 月 23 日，第 4 集团军司令罗蒂格将军（Roettiger）给营长下达命令："全营官兵将很快去于特博格换

653重装甲歼击营战史

装重型突击炮。"

1943年1月上旬，第197突击炮营被从法国赶来的第270突击炮营替换。其所有武器装备都移交给第270营。1943年1月20日14点，营长施泰因瓦克斯少校集合全营开会，对即将开始的改编和番号变更进行了一次简报。然后他们登上卡车前往斯帕斯-杰缅斯克，在那里坐火车返回德国。

回国之行始于1943年1月21日。途经斯摩棱斯克、明斯克和华沙，于1943年1月29日到达柏林。当日晚上，各连就到了于特博格新营地的宿舍。士兵们得到了令人兴奋的好消息——大部分人可以外出休三个星期的假。

下面是记录在第197突击炮营第1连人员的服役证（Wehrpaß，或叫军人证，这本小册子里包含每个士兵详细的信息）上的从1941年4月9日到1943年6月12日的战斗事件。

巴尔干战役

1941年4月9日：突破南斯拉夫边境防线。

1941年4月10日—4月12日：攻打阿格拉姆和贝尔格莱德。

1941年4月13日—4月18日：攻占贝尔格莱德，追击敌军至萨拉热窝。

1941年4月18日—4月22日：保卫南斯拉夫占领区。

俄国战役

1941年6月22日—7月12日：在比萨拉比亚、加利西亚和沃里尼亚的边境战斗。

1941年6月22日—6月28日：在布格河和斯特里河之间的边境战斗。

1941年6月23日—7月12日：在斯特里河和斯大林防线之间战斗。

1941年6月25日—7月4日：跨过戈伦河向斯大林防线挺进。

1941年7月2日—7月25日：向基辅冲刺并向第聂伯河挺进。

1941年7月2日—7月25日：突破斯大林防线。

1941年7月8日—7月16日：库德诺–别尔基切夫之战。

1941年7月11日—7月24日：在基辅外围进行肃清作战。

1941年7月14日—7月24日：在日托米尔以北地区战斗。

挺进第聂伯河战役，强渡第聂伯河战役

1941年7月26日—8月29日：朝第聂伯河方向的追击战。

1941年8月31日—9月12日：强渡第聂伯河。

1941年9月13日—10月5日：穿越波尔塔瓦的追击战。

1941年8月31日—9月27日：基辅战役。

1941年10月1日—10月10日：追击至顿涅茨。

1941年10月1日—10月10日：在普肖尔河及沿着沃尔斯克拉河的追击战。

1941年10月17日—10月25日：在哈尔科夫和别尔哥罗德战斗。

1941年10月26日—11月16日：部署到战区。

克里米亚战役

1941年11月17日—12月16日：保卫（德占）克里米亚。

1941年12月17日—12月31日：进攻塞瓦斯托波尔。

1942年1月1日—1月18日：在费多西亚周围及东北面战斗。

1942年1月19日—5月7日：在帕尔帕特施阵地进行防御战。

1942年5月8日—5月21日：在刻赤半岛作战并占领刻赤。

1942年5月22日—6月1日：保卫（德占）克里米亚。

1942年6月2日—7月4日：进攻并占领塞瓦斯托波尔要塞。

1942年7月5日—7月31日：保卫（德占）克里米亚。

1942年的东线攻势

1942年8月1日—8月25日：参加沃诺涅日防御战。

在中央集团军群辖区的防御战

1942年8月26日—1943年1月20日

1942年8月26日—9月12日：在别廖夫-科泽利斯克-苏奇尼奇以南地区的攻防战。

1942年9月13日—1943年1月20日：部署在战区。

1943年1月21日—6月12日：部署在战区。

第197突击炮营历任营长

1940年8月26日—1941年9月9日：赫尔穆特·克里斯特少校

1941年9月9日—10月：库尔特·冯·巴里萨尼上尉

1941年11月1日—12月：海因茨·施泰因瓦克斯上尉

1941年12月：赫尔穆特·克里斯特少校

1942年1月—1943年4月1日：海因茨·施泰因瓦克斯少校

653重装甲歼击营战史

◎ 1940年11月，炮兵教导团的一辆三号突击炮C型在柏林的驻地，该车底盘编号为90111，是某连的A号车，还可以在左侧挡泥板上和驾驶员观察窗旁看到教导团的标志。

◎ 上图是1941年1月2日第197突击炮营第1连在于特博格进行冬季训练以及首次射击训练时拍摄。

第一章　第197突击炮营的组建和征战历程

◎ 上图是官兵们开着新式突击炮列队前进，乘员们戴的是内衬防撞头盔的突击炮兵贝雷帽，这种笨重的帽子不受欢迎，在德军中装备的时间很短——1941年春天就停止发放给突击炮部队了，之后就被官兵们喜欢的软帽取代。

◎ 下图是第197突击炮营第1连观察员的突击炮。

653重装甲歼击营战史

◎ 上图是1941年1月第197突击炮营的军官在于特博格的合影。从左到右：乌布利希少尉、布林克尔中尉（第197突击炮营第1连连长）、施皮尔曼少尉和沃勒曼少尉（1941年6月26日阵亡）。

◎ 左图是第197突击炮营的营徽——"加农炮之鹰"。全营各部所使用的营徽式样都相同，只是在底色上有所区别：绿色——营部；白色——第1连；红色——第2连；黄色——第3连；以及蓝色——维修连。

第一章 第197突击炮营的组建和征战历程

◎ 上图及下图是1941年2月4日,全营在于特博格的齐纳森林上了火车,前往西里西亚的布里格(第8军区)。

653重装甲歼击营战史

◎ 1941年2月13日，第197突击炮营第1连全连在布里格（西里西亚）的穆德拉兵营集合，接受第262步兵师师长泰森中将的检阅。

第一章　第197突击炮营的组建和征战历程

◎ 上图是1941年2月13日检阅结束后，第197突击炮营第1连人员离开检阅现场，只留下车辆的照片。

◎ 下图是在奥珀伦训练场拍摄的第197突击炮营第3连的A号突击炮，所有突击炮此时都画上了营徽。

653重装甲歼击营战史

◎ 上图和下图都是在1941年3月24日德国国防军日所拍摄，第197突击炮营也在这天对外展示他们的突击炮。

第一章　第197突击炮营的组建和征战历程

◎ 第197营在1941年3月底接到参加巴尔干战役的命令，不过因为车皮不足，该营在布里格货运场一直等到4月7日才登上火车。

◎ 此照摄于1941年4月10日,为已经来到巴尔干战区的第197突击炮营第2连的突击炮。

第一章　第197突击炮营的组建和征战历程

◎ 此照与前页图为同日拍摄，也是第197突击炮营第2连的车辆，该营在1941年4月10日这天展开部署，不过由于德劳河上的桥梁被毁，所以各连只得停下等待建好一座能承受其装备重量的桥梁。

◎ 下图仍然摄于1941年4月10日，在等待建桥的过程中，突击炮兵们在自己的突击炮上开饭。照片中可见这两辆突击炮的战斗室上面都用一层防水布盖住。

653重装甲歼击营战史

◎ 上图是第197突击炮营第1连的一辆被用作指挥车的半履带装甲观测车，它的顶盖上架了一挺老式的MG 08重机枪用作自卫武器，这种过时的武器一直用到1941年4月底。

◎ 下图是1941年4月13日第197突击炮营终于从普图伊过河之后所摄，随后他们经阿格拉姆前往卡尔施塔特。照片中的部队是第197突击炮营第2连。

第一章　第197突击炮营的组建和征战历程

◎ 上图是在南斯拉夫的道路上行军的第197突击炮营第1连A号车。

◎ 虽然第197营没有参加巴尔干战役的实战，但是这里糟糕的道路和山地行军对轮式和履带车辆的损害很大，所以维修部门依然一直忙忙碌碌。下图就是巴尔干战役期间该营的维修队在对损坏的车辆进行维修的场景。

035

653重装甲歼击营战史

◎ 第197突击炮营于1941年4月20日开始离开南斯拉夫,上图是该营第2连第2排的Sd.kfz.253半履带装甲观测车。

◎ 为了准备进攻苏联,全营于1941年5月30日从格拉茨(西里西亚)行军到波兰东部。上图为他们在扎亨镇和图尔科维策镇附近的森林里扎营时所摄,照片中可见两辆Sd.kfz.253半履带装甲观测车。

◎ 下图摄于1941年6月20日,为第197突击炮营第3连的3辆突击炮(编号C、D和E)在布格河畔的新集结区。突击炮上罩有防水帆布,可防尘和防雨。注意防水帆布上喷涂的字母。

第一章　第 197 突击炮营的组建和征战历程

◎ 左图是第197突击炮营第3连的一辆高射机枪载车（Kfz. 4）的乘员在为入侵苏联的作战做最后的准备，也就是维护和清理武器。

◎ 左图是维修队和突击炮兵们配合，一起对突击炮进行必要的维护工作，以确保它们在即将来临的大战中运转良好。

◎ 下图是突击炮正在开始补充弹药，可见战斗室顶盖上立着3枚75毫米主炮炮弹。

037

653重装甲歼击营战史

◎ 上图是一名突击炮兵开战前正在抓紧时间给家人写信。

◎ 1941年6月22日，第197突击炮营各连从索卡利跨过布格河，此后第1连立即从营里分出，配至第75步兵师几天。下图就是该连的突击炮搭载着第75步兵师步兵一同行动的场景。

第一章 第197突击炮营的组建和征战历程

◎ 上图是一名突击炮车长正探出头来聚精会神地察看地形。这通常是项非常危险的任务，因为苏军狙击手特别喜欢射杀探头的车长。

◎ 下图是士兵们正在围观和检查一辆缴获的苏军T-26坦克。

653重装甲歼击营战史

◎ 上图是一名装填手正在吹口琴，装填手也兼任突击炮的无线电操作员，图中可见一把随车携带的冲锋枪挂在后方隔板的墙上。

◎ 很快，突击炮就被证明是一种令人生畏的武器，它除了能支援步兵，在反坦克方面也是一把好手。下图是该营某辆突击炮，可见其主炮装甲板上画着14个战果标志。

第一章 第197突击炮营的组建和征战历程

◎ 在苏联几乎无边无际的土地上，经常能看到田园牧歌式的景色。上图这座木桥的下面正游过一群水鸭，而此时，一名交通指挥也正在小心翼翼地引导一辆突击炮过桥。

◎ 右图是第197突击炮营第2连一辆突击炮被重创后所摄。

◎ 下图是德军在检查一辆缴获的苏军T-35重型多炮塔坦克。这种庞大的苏军坦克的军事价值仍有争议，它时常因为机动性差而沦为猎物。

041

653重装甲歼击营战史

◎ 上图是一辆陷入泥泞而被苏军遗弃的KV-2重型坦克，一名德军士兵爬到了它的炮塔上。

◎ 1941年10月，第197突击炮营第3连在波尔塔瓦缴获2辆T-34坦克。2辆都被维修连修复，涂上德国的十字标志，在新主人的麾下投入作战。下图就是其中一辆。

第一章 第197突击炮营的组建和征战历程

◎ 1941年10月在波尔塔瓦缴获的2辆T-34坦克同时出现在了上图中。

◎ 下图为第197突击炮营第2连的泰里特上士,他筋疲力尽地在他的突击炮旁睡着了。

043

653重装甲歼击营战史

◎ 上图是1941年11月初第197突击炮营从哈尔科夫调往克里米亚途中所摄。这是一条困难重重的路线，全长900多公里，时常在泥泞的大小道路上挣扎，有时候突击炮不得不拖着轮式车辆前进。

◎ 上图是第197突击炮营在克里米亚作战时使用的一辆三号突击炮B型后期型号。在1942年2月17日对塞瓦斯托波尔的进攻失败之后，几乎所有这个型号的突击炮都无法作战。

◎ 下图摄于1942年3月，地点是辛菲罗波尔北部。这辆三号突击炮E型完美展现了波浪状迷彩式样。

第一章　第197突击炮营的组建和征战历程

◎ 1942年早春，第197突击炮营的车辆和突击炮都在灰色底色上刷上了迷彩。例如第1连这辆名为"小克莱尔"的Sd.Kfz. 253半履带装甲观测车，就是在灰色底色上刷上了白色波浪状条纹，与前页下图那辆突击炮的迷彩式样相同。

045

653重装甲歼击营战史

◎ 左图是1942年4月11日，第42军军长弗朗茨·马滕克洛特上将（Franz Mattenklott）在克里米亚的斯拉尔里（Slary）授予施皮尔曼少尉骑士十字勋章之后，正与营长施泰因瓦克斯上尉握手。一个星期前，也就是1942年4月4日，马滕克洛特上将也恭贺了施泰因瓦克斯上尉荣获金质德意志十字奖章。

◎ 1942年5月8日，在进攻帕巴拉施（Pabalsch）阵地之时，第197突击炮营第1连的这辆Sd.Kfz. 253半履带装甲观测车被反坦克枪击中，导致车里的雷德特上士阵亡。下图可见该车右侧被反坦克枪击穿的弹孔。

第一章 第197突击炮营的组建和征战历程

◎ 上图摄于1942年5月20日刻赤半岛的激战结束后，此战以当地苏军被全歼而落下了帷幕，第197突击炮营的突击炮对这次胜利贡献巨大。

◎ 下图是第197突击炮营第1连的Z2号突击炮，左边是骑士十字勋章获得者施皮尔曼少尉，此时他正在德军大举进攻塞瓦斯托波尔要塞之前进行地形勘察。

653重装甲歼击营战史

◎ 塞瓦斯托波尔之战在1942年7月2日以德军最终获胜而告终。第197突击炮营全营官兵参加了摧毁"马克西姆·高尔基"堡垒的战斗。

第一章　第 197 突击炮营的组建和征战历程

◎ 上图为第197突击炮营第1连的D号突击炮，它的中部托带轮在1942年6月17日进攻"格别乌"堡垒时被打掉了。

◎ 下图为克里米亚战事结束之后，一辆第197突击炮营第3连的突击炮。车前是一等兵海因里希·阿佩尔和二等兵保罗·罗斯特。

653重装甲歼击营战史

◎ 1942年8月14日,第197突击炮营第1连的A号突击炮发动机舱被直接命中一弹,起火,15分钟后爆炸。突击炮的整个上层结构被炸离车身飞了出去,爆炸的威力还让发动机舱盖飞至数米开外。幸运的是,突击炮兵毫发无伤地逃出车外。

第一章　第197突击炮营的组建和征战历程

◎ 上图为1942年8月17日，交付第197营的第一批长身管突击炮用军列运抵斯摩棱斯克。这些突击炮在出厂时就涂上了暗黄色涂装。

◎ 下图为1942年10月2日第197突击炮营第3连的突击炮在奥廖尔火车站的铁路线旁等待装车前往斯摩棱斯克时所摄。第197突击炮营的全部三个突击炮连同时装备着新旧型号的突击炮。

653重装甲歼击营战史

◎ 上图及下图都是摄于1943年1月,地点是斯帕斯-杰缅斯克附近的训练场里。照片中的这辆长身管三号突击炮(底盘编号91284)属于第197突击炮营第1连,车长为海因茨·亨宁下士。

第一章 第 197 突击炮营的组建和征战历程

◎ 上图为1942—1943年冬第197突击炮营部分军官的合影。从左到右分别为营副官维尔纳·哈伯兰少尉、第1连连长约翰·施皮尔曼中尉、营长施泰因瓦克斯上尉、第1连某排排长赫尔穆特·乌布利希少尉，最右边这名军官姓名及职务不详。

◎ 左图为第197突击炮营第1连连长约翰·施皮尔曼中尉在砍柴。

◎ 下图为第197突击炮营第1连连长约翰·施皮尔曼中尉和营长施泰因瓦克斯上尉。这张照片摄于全营返回德国本土前夕。

053

第二章

第653重装甲歼击营的组建和初期征战

（1943年4月—1943年12月）

653重装甲歼击营战史

第653重装甲歼击营作战车辆编制（1943年7月）

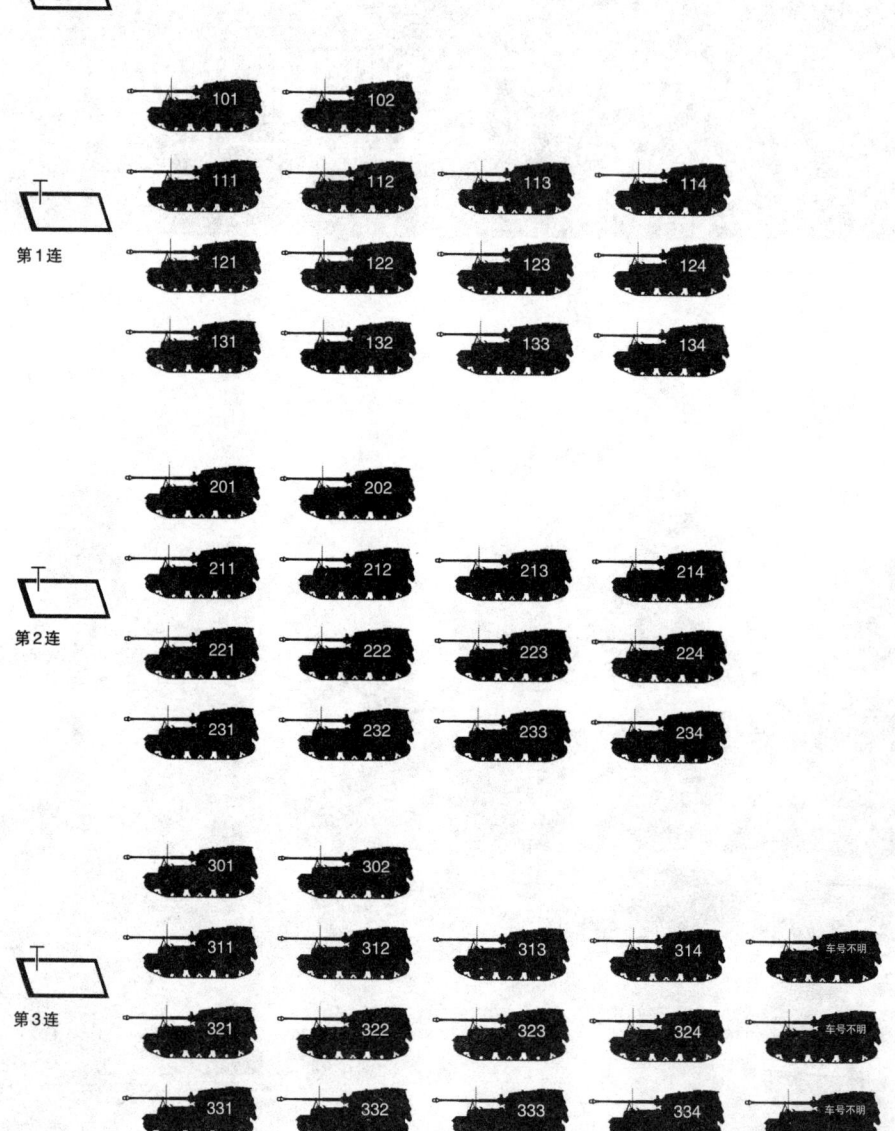

营部 St.

第1连
- 101, 102
- 111, 112, 113, 114
- 121, 122, 123, 124
- 131, 132, 133, 134

第2连
- 201, 202
- 211, 212, 213, 214
- 221, 222, 223, 224
- 231, 232, 233, 234

第3连
- 301, 302
- 311, 312, 313, 314, 车号不明
- 321, 322, 323, 324, 车号不明
- 331, 332, 333, 334, 车号不明

（注：实际上第653和第654营各自都只收到44辆"费迪南德"，另有2辆在库默斯多夫进行测试。）

第二章 第653重装甲歼击营的组建和初期征战

第656重装甲歼击团作战车辆编制（1943年7月）

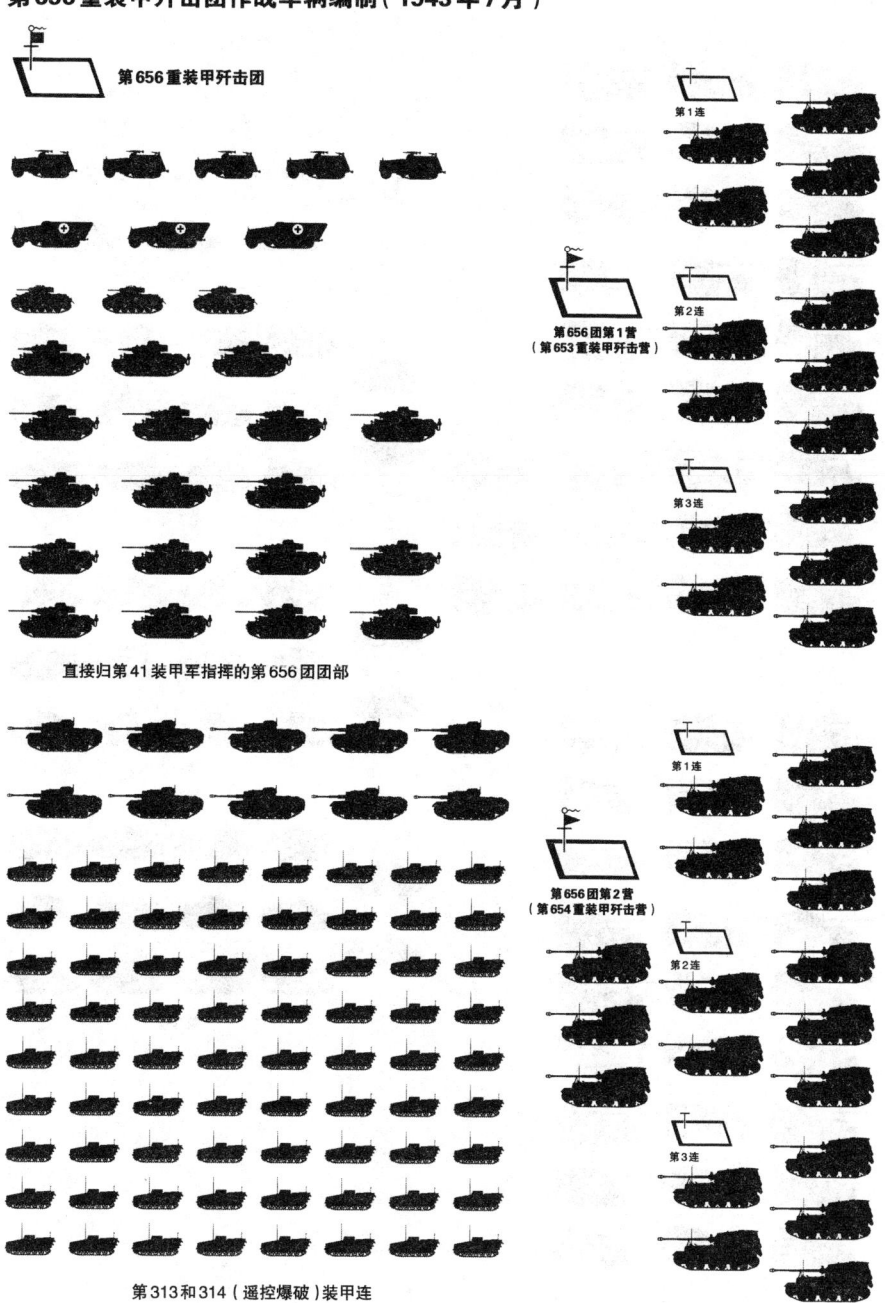

第656重装甲歼击团

直接归第41装甲军指挥的第656团团部

第656团第1营
（第653重装甲歼击营）

第1连

第2连

第3连

第656团第2营
（第654重装甲歼击营）

第1连

第2连

第3连

第313和314（遥控爆破）装甲连

057

653重装甲歼击营战史

第656团第3营（第216突击坦克营）

营部

第1连

第2连

第3连

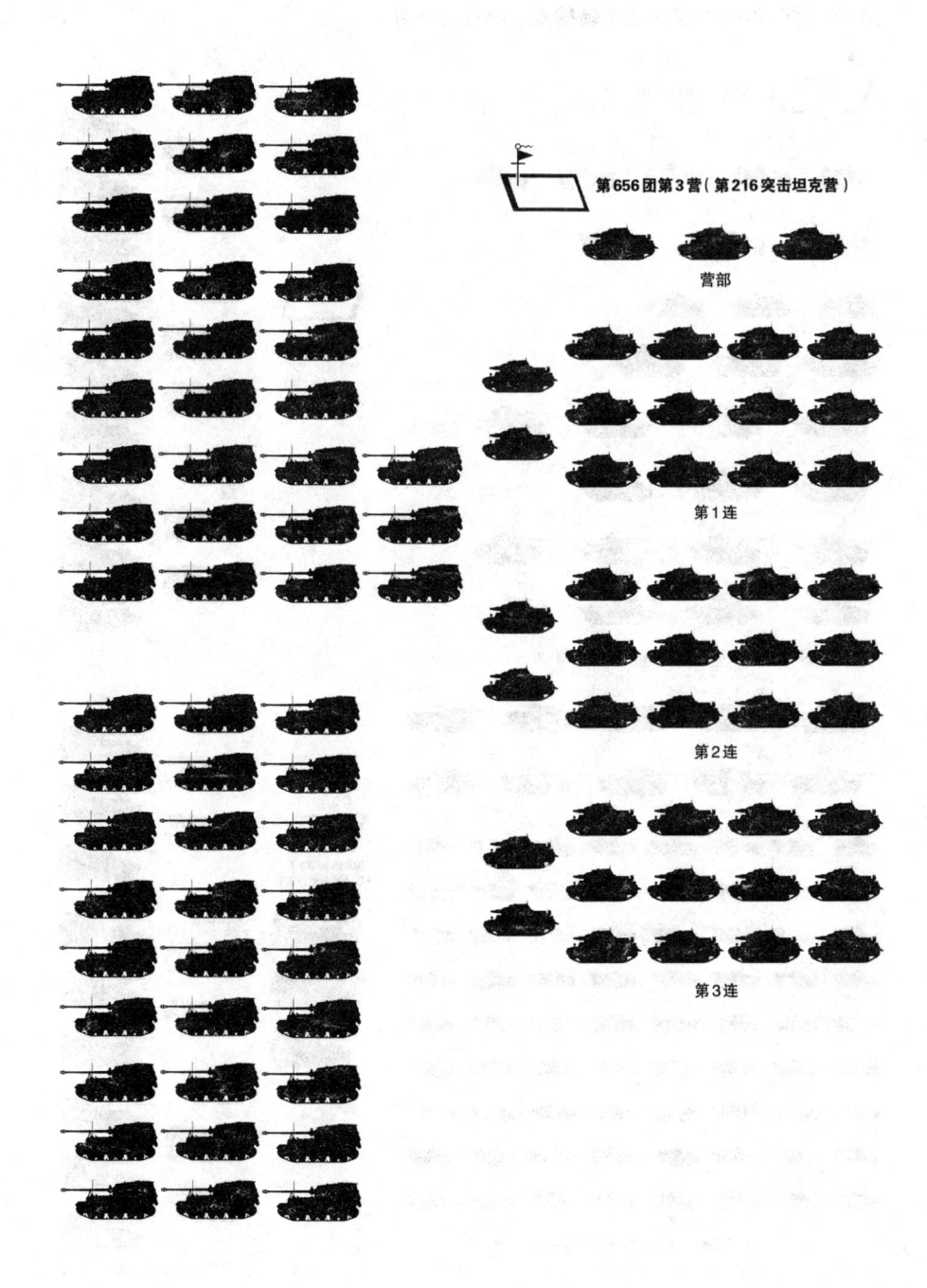

058

第二章　第653重装甲歼击营的组建和初期征战

1943年4月1日，第197突击炮营在奥地利莱塔河畔布鲁克（Bruck an der Leitha）改编为第653重装甲歼击营。同时该营的兵种也从突击炮兵变为装甲部队。原第197突击炮营的军官、士官和士兵是新营的骨干力量。营长是海因里希·施泰因瓦克斯少校。1943年4月14日，突击炮兵资深军官贡特尔·霍夫曼–舍恩博恩上校（Oberst Günther Hoffmann-Schönborn）在隆重的典礼上送别了这些突击炮兵。

该营接收了补充人员之后，总兵力达到大约1000人。1943年5月，他们接收了Sd.Kfz.184"费迪南德"坦克歼击车作为战车。这种坦克歼击车以其设计师费迪南德·波尔舍博士（Ferdinand Porsche）的名字来命名，它是当时德军最重、火力最强大的坦克歼击车。"费迪南德"系列的总产量是90辆。

Sd.kfz.184"费迪南德"坦克歼击车的技术指标

空车重量：65吨
战斗全重：75吨
发动机：2部迈巴赫HL120TRM型发动机
传动装置：汽油–电力驱动（波尔舍/西门子）
最高速度：35公里/时
行程（公路/越野）：150 / 90公里
油耗：12升/公里
乘员：6
主炮：一门Pak 43/1型71倍径88毫米炮（备弹55发）
辅助武器：一挺 MG 34 型机枪（备弹 600 发）

"费迪南德"是在奥地利的圣瓦伦丁（St. Valentin）的尼伯龙根工厂（Nibelungen-Werke）组装的。军官、车长和驾驶员们花了几个星期来熟悉这种武器。乘员们还参与了部分总装工作。在这一时期，士兵们住在多瑙河畔的恩斯多夫营地或者哈格。尼伯龙根工厂于1943年5月8日完成了最后一辆"费迪南德"（底盘编号150100）。在离开突击炮兵系统之后，第653重装甲歼击营的新驻地是滨湖新锡德尔（Neusiedl am See）。全营住在旧时匈牙利骠骑兵的兵营里。

德国陆军总司令部命令第一批共44辆"费迪南德"运输到法国鲁昂（Rouen）。第653营的人员参与运输。其兄弟部队第654重装甲歼击营从1943年4月中旬起已经部署到鲁昂。第654营首先得到了他们的战车。在运输"费迪南德"的工作结束之后，第653重装甲歼击营的人员返回了新锡德尔。

第653营在布鲁克训练区开始了作战训练。维修连和工厂外派维修队则努力解决"费迪南德"歼击车所有"成长的烦恼"。

653重装甲歼击营战史

此时的德国装甲部队总监海因茨·古德里安大将于1943年5月24日和25日视察了第653营。他特地视察了骑士十字勋章获得者约翰·施皮尔曼上尉指挥的第653重装甲歼击营第1连。而第653重装甲歼击营第3连则使用无线电遥控的"博格瓦德四号"爆破车（Borgward Ⅳ，缩写B Ⅳ）和工兵一起，向将军进行了一场通过雷区的演示。演示过后，所有驾驶员驾驶着"费迪南德"从42公里外的训练场顺利开回新锡德尔，没有一辆车发生故障（古德里安的副官为多疑的将军检验了这一令人难以置信的事实）。古德里安大将在简单介绍了对库尔斯克突出部即将开始的进攻之后，与全营将士告别。

第656重装甲歼击团的组建命令于1943年6月8日生效，该团组建于奥地利的圣珀尔滕（St. Pölten）。团长是威廉·冯·容根费尔德中校（Oberstleutnant Wilhelm Ernst Arthur Alfred Freiherr Gedult von Jungenfeld）。其参谋班子抽调自第35装甲团（本部：巴姆贝格（Bamberg））。

第656重装甲歼击团下辖3个营：

第656重装甲歼击团第1营（第653重装甲歼击营）。营长：海因里希·施泰因瓦克斯少校。

第653重装甲歼击营的车辆组成
（出处：联邦档案馆之弗莱堡军事档案馆存档文件）
截至1943年5月7日

	需要数量	实际数量
Sd.Kfz.251/8型野战救护车	1	0
Sd.Kfz.7/1型牵引车	6	0
Sd.Kfz.9型18吨重型牵引车	15	15
Sd.Kfz.20型35吨重型牵引车	2	0
Sd.Kfz.184"费迪南德"坦克歼击车	45	8

统计日期未知

	需要数量	实际数量
Sd.Kfz.251/8型野战救护车	1	0
Sd.Kfz.7/1型牵引车	6	2★
Sd.Kfz.9型18吨重型牵引车	15	15
Sd.Kfz.20型35吨重型牵引车	2	0
Sd.Kfz.184"费迪南德"坦克歼击车	45	40

★ 1辆在途

第二章　第653重装甲歼击营的组建和初期征战

第656重装甲歼击团第2营（第654重装甲歼击营）。营长：卡尔-海因茨·诺亚克上尉（Hauptmann Karl-Heinz Noak）。

第656重装甲歼击团第3营（第216突击坦克营）。营长：布鲁诺·卡尔少校（Major Bruno Kahl）。

（为了避免混乱，在下文中，除非另外有文字专门说明，上述所有营的名字将加注他们原本的番号。）

第656重装甲歼击团还接收了2个无线电遥控装甲连，即弗里奇肯中尉（Oberleutnant Fritschken）指挥的第313（遥控爆破）装甲连（Funklenk，简称Fkl）和布拉姆上尉（Hauptmann Braam）指挥的第312（遥控爆破）装甲连。这2个连装备的"博格瓦德四号"爆破车总共72辆。

1943年6月9—12日，第653重装甲歼击营分乘11节车皮（车厢编号326281—326291）前往苏联。起运车站是奥地利的帕恩多夫（Parndorf）。全营途经布吕恩（Brünn）、莫德林（Modlin）、布列斯特-立托夫斯克（Brest-Litovsk）、明斯克（Minsk）、布良斯克（Briansk）、卡拉齐夫（Karatchev）和奥廖尔（Orel）到达它的集结地。卸车站在奥廖尔以南35公里处的斯米耶夫卡（Smiyevka）火车站。各连从那里下车之后各自前往他们的集结地：第653重装甲歼击营第3连在达维多夫（Davidovo），第653重装甲歼击营第2连在戈斯蒂诺夫（Gostinovo），第653重装甲歼击营第1连在库利基（Kuliki）。各连直到1943年6月30日才全部到位。随后就地开展技术训练，各车车长则去熟悉地形。

从1943年7月1日开始，第9集团军的攻击部队以小股集群的方式运动到祖沃特基-库斯蒂战线（Ssorotschi Kusty）后的前进集结区。所有车辆在此补充燃料和弹药。1943年7月2日，车辆又前进了15公里，在新波列沃镇（Novopolevo）占据阵地。在1943年7月3日黄昏时分，第653重装甲歼击营的"费迪南德"来到了他们位于格拉祖诺夫卡（Glasunovka）的出发点，面向奥廖尔-库尔斯克铁路。第656重装甲歼击团作为装甲兵上将哈尔佩（General der Panzertruppen Harpe）指挥的第41装甲军一部集结在那里。1943年7月4日夜，团长恩斯特·冯·容根费尔德中校召集全团官兵讲话。

653重装甲歼击营战史

第656重装甲歼击团下辖的车辆组成（1943年7月4日）

（出处：联邦档案馆之弗莱堡军事档案馆存档文件）

	在册数量	可用数量	在修数量
Sd.Kfz.250/5炮兵侦察车	5	5	0
Sd.Kfz.251/8型野战救护车	3	3	0
Sd.Kfz.301重型遥控爆破车	72	72	0
三号突击炮	10	10	0
三号指挥坦克（42倍径50毫米炮）	5	5	0
突击坦克指挥型（150毫米炮）	3	3	0
四号突击坦克	42	39	3
"费迪南德"	89	83	6
三号坦克（42倍径50毫米炮）	12	10	2
三号坦克（60倍径50毫米炮）	7	7	0
三号坦克（75毫米炮）	3	3	0
二号坦克	3	3	0

（注：12辆三号坦克被调拨给第12装甲师。）

1943年7月5日拂晓3点30分，整个第9集团军开始进攻，履行其在"城堡"行动中承担的任务。

第653重装甲歼击营的指挥人员名单（截至1943年7月5日）

营长	海因里希·施泰因瓦克斯少校（Major Heinrich Steinwachs）
营副官	伯恩哈德·康纳克少尉（Leutnant Bernhard Konnak）
营联络官	维尔纳·哈伯兰少尉（Leutnant Werner Haberland）
营总医官	赫伯特·鲍尔迈斯特博士（Dr. Herbert Bauermeister，转至第656重装甲歼击团团部）
营总医官	沃尔夫冈·普雷尔维茨博士（Dr. Wolfgang Prellwitz）
营出纳	卡尔·科赫中尉（Oberzahlmeister Karl Koch）
营总技师	战争技术管理顾问鲁道夫·沙弗拉内克（Kriegsverwaltungsrat Rudolf Schaffranek）
营部连连长	卡尔·塞茨中尉（Oberleutnant Karl Seitz）
第1连连长	约翰·施皮尔曼上尉（Hauptmann Johann Spielmann）
第2连连长	埃伯哈德·孔策上尉（Hauptmann Eberhard Kuntze）
第3连连长	汉斯·韦格林中尉（Oberleutnant Hanns Wegelin）
维修连连长	朗格中尉（Oberleutnant Lange）

第二章　第653重装甲歼击营的组建和初期征战

"费迪南德"车长名单（奥廖尔，1943年7月5日）

第1连

101号	约翰·施皮尔曼上尉
102号	士官长弗里茨·马道斯（Hauptfeldwebel Fritz Madaus）
111号	赫尔穆特·乌布利希中尉（Leutnant Helmut Ubrich）
112号	行政士官长维利·斯拉纳茨（Stabsfeldwebel Willi Slanarz）
113号	卡尔·韦德勒上士（存疑）（Feldwebel Karl Wedler）
114号	埃里希·普雷茨勒下士（存疑）（Unteroffizier Erich Prezler）
121号	赫尔曼·洛克少尉（Leutnant Herrmann Löck）
122号	威廉·弗林特罗普上士（存疑）（Feldwebel Wilhelm Flintrop）
123号	维尔纳·屈尔下士（存疑）（Unteroffizier Werner Kühl）
124号	罗尔夫·施莱歇上士/汉斯·胡贝尔上士（Feldwebel Rolf Schleicher / Feldwebel Hans Huber）
131号	古斯塔夫·科斯上士（存疑）（Feldwebel Gustav Koss）
132号	霍斯特·戈林斯基下士（存疑）（Unteroffizier Horst Golinski）
133号	海因茨·伦佩尔上士（存疑）（Feldwebel Heinz Rempel）
134号	赖因霍尔德·施拉布斯下士（Unteroffizier Reinhold Schlabs）

第2连

201号	埃伯哈德·孔策上尉
202号	士官长维利·施密特（Hauptfeldwebel Willi Schmidt）
211号	卡尔·施拉德尔少尉（Leutnant Karl Schrader，7月15日阵亡）
212号	行政士官长埃贝尔（存疑）（Stabsfeldwebel Ebel）
213号	弗朗茨·布拉施克上士（存疑）（Feldwebel Franz Blaschke）
214号	埃哈德·劳下士（存疑）（Unteroffizier Erhard Rau）
221号	格特尔曼少尉（Leutnant Göttelmann，阵亡）
222号	库尔特·阿尔比努斯上士（存疑）（Feldwebel Kurt Albinus）
223号	埃马努埃尔·施伦斯卡上士（存疑）（Feldwebel Emanuel Schlenska）
224号	阿尔宾·魏斯科普夫（存疑）（军衔不明）（Albin Weiskopf）
231号	弗里德里希·W.迈根军士长（存疑）（Oberfeldwebel Friedrich W. Meigen）
232号	奥托·黑克尔上士（存疑）（Feldwebel Otto Hecker）
233号	海因茨·波恩加塞尔上士（存疑）（Feldwebel Heinz Borngässer）
234号	弗里茨·瓦尔肯霍斯特下士（存疑）（Unteroffizier Fritz Walkenhorst）

063

653重装甲歼击营战史

续表

"费迪南德"车长名单(奥廖尔，1943年7月5日)

第3连

301号	维尔纳·萨拉蒙中尉（Oberleutnant Werner Salamon）
302号	弗朗茨·齐霍切夫斯基上士（Wachtmeister Franz Czichochewski）
311号	朗格中尉（Oberleutnant Lange）
312号	埃米尔·伊斯勒军士长（存疑）（Oberfeldwebel Emil Issler）
313号	弗里茨·施瓦茨上士（存疑）（Feldwebel Fritz Schwarz）
314号	费迪南德·比尔曼上士（存疑）（Wachtmeister Ferdinand Biermann）
321号	施派德尔军士长（存疑）（Oberwachtmeister Speidel，阵亡）
322号	海因里希·泰里特上士（存疑）（Wachtmeister Heinrich Teriete）
323号	克里斯蒂安·内藤下士（存疑）（Unteroffizier Christian Noethen）
324号	维利·彼得里下士（存疑）（Unteroffizier Willi Petry）
331号	弗朗茨·克雷奇默少尉（Leutnant Franz Kretschmer）
332号	阿尔宾·海尼克尔上士（Feldwebel Albin Heinickel）
333号	本诺·沙尔丁上士（Wachtmeister Benno Schardin）
334号	候补军官威廉·奥皮茨（Fahnenjunker Wilhelm Opitz）
不明车★	
不明车★	

★这两辆"费迪南德"本属于营部连，后被配属给了第3连。它们没有战术编号。直到今日，它们的车长以及对应的战术编号的联系也没有被确认落实。

在一阵密集弹幕和德国空军的猛烈轰炸之后，第653重装甲歼击营的"费迪南德"连同第292步兵师和第86步兵师的步兵一起在宽大正面向前运动。他们后面的第二梯队是第216突击坦克营，其装备的是被称为"灰熊"（Brummbär）的突击坦克——四号坦克底盘150毫米突击榴弹炮，以及第177突击炮营和第244突击炮营的突击炮。

目标是名为"坦克高地"的257.7高地上的苏军第一道防御阵地体系，它也是位于小阿尔汉格尔斯克（Malo-Archangelsk）和奥尔瓦特卡（Olchovatka）的苏军防御网的支撑点。荒芜的地面上布满了地雷，配置在此的无线电遥控爆破车无法完成任务。第653重装甲歼击营的"费迪南德"在雷场的进展非常缓慢。许多战车的履带被炸断，悬挂单元从动摇臂损坏。第653重装甲歼击营第1连连长施皮尔曼上尉在下车为他的驾驶员卡尔·格雷施下士（Unteroffizier Karl Gresch）指引道路时踩中苏军反步兵地雷，身受重伤。赫尔穆特·乌布利希中尉代理连长职务。

关于1943年7月5—8日间无线电遥控武器的部署有一份备忘录，第301（遥控爆破）装甲营营长赖内尔少校（Major Reinel）描述了"城堡"行动中无线电遥控连队的作战：（出处：联邦档案馆之弗莱堡军事档案馆存档文件）

——机密——

赖内尔少校

第301（遥控爆破）装甲营营长

1943年7月23日

7月5日，我部下属3个无线电遥控装甲连分开部署在第9集团军进攻奥廖尔南面的战区内。2个连配属给第656重装甲歼击团，1个连配属给第505重装甲营。各个连队以连为单位成建制作战，他们的连长都直接指挥各排，并在大部队进攻时带领连队和前锋部队一起行动。

每个连的作战任务都是一样的，具体来说就是：进行积极的战斗侦察；探测雷场并在其中开辟通道；摧毁敌军的坚固工事，比如加固的反坦克武器阵地和敌人的超重坦克。接下来，我将描述对各连战斗表现的调查结果：

（1）配属给第656重装甲歼击团第1营（第653重装甲歼击营）的第314（遥控爆破）装甲连的部署。

主防线上的雷场非常密集，而且呈梯次布置，苏军同时用重炮弹幕封锁我军攻击路线。该连根据攻击命令，在雷场中开辟了3条通道。因为雷场的纵深很大，排雷过程中共消耗了12辆"博格瓦德四号"爆破车。控制坦克在穿过这些通道时没有触雷。因为战斗工兵无法在敌军压倒性的炮击下前进，所以他们在执行拓宽通道的任务时，非常不顺利。这让进攻陷入停顿。由于大量炮弹在战场上爆炸，"费迪南德"重型坦克歼击车几乎不可能辨认出"博格瓦德四号"爆破车清理出的通道。甚至也辨认不出"博格瓦德四号"爆破车在草皮上的履带印痕。这使得"费迪南德"在我军开辟出雷场通道的情况下依然遭受了损失。在接下来的进攻中，又投入总共7辆"博格瓦德四号"爆破车。其中一辆冲进了步兵占据的战壕中，被步兵用手榴弹和近战武器击毁。2辆驶入我军步兵无法进入的密林之中，只得炸掉。之后我军没遇到抵抗。4辆"博格瓦德四号"爆破车在进攻中被炮弹炸毁。1辆的引信仍起作用，被引爆，其余3辆起火。

（2）配属给第656重装甲歼击团第2营（第654重装甲歼击营）的第313（遥控爆破）装甲连遇到了同样的状况。其下属的一个排在去前线的路上，在不知情的情况

653重装甲歼击营战史

下进入友军铺设的雷场，四辆"博格瓦德四号"爆破车因此被炸毁。所以，其他各排在苏军雷场中仅能清理出一条通道来，其间消耗了四辆"博格瓦德四号"爆破车。敌人对集结地区的炮击引爆了一辆，还有至少两辆打起火了。因为相关爆破车的驾驶员和（附近的）战斗工兵都阵亡了，所以无法查明事故的过程。我们怀疑引信已被打开，之后高温引爆了这些车辆。另外一辆"博格瓦德四号"爆破车在无线电控制过程中被炮弹击中，也爆炸了。在后来的进攻中，三辆"博格瓦德四号"爆破车摧毁了一些反坦克掩体和一个碉堡，既取得了战术成功，又鼓舞了士气。

（3）配属给第505重装甲营的第312装甲连。

根据战术需要，该连部署在"虎"式坦克部队前方执行侦察任务，取得了如下战果：一辆"博格瓦德四号"爆破车在800米的距离上遥控起爆，摧毁了一个配备了2~3门火炮的反坦克掩体，消灭了附近的所有步兵。另外一辆"博格瓦德四号"爆破车在400米外对付一辆T-34坦克，那辆T-34试图撞毁爆破车，却被其炸毁。三辆"博格瓦德四号"爆破车在400~600米的距离上冲向三座重型碉堡，将它们全部炸毁。一辆"博格瓦德四号"爆破车冲向一个反坦克碉堡，尽管离碉堡还有10米之时就着火了，依然成功炸掉碉堡。两辆"博格瓦德四号"爆破车分别在800米的距离上冲向一门反坦克炮和一门步兵炮，都成功爆破。一辆"博格瓦德四号"爆破车开进了一个苏军阵地，被"莫洛托夫鸡尾酒"引爆。爆炸对敌军阵地造成极大的破坏。四辆"博格瓦德四号"爆破车在接近敌人的途中就被摧毁。有两次，我们成功修复了无线电控制元件，不过其他两辆烧毁了。在4天的战斗中，投入共二十辆"博格瓦德四号"爆破车。

战术评估（节选）

（1）遥控爆破连是一种有潜力的进攻部队，他们在和重型坦克歼击车协同作战时成功了两次，和成熟的进攻武器也就是"虎"式坦克营协同时只成功了一次。至于这些"费迪南德"重型坦克歼击车，它们沉重的车体拖累了遥控爆破连的冲击速度。虽然开战之后德军在陆战中获得了速胜，可是"费迪南德"的缓慢速度无法快速扩大战果。担任前锋的遥控爆破部队在敌军火力下暴露很长时间才能等到"费迪南德"，因此遭受了严重伤亡。另一方面，和纯坦克部队即"虎"式坦克营协同的遥控爆破连，遭遇则好得多。这样的部队，其武器从技术和战术上都被证明是适合进攻，训练也符合这种定位，他们在进攻和保持战果方面的表现都不错。实战证明，无线电遥控武器在与纯坦克部队协同时才能获得彻底胜利。

第二章　第653重装甲歼击营的组建和初期征战

（2）配属给第656重装甲歼击团的第313（遥控爆破）装甲连和第314（遥控爆破）装甲连沿着奥廖尔-库尔斯克铁路线进攻，在前进区域里遇到了密集的梯次布置雷场。敌军极其强大的炮火又给进攻任务增加了相当的难度。每个连都分散在宽大的团级部队进攻地段上，且都被配属给了"费迪南德"营。他们的有生力量消耗得非常快。因为预备队不足，他们根本无法恢复前锋排的战斗力，也就无法在主攻区域维持突破能力。当无机动兵力可用之时，水平高超的遥控爆破部队指挥官也许会把部队部署到薄弱地段，把突击任务改成维持突破口。通过作战计划和战术演练能让部队和"费迪南德"密切协同，这对达成全胜是非常必要的。在战斗中，尽管遥控爆破部队指挥官们积极努力，不过在敌人猛烈的火力下已取得的进展很快就化为乌有，原因是他们必须服从营长的命令。遥控爆破部队的高超指挥艺术也会促成战斗的胜利。12辆可用的遥控坦克中有8辆必须部署在前线，其余4辆要在前方部队受到损失之时接替他们的位置。因为缺乏预备队，攻击很快失去冲劲并在敌人防线前陷于停顿。

第653重装甲歼击营在1943年7月5日17点完成战斗任务之时，只剩12辆可用的"费迪南德"。在接下来的2天里，"费迪南德"在波内里镇（Ponyri）附近参加了极其艰难的战斗。因为此时所有车辆都无法参战，且迫切需要修理，施泰因瓦克斯少校不得不命令全营花一天时间休整。

曾是134号"费迪南德"车长的赖因霍尔德·施拉布斯下士曾这样描述134号"费迪南德"的损失：

在进攻的最后一天我坐在134号车里回到我们连。这辆车已经被驻扎在铁路路堤的维修部队修好了。乌布利希中尉在座车损坏之后爬上了我的车。我们向前行驶——我直到今天还记得——我们的车是唯一可投入作战的战车，我们觉得在沙丘的后面是很安全的。过了没多久，我车被己方火炮击中，后部的履带被命中。车辆无法移动了。我们发射了一颗照明弹阻止了炮击。乌布利希中尉立即下车去查看他自己座车的维修进度，而我们车的乘员一直在原地坚持到天黑，苏军发动了夜袭，万幸只是对沙丘附近的地区进行迂回。眼看在这种情况下不可能回收我们的战车，我们只能炸掉它，走回铁路路堤。后来简直是发生了奇迹，一辆四号坦克发现了我们，于是我们坐坦克回去。我们到营部时大约3点，并向营长施泰因瓦克斯少校汇报情况，他很惊讶我们丢了战车后居然能安全返回。

653重装甲歼击营战史

苏军第3坦克集团军——下辖4个军21个师共1460辆坦克，总兵力达到23000人，奉命在1943年7月11日进攻奥廖尔。进攻的序幕就是攻击伦杜利克步兵上将（General der Infanterie Rendulic）指挥的第35军。第653重装甲歼击营在1943年7月13日夜间进入到伦杜利克所部的防御阵地。1943年7月14日，将近400辆苏军坦克正面进攻第36装甲掷弹兵师。第653重装甲歼击营和其他反坦克部队在很大程度上成为这支机械化步兵师的救星。虽然既缺乏时间又不熟悉地形，海因里希·泰里特少尉指挥由所有3个坦克歼击连组成的一个战斗群团结一致，成功打退了这次进攻。他在这次战斗中击毁了22辆苏军坦克，因此于1943年7月22日获得了骑士十字勋章。（泰里特的驾驶员是阿洛伊斯·沙费尔（Alois Schäfer），炮手是库尔特·蒂图斯（Kurt Titus））。

在此抄录第36装甲掷弹兵师关于第653重装甲歼击营和第654重装甲歼击营在"城堡"行动第二阶段（1943年7月12日之后）的军事行动的阐述。

1943年7月13日：沃罗斯奇洛沃（Voroschilovo）火车站。第653重装甲歼击营的3辆"费迪南德"和7辆"大黄蜂"（注：即Panzerjäger Hornisse，一种轻装甲的坦克歼击车，在三/四号坦克底盘上安装了威力巨大的71倍径Pak 43/1型88毫米炮。其稍作改进之后的型号是Panzerjäger Nashorn，即"犀牛"坦克歼击车）夜里在沃罗斯奇洛沃西边卸车。

1943年7月14日：第653重装甲歼击营的24辆"费迪南德"和第185突击炮营的30辆突击炮来到第53步兵师和第36装甲掷弹兵师守卫的贝雷斯沃韦斯-波尼克沃韦斯地区（Beresovez-Ponikovez）。在清晨的几个小时里，第653重装甲歼击营的34辆"费迪南德"部署在左翼戈尔尼克战斗群（Kampfgruppe Gollnick）的阵地里；而第654重装甲歼击营的26辆"费迪南德"自7月12日起就部署在这个地段。早晨5点，第36装甲掷弹兵师的第36战斗工兵营连同配属给他们的第185突击炮营的突击炮以及第653重装甲歼击营的4辆"费迪南德"对舍利亚布格（Shelyabug）南面发起进攻，他们的目标是东南面据壕坚守的苏军。该战斗工兵营欠第3连。克雷奇默少尉指挥的第3连和第653重装甲歼击营的4辆"费迪南德"，被派往部署在舍利亚布格季耶-威斯（Shelabugskiye-Wiss）的第97掷弹兵团第12连。另外，第654重装甲歼击营的4辆"费迪南德"和20辆突击炮部署在波德马斯洛沃（Podmasslovo）东南的射击阵地里，正对着267.3高地。大约8点钟，科特少尉指挥第653重装甲歼击营的6辆"费迪南德"和第36坦克歼击营的6辆自行火炮占领了科奇季耶（Kotschety）北郊的阵地。16点30

第二章 第653重装甲歼击营的组建和初期征战

分，第653重装甲歼击营的4辆"费迪南德"转入预备队，此时，敌军的坦克突破了防线，对第185突击炮营第3连发起攻击。17点，敌军坦克突破克拉斯恩（Krassn）和尼瓦（Niva），还打垮了尼克拉斯上尉（Hauptmann Nicklas）指挥的第118掷弹兵团第10连。泰里特少尉的"费迪南德"在第118掷弹兵团部附近的右翼阵地击毁了敌军第一梯队的22辆坦克。

1943年7月15日：第653重装甲歼击营经过重组，派遣了9辆"费迪南德"到扎雷夫卡（Zarevka）东南一公里外的一座高地上。

1943年7月16日：第654重装甲歼击营部署到第292步兵师和第36装甲掷弹兵师（欠第118掷弹兵团）的防线上，他们的防线一直延伸到并包括扎雷夫卡。第653重装甲歼击营则和第36装甲掷弹兵师的第36步兵团（摩托化）以及第8装甲师协同作战。

"费迪南德"居高不下的维修率使施泰因瓦克斯少校只得组建了一个小型战斗群去支援各个师（其中有第78突击师、第262步兵师和第299步兵师）。

以下列表中的第653营在库尔斯克战役中的作战历程抄录自二等兵约翰·施莱斯（Gefreiter Johann Schleiß）的服役证，他是第653重装甲歼击营营部连的医护兵。

从战役开始的天数	日期	地区
1	1943年7月5日	奥廖尔-库尔斯克
2	1943年7月6日	普里莱普（Prilepy）
3	1943年7月7日	波内里
4	1943年7月8日	波内里
5	1943年7月9日	波列瓦亚-斯特里姆（Polevaya-Stream）
6	1943年7月13日	谢图察（Setucha）
7	1943年7月14日	舍利亚布格南面
8	1943年7月15日	波德马斯洛沃
9	1943年7月17日	普里莱普
10	1943年7月18日	温尼扎（Vinniza）
11	1943年7月19日	卡辛卡（Kasinka）
12	1943年7月20日	迈斯基-卡辛卡（Maiski-Kasinka）
13	1943年7月21日	捷列吉诺（Telegino）
14	1943年7月22日	莫晓夫斯基（Mochovskiy）
15	1943年7月23日	克拉斯尼-斯韦斯达（Krassny-Svesda）
16	1943年7月25日	克林科夫卡（Krynkovka）

653重装甲歼击营战史

遭受24人阵亡和失踪，126人负伤，共11辆战车被击毁或被敌人缴获。全营在1943年7月5—27日击毁320辆苏军坦克以及大量火炮、反坦克炮和卡车。

第653重装甲歼击营损失的"费迪南德"总数

第653重装甲歼击营第1连：6辆（车号111, 112, 113, 122, 132, 134）

第653重装甲歼击营第2连：1辆（车号232）

第653重装甲歼击营第3连：4辆（车号311, 323, 331, 333）

接收2辆"费迪南德"补充损失。

博姆下士（Unteroffizier Böhm）在1943年7月19日向施佩尔（Albert Speer）部门（译注：军备与战时生产部）的哈特曼少将递交了"费迪南德"首战的报告（出处：联邦档案馆之弗莱堡军事档案馆存档文件）。

尊敬的哈特曼将军！

请允许我向您报告我部"费迪南德"的作战表现。在战斗的第一天，我们成功摧毁了敌军碉堡、步兵工事、火炮和反坦克炮工事，我们的火炮虽然被敌弹幕射击了3个小时，但是它们仍有射击能力！第一天夜间我们击毁了几辆坦克，其他部队撤退了。我部反复射击敌军火炮和反坦克炮炮手之后，敌军溃退。

另外我们在第一天夜间的第一轮战斗就击毁了120辆坦克，还有很多火炮、反坦克炮和碉堡，我们在最初的几天的伤亡是60人，大部分是地雷造成的。所有地方都被埋设了地雷而"地雷犬"（译注：BIV遥控爆破车）没发挥什么作用。不幸的是，我们甚至进入了己方的雷场！

我们的任务繁重，不过全部完成了！总监古德里安将军也对我们的进展表示满意。苏军拥有的武器大大增加！他们的火炮数量达到空前的地步，几乎可以让我们每人挨一炮！他们装备了大量的反坦克炮，装备的反坦克手雷也很优秀（我测量过"费迪南德"上的一处击穿的深度，是55毫米）。我们在首战就损失了6辆战车。其中一辆是在停车时，打开的驾驶员舱盖被击中，战车起火——1人阵亡，3人负伤。一辆的起火原因不明（可能是燃料泄漏引起的），还有一辆的发动机过热，整车烧毁，原因是乘员在发动机过载之后试图在沼泽里降温。在敌军反击之时，乘员只得将其余被地雷炸瘫的"费迪南德"炸掉。

我们还遇上了些倒霉事情。我部在铁路路堤附近时，一辆在路堤另一侧的三号坦

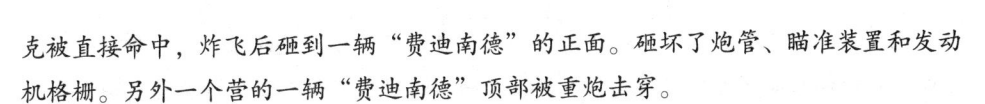

克被直接命中，炸飞后砸到一辆"费迪南德"的正面。砸坏了炮管、瞄准装置和发动机格栅。另外一个营的一辆"费迪南德"顶部被重炮击穿。

我部的第二次作战是防御奥廖尔东部，这次要幸运得多，只损失了2辆（其中一辆是乘员自毁）。泰里特少尉指挥的"费迪南德"在一次战斗中击毁了22辆坦克。我部击毁的坦克总数很高，"费迪南德"在防御战里发挥的作用很大，这得益于其主炮的高穿深。我部的一个车长面对9辆试图将其包围的美制坦克，击毁其中7辆。

"费迪南德"的主炮非常优秀。每击毁一辆坦克只需1~2发炮弹，就算是KV-2和采用倾斜装甲的美制坦克也不例外。不过榴弹会造成炮管堵塞——有时让人非常苦恼。一根炮管被击中，一根爆裂，还有一根因为膛压过高爆炸。因为我们想尽力修好受损战车，只能从损毁的车辆上拆下炮管替换受损的炮管。我建议在格栅上安装保护罩，理由是苏军炮兵和航空兵会对我们发射白磷弹，我部已经在实施这种改装。

"费迪南德"已经通过了实战考验。这是一种决定性武器，如果我们没有它，无法抵御这么多敌军坦克。光有突击炮满足不了需要。电传系统也完全通过了实战考验，让驾驶员和乘员又惊又喜。发动机和电传动系统很少出故障，不过我们认为相对于战车的吨位，发动机动力不足且履带有点窄。如果战车能根据实战经验改进，那就妙极了！

一辆"费迪南德"的上层结构被四号坦克误击，车长被打成两半。另外一辆被反坦克炮击中驱动轮。还有一辆被7辆T-34坦克包围，其中一辆被T-34在400米的距离上击中，不过毫发无伤。一辆"费迪南德"夜间进入防御阵地，不过在近战中看不清步兵，被步兵击伤，瘫倒在战壕里。所以需要前置机枪对付这种局面。侧面的舱口太小，根本不能通过它们对外瞄准射击。

我方的一个大失误是听任敌军的火炮和坦克遗留在战场上，而没有派出专门部队回收或是摧毁他们。比如，如果听任45辆坦克遗留在战场上的无人地带一整夜，次日早晨其中20辆就不见了。苏军用半履带牵引车趁着夜色回收了它们。我军去年夏天击毁的坦克遗留在战场上，冬天就为苏军所用。在这几周里，也许有50辆坦克被苏军回收再利用，而我们却在思索这些苏联坦克是从何处而来。这让我们付出了额外的精力和伤亡。例如我部的第一战中，所有击毁的苏军坦克、平射炮和反坦克炮都遗留在原地，其中有些是完好的，且还配有弹药。挖出的地雷也露天存放。当前方部队不得不撤退时，这些武器全部回到苏军手中。

类似的情况是，那些美制坦克也被留在原地。我们应该考虑把这些装备回收，作为制造新武器的原料。这将意味着我们获得上好的原料（这些都是我们很难获得的原料）来制造新的重型武器。通过这种方法我们可以获得数千吨的原料，并阻止敌军在短时间内通过修复武器或者拆卸损坏武器上的零件修理其他武器的方法补充损失。我军已经建立了废旧金属回收点，不过可以做得更完善些。有时空车皮长时间闲置在车站里，可以利用它们填补空缺。

我已经听说我们营所有损坏的"费迪南德"都修好了，但是它们送还得太迟且数量太少，我们需要的数量远超其10倍以上，那样我们会取得更大战果，我希望新的型号已经准备投入生产。另外，我一切都好，再次祝愿将军身体健康，希特勒万岁！

博姆下士（签名）

第656重装甲歼击团下属战车的糟糕机械状态迫使团长冯·容根费尔德中校提交了以下这份报告到第2装甲集团军。

——机密——

第656重装甲歼击团团部
1943年7月24日

第250/43号机密

致：
第2装甲集团军司令部
标题：第656重装甲歼击团的现状报告

全团顺应战场形势需要，自7月5日起一刻也不曾停止作战。只有[第656重装甲歼击团第1营]有24小时时间修理战车。因为"费迪南德"坦克歼击车和突击坦克一样，机械故障很多，为了能够长时间作战，我们计划命令这些部队在2~3天内撤退，然后花3~5天时间维修车辆。维修部队日以继夜地修理损坏的车辆，才能保证有足够的战车去迎敌。

由于战况紧急，我部所有战车都高负荷运转，必须立即进行14~20天的彻底检修。它们的机械状况已经糟糕到每天都有刚修好的战车在从维修场返回部队的路上又发生了新的或者不同的故障。因此，制定有确切数量战车参与的行动计划以及预测可用战车的数量都是不可能的。我们能做的只有清点能顺利从维修场开到前线作战的战车的数量。

接下来，我必须向第2装甲集团军报告，如果无法让我团所有战车接受至少一个星期的彻底检修，我团将很快就因为技术故障再也无法参加战斗。

全团剩余可用战车数量：

54辆"费迪南德"，41辆突击坦克。

其中，下列战车可以参战：

25辆"费迪南德"（4辆只能在特定条件下参战），18辆突击坦克。

就算是可投入作战的战车也是强弩之末。

因此我恳求您从前线撤下这些"费迪南德"，解散那些名目繁多的战斗群，只留3个部署在战线后方5~8公里处作为机动预备队。其余"费迪南德"则送到维修部队去。修好之后替换留守前线的"费迪南德"。

建议：

第1战斗群：

位置：克鲁塔亚–戈拉（Krutaya Gora）附近。在舒马洛沃–多姆尼诺–马尔佳布泽沃地段（Schumalovo-Domnino-Mal Dyabzevo）作战。

第2战斗群：

位置：斯坦诺沃伊–科洛杰兹（Stanovoi-Kolodes）。在舒马洛沃附近的战线作战。

团部则立即迁到第2装甲集团军司令部附近。电话线直通第2装甲集团军司令部（代码：尚克维特）。团部和2个战斗群应在4点到24点之间每半个小时联系一次。对不参战车辆的调动命令已经传达，将于1943年7月27日执行。

我团还想上报的是：因为道路泥泞，把卡尔战斗群沿奥廖尔–姆岑斯克（Orel-Mzensk）之间的道路部署，那里是唯一能攻进奥廖尔的道路。

冯·容根费尔德（签名）

1943年7月26日，波尔舍公司派驻第653重装甲歼击营的顾问海因茨·格罗施尔（Heinz Gröschl）向波尔舍公司提交了"费迪南德"坦克歼击车首战的总结报告，这份报告是第一份从技术角度进行的总结（出处：联邦档案馆之弗莱堡军事档案馆存档文件）。

我们的车辆已经战斗了3个星期，平均每辆车的行驶里程达到500公里。我已经收集了足够的信息向您报告战车的优点和缺点。我同意营里大部分的人的看法——战车是成功的武器，遗憾的是只有这么点数量投入战斗。因为平均每辆战车击毁了15辆敌军坦克，我们确信这种武器是成功的。但我必须强调，上述战果有可能被高估了。不幸的是，大部分战车总是需要修理。因为对备件的需求每天都在增加，供应量却远远不足，这种情况每天都在加剧。可以说有些特定的备件已经消耗殆尽。在开战前的44辆战车中有17辆丢失在战场上，团部还下令移交7辆给其他营，另外有10辆彻底损失。我在此报告最严重的损伤和故障。

履带和悬挂系统（悬挂单元从动摇臂组件）

和我们推测的不同，没有故障是超负荷承重引起的。松软的地质才是重要原因。橡胶垫（特别是2个后悬挂单元从动摇臂）以及橡胶环（通常是第5个负重轮的先坏掉）磨损问题非常严重。虽然大部分战车未更换锡垫圈，但是插槽和键螺母没有损坏。必须准备大批负重轮箍以便修理。扭力杆从部队驻扎在新锡德尔时就没有坏过。工厂和部队的联合技术保障没有发生问题。敌军的火力打坏了大约20个悬挂单元从动摇臂组件（摇臂加弹簧座）和很多从动摇臂。最常见的损伤就是从动摇臂损坏、弹簧座破裂、插槽和键螺母全部脱落、摇臂变形，大部分是地雷造成的。第5个负重轮容易损坏是因为所处部位的高温。前诱导轮轴曲臂组件的支轴破损也可能是地雷造成的。很不幸，备用零件过去和现在都数量不足。我们一有机会就从被击毁的战车上拆下可用的零件。

前部诱导轮

除了扎德尼克先生在新锡德尔时的一次事故中搞坏过一回，之后再也没有出现过故障。您现在肯定也注意到了磨损的齿盘螺栓。

转向组件与刹车

扎德尼克先生在新锡德尔时察觉到几个刹车损坏的例子，不过后来就没有出过类似的故障。有2辆战车在制动鼓损坏的情况下依然坚持战斗了1~2天。当然，其内部零件全部坏掉了。

履带

履带问题是最近最棘手的故障之一。大部分战车1/3~1/2的履带销都坏过1~2次，我们完全没有履带销备件。地雷和主炮开火的震动使很多履带连接处损坏了。

车身

实战证明车身几乎无法被炮弹击穿。除了有辆战车的后部通风口附近侧面有一处被76毫米炮弹击穿，以及很多弹痕之外，没有其他击穿的例子了。需要指出的是，那个击穿的例子并没造成什么实际损伤。不过实战证明，发动机散热格栅是个薄弱点。如果格栅本身或其附近被炮弹、炸弹或"莫洛托夫鸡尾酒"击中，战车会起火。弹片击中油箱或者击中其他重要零件比如冷却水管，发动机舱的温度会高到让燃油沸腾并溢出。车身外部放置绞盘、装备和线缆是错误的。我们早就应该想到它们会很

快被打烂。

上部结构
侧面装甲有2处被击穿。上部结构和车身上的发动机格栅之间的密封件要么数量不足，要么干脆丢了。还有弹片从主炮防盾[的缝隙]打进来，弹片很小，但是有杀伤力——会击伤乘员。战斗室的温度依然太高。乘员携带的信号枪弹药甚至会因此自爆。根据车长和炮手的描述，因为高温而变形的弹药打不中他们瞄准的目标。

发动机熄火
已经有很多起发动机熄火的现象，普遍原因是：阀门弯曲或者破碎[是活塞头部破碎引起的]，活塞杆弯曲或者破损，汽缸头部破裂。汽缸头部破裂或者泄漏可能是过热引起的。经验表明，如果损失10升以上冷却水就不能维持正常运转。垫圈在零件头部损坏后也会跟着坏掉，于是就会引发起火现象。安装新垫圈，据我们所知是靠不住的，而且是特别艰难、费时的工作。目前因为没有备用发动机，所以已经无法更换发动机了。

冷却系统
泄漏的冷却器和坏掉的散热风扇经常让我们大费周章。冷却器的冷却液经常从下部支座上的焊接处泄漏。我推测短而不可弯曲的管子接头是问题的根源，它的位置是在冷却器2个下部支座之间。关于散热风扇，其动力组件是跟风扇罩子焊接的。没有备用零件。

主发电机和电动机
最近一次主发电机故障还是在新锡德尔时发生的。其采用下接触面音叉臂的短回路可谓众所周知。正因如此，所有装置都能正常运行。但是，需要强调的是，直到现在，我们大部分时间都处于干燥的天气里，而且战车很少会处于低温状态下。我们非常关注发电机上的尘埃，但是尘埃似乎没有影响其运行。

变速器
没遇到过值得关注的故障。有3辆战车更换了变速器，变速器上的尘埃也没有影响其运行。

辅助发电机、电池
反向旋转辅助发电机引起的问题最严重，它的故障已经导致过整车报废。到今天为止还有更多的战车因为保险丝熔断使电池报废。扎德尼克先生也许也会向你汇报这个情况。我们已经着手将发动机改成正向旋转，目前已在9辆战车上完成了这项改装。此措施消除了这种故障。博世公司的沙尔普夫先生协助我们实施了这些改装，在此过程中不幸死亡。电池的防护装置可不怎么样。进攻的第一天就消耗了30多块电

653重装甲歼击营战史

池。一旦战车触雷，至少会炸坏一块电池，多数是两块电池都坏掉；而且电池支架不是爆裂就是完全损坏。被炮弹击中也是如此。两块电台电池的电量消耗得很快，经常要拿到战车外面去充电。

鲍登线、转速表

鲍登线也会发生故障，由于我们根本没有那么小的修理工具，只能尽最大努力去克服故障。很多车上的引擎转速表也坏了，车辆只得在没有显示发动机转速的情况下驾驶。这些很难获得的零件应该拥有极佳的耐用性，因为在战斗期间根本没时间对它们进行修理。

武器

主炮的性能非常优秀，但总是要修理。炮尾会莫名其妙地脱离炮管，而且抛壳机不运转。药筒经常要用锤子和凿子撬出来。如果车辆在炮管不支撑情况下行驶一段距离投入战斗，方向机与高低机就会与炮管中心线形成多达20厘米的偏差。当车体很热时，主炮的方向机还会卡住。就算是短时间的战斗之后，也要重校瞄准装置。在战斗中，前置火炮支架有时候会被打飞。参谋军士布伦塔尔已经向第653重装甲歼击营营长提交了一份更详细的报告用于上报。

在奥廖尔战斗期间指挥第653营的施泰因瓦克斯少校于1943年7月中旬接到去柏林学习团级指挥官课程的命令。在伦杜利克将军的干预下，他继续行使营长职务，直到这些天的战斗有了结果。他在1943年8月中旬将指挥权交给继任营长格奥尔格·鲍蒙克上尉（Hauptmann Georg Baumunk）。

国防军1943年8月6日的每日战报中宣布：

第656重装甲歼击团1943年7月5—27日在奥廖尔的防御战中，共击毁502辆苏军坦克，消灭200门反坦克炮和100个野战工事。

因为战车的维修问题和"费迪南德"的巨大重量，第656重装甲歼击团的撤退困难重重。必须先精确勘察出一条撤退路线，而且必须用特制的火车车厢来运输他们的战车。保存在联邦档案馆之弗莱堡军事档案馆的2份文件表明了这些困难：

机密指挥事务

第656重装甲歼击团团部，1943年8月1日

团行动报告：（机密指挥事务）第49/43号

第二章　第653重装甲歼击营的组建和初期征战

主题：从卡拉齐夫行军到布良斯克以东

致：第2装甲集团军司令部

由第23军转交

本团今天为"费迪南德"向西勘察了从卡拉齐夫出发的行军路线。结果如下：

（1）卡拉齐夫以西的第一座桥长度约50米，承重能力是60吨。"费迪南德"只可能在紧急情况下使用这座桥。我必须指出另外一件重要事宜：坦克在这种长度的桥上行军是困难的。最大的危险是70吨重的"费迪南德"通过此桥有可能引起桥梁垮塌，或者使其变形，从而无法通行其他车辆。就在今天，我们提到的这座桥附近的一座便桥就在一辆"豹"式坦克通过时塌掉了。

（2）另外一座可通行的桥长度是25米，正在加固，使其拥有60吨的承重能力。从这座桥上通过的风险和上面第一项中提及的相同。

（3）其他5座小桥的长度是4~10米，承重能力是24吨。只有在极其紧急的情况下，且不考虑它们以后用途的情况下才能使用。

（4）一路上是在泥地上用木头铺成的道路。而这些道路是当地唯一的通道，但是战车的宽度很宽，必须占据双车道才能通行。所以如果我们团的战车行驶在这种道路下，其他战车将无法通行。

（5）因此团部得出的结论是："费迪南德"必须在卡拉齐夫装上火车向西行军。如果不这样做，沿途的道路和桥梁可能被毁，至少通行能力会降低。

鉴于目前我们团的坦克歼击车糟糕的机械状况，大部分战车有可能在卡拉齐夫行军到布良斯克以东（约40公里）的途中抛锚。每辆战车需要4或5辆牵引车才能拉得动，这会在沿途引起更严重的交通问题。

因此团部认为绝对有必要建议用火车运输"费迪南德"。请调拨8辆SSym式平板车到卡拉齐夫。装车时间将不超过2个小时。

冯·容根费尔德（签名）

第656重装甲歼击团团部，1943年8月5日

团行动代号：第49/43号

机密主题：行军路线勘察

致：第2装甲集团军司令部，第23军

本团已经按照命令为"费迪南德"勘察了多条行军路线，现汇报如下：

（一）卡拉齐夫地区：

（a）北部：4辆"费迪南德"的位置在卡拉齐夫火车站以北约2800米，沿佩索特

施亚（Pessotschnya）一线。

勘察进度：

上述镇子南面的大桥和镇子本身，东西面的所有地形以及克拉斯尼-帕查（Krassny-Pachar）。所有道路都标注在地形图上。过桥是可行的，但是通向桥梁的道路非常泥泞。就连指挥车都会陷在里面。因为地面不是泥浆就是沼泽，连最轻的车辆都无法通行，直接把"费迪南德"运输到考什尼卡（Kasnika）以东是不可行的。

（b）4辆"费迪南德"，2辆突击坦克的位置在卡拉齐夫火车站以南约800米。行动备选方案：

（1）增援佩索特施亚桥梁边的4辆"费迪南德"。

（2）占领奥德里诺（Odrino）以南勘察过的位置。

（3）行军路线：

卡拉齐夫——经过209.4高地的未加固的道路至奥德里诺的阵地，那个阵地在科罗捷耶夫卡镇（Koroteyevka）以南约500~800米。

要横渡的河流、大桥以及奥德里诺到科罗捷耶夫卡镇中心都在我军的控制之下。镇子北面的低地一直到镇子北郊则没有被我军控制，且敌情不明。

奥德里诺桥梁的承重能力是60吨。"费迪南德"只能部署在镇子以北800~1000米的阵地里，射界也受限制（不到1000米）。因此，科罗捷耶夫卡南面更有利于封锁渡口。

（c）封锁奥廖尔-卡拉齐夫之间的道路

只有一座桥梁承重能力是24吨，且不利于战车转弯；只能在紧急情况下使用。集结区域设在246.1高地后方。我军在那里控制整条道路以及从肖蒂涅热（Chotynez）延伸出来的道路。

（d）南面的道路

南面地区可通行的道路只延伸到诺夫-伊斯韦特（Nov Isvet）。有个十字路口在诺夫-斯韦特尔和科拉-克里亚斯（Cora Kryas）之间，所以无法封锁。因为离开诺夫-斯洛博达的桥梁无法承受"费迪南德"的重量，所以我们无法使用南面通往因劳索沃（Inrassovo）的道路。

（e）西南面的道路

能供我部考虑的道路只有从卡拉齐夫西南郊到巴施卡托斯特（Baschkatost）村的那条，那条路直接向南，通往别利亚耶夫-德沃里村，然后延伸到西南面的野外。其所有桥梁的承重能力都很差。弯道太窄太陡，有的路段对"费迪南德"来说太湿了。

大部分战车现在的机械状况很糟糕,连35公里的路程都走不了。这些战车无论如何都无法自行撤退至"哈根"防线。在这种地形上维修损坏的"费迪南德"也几乎不可能。不过这些道路似乎适合突击炮和四号坦克通行。

(二)"哈根"防线后方的地区

(a)大路

从布良斯克到我们目前位置的道路是适合通行的,但是我们依然要考虑对道路的损伤(会压坏路面,导致其他车辆无法通行)。路线的最后一段,和上述路段一样,全是木条铺成的路,非常狭窄,左右都是沼泽。射界受限。如果部署4门反坦克炮,可以封锁整条道路。

(b)向南的道路

穿过森林的道路无法通行,需要采取很多准备措施。森林边缘的沼泽和湿地,除非经过长时间的干燥,才能勉强通行。从布良斯克到目标区域的距离大约是30公里。基于"费迪南德"目前的履带和发动机状况,在这段路上的行军将非常困难。

(c)向北的路线目前没有勘察

根据第4装甲师的勘察结果,那个区域的地形和路程,不适合"费迪南德"实施行动。

结论是:我团关于卡拉齐夫到布良斯克之间路线的勘察结论是:"费迪南德"不能使用这条路线。那样会摧毁或者危及桥梁,造成交通堵塞。另外驻卡拉齐夫的坦克歼击车和突击坦克的状况决定了它们无法用自身动力走完这段路程,而且在行军道路上维修它们会造成严重的交通堵塞。因此,我们建议用火车运输这些战车。

冯·容根费尔德(签名)

第653重装甲歼击营最终在1943年8月初来到布良斯克进行休整。第654重装甲歼击营在奥廖尔战斗中损失了大量战车,余部也到达了那里。元首大本营命令第654重装甲歼击营把剩余的19辆"费迪南德"交给它的兄弟营,骨干人员则返回法国。根据阿道夫·希特勒本人的命令,第656重装甲歼击团剩下的2个营——第653重装甲营和第216突击坦克营于1943年8月25日前往第聂伯罗彼得罗夫斯克维修装备。履带式车辆用火车运输,而部分轮式车辆沿道路行军。

下面是1943年8月26日下发至第656重装甲歼击团的一项命令:

653重装甲歼击营战史

该团，下辖第653重装甲营和第216突击坦克营，为了维修装备，正在赶往第聂伯罗彼得罗夫斯克的途中。波尔舍、阿尔卡特和西门子公司已经派出很多检查员前去协助维护和整修这些战车。它们将进行最新的改进。

第二个"费迪南德"营——第654营，已经转往奥尔良（Orleans）地区作为骨干单位训练并换装"猎豹"。

建议第656重装甲歼击团及第216突击坦克营也调往西线，原因是接下来几个月东线的泥泞和冬季机动受限，他们留下来也只能执行有限类型的任务。

（出处：联邦档案馆之弗莱堡军事档案馆）

第653营从布良斯克前往西线的路上困难重重。在第聂伯罗彼得罗夫斯克找个合适的修理场也不容易，所以很多事务一再延迟。以上困难致使德国陆军总司令部派了一个总参谋部的装甲兵军官前去检查工作。

——机密——

陆军总参谋长装甲兵办公室
陆军总司令，1943年9月1日
第1309/43号机密报告

"费迪南德"营和突击坦克营的视察报告

A. "费迪南德"营

在调查期间我视察了如下问题：

一、为什么没有按照计划于9月1日开始维修工作

1. 第一批部队（维修连的部分官兵和4辆"费迪南德"）于8月26日到达。

2. 寻找一处可用维修厂房时遇到的困难：

（a）开展此项工作的困难很多，因为所有的厂房都在"伊万项目"之内。做出决策前要进行漫长的协商。

（b）直到8月29日才清理完厂房。

（c）将厂房改造至可利用（铺设钢板，用碎屑填充地下沟渠，使其能承受"费迪南德"的重量）。

（d）保证水的供应。

（e）保证电力供应。

3. 考虑到战车重量，维修备件（比如侧面装甲板的重量是1200千克），必须使用龙门吊进行装卸，又花费了更多的时间。

4. 全营都安排了长期彻底的翻修计划，并做了相应的准备，每天都在进行此项工作。

二、为什么维护预计要花费4~6周

1. 因为全营连续3周作战，没计划进行维护和修理，大部分战车需要全面翻修。（正确的程序是每隔5~6天就要暂停作战，进行维护。）

2. 所有战车需要额外的改装，请在附件1内查看详细的信息。重要的改装如下：

（a）改进发动机散热格栅盖。

（b）给供油管加装保护装置。

（c）给水管安装柔韧附件。

（d）改装辅助发电机。

三、有多少车辆不需要彻底翻修，只需快速修理

1. 10辆"费迪南德"在到达第聂伯罗彼得罗夫斯克后一周可以投入战斗。

2. 因为所有修理工作必须在拆除上层结构后才能进行，这需要较长的时间，所以无法对现有的"费迪南德"进行快速修理。

3. 营长反对进行快速修理，因为他必须要为战车在战斗中的可靠性负责。

4. 必须立即做出的决定，是要翻修所有"费迪南德"，还是对10辆情况较好的进行快速修理。因为两种方案涉及的工作是不同的，所以必须做出选择。

四、"费迪南德"损坏的技术细节

见附件2。

五、陆军总参谋部能采取什么措施加速修理进度

1. 加速运输。

2. 尽快运输以下物资：

（a）60个奥托HL120TRM发动机。

（b）100平方米的装甲板（10毫米厚）。

（c）50平方米装甲板（30毫米厚）。

B. 突击坦克营

在调查期间我视察了如下问题：

一、为什么没有按计划进行维护工作，直到9月1日才开始

1. 第一辆突击坦克直到8月30日才到达第聂伯罗彼得罗夫斯克。

2. 10辆突击坦克在离开布良斯克之前已经修过了。

二、为什么维护的预计时间是4~6周

对突击坦克营的战车进行彻底翻修只需要14天~3周。

三、有多少车辆不需要彻底翻修，只需快速修理

全部突击坦克共计38辆在到达第聂伯罗彼得罗夫斯克后的10天都可以修好，不需要彻底翻修。

四、突击坦克损坏的技术细节

1. 75%的战车的主要损伤：主炮下垂，必须上抬。

2. 机械修理。

3. 侧减速器。

4. 装甲侧裙板。

这些部件都有修理备件。

五、陆军总参谋部能采取什么措施加速修理进度

加速运输。

C. 对2个营的额外视察

一、将要进行维护工作的部队

1. "费迪南德"营：

（a）第653重装甲歼击营维修连。

（b）第654重装甲歼击营维修连。

2. 突击坦克营：

（a）大部分战车已经在第545和552维修连。

（b）有些战车在编制内的维修排维修。

二、运输情况

1. 从8月21日开始，每天有2辆火车从布良斯克发车。

2. 8月30日起抵达第聂伯罗彼得罗夫斯克的有：6列货车（只运输了14辆"费迪南德"，没有运输突击坦克）。

3. 一列货车于8月31日抵达第聂伯罗彼得罗夫斯克，一列货车于9月1日抵达第聂伯罗彼得罗夫斯克。

4. 最后一列离开布良斯克的火车于8月31日发车，装的是8月29日才撤出战斗的部队。

5. 运输的困难：

a）运输途中火车要停车20个小时。

b）许多车辆过热。

c）当"费迪南德"（战斗全重75吨）装上车厢之后，发生过铁轨断裂现象。

d）失窃：2辆"骡子"多用途车。

附件

致陆军总参谋长装甲兵办公室的1309/43机密报告的附件1

"费迪南德"的关键性改进

"费迪南德"坦克歼击车必须进行下列改进才能提升其机动性和可靠性：

A. 防火措施

1. 改装防弹性能更好的发动机格栅。
2. 加强供油管保护防止泄漏。
3. 改装废气收集管的连接装置。
4. 在通风组件上安装防漏油装置。
5. 采取措施，防止树叶之类的杂物堆积在排气管内。
6. 改进从乘员室通往发动机舱的通道。
7. 安装由2个5升二氧化碳灭火器组成的消防系统。

B. 改善防地雷能力

1. 给电池安装更有弹性的附件。
2. 拆除主发电机架的支撑腿。
3. 改进辅助发电机附件。

C. 消除低压电力系统故障的根源

1. 安装博世公司生产的带有新式支架的辅助发电机。
2. 主发电机的供电由24伏改成12伏以改善通讯状况。
3. 减少上层结构和车体引起的通讯干扰。
4. 加强对电流表的保护。

D. 驾驶系统

1. 使离合器更顺畅。
2. 安装大型方向盘。
3. 交付新履带。
4. 换掉履带上的橡胶垫。

E. 高压电力系统

1. 电阻调整为K58.8（防止电涌）。
2. 拆除高电阻值的电阻，改为接地。

3. 彻底清洁所有电气设备和开关。

4. 将发电机框架移动至格栅板下方。

F. 上层结构

1. 在车身前部安装雨水槽。

2. 封住驾驶员和无线电操作员舱室地板上的逃生舱盖。

3. 封住车体和上层结构之间的缝隙。

4. 格栅上加装网套。

5. 增加驾驶员和装填手舱盖弹簧的张力。

6. 在上层结构前部的车身上焊接密封条。

7. 在上层结构后部加装可装入履带板、工具和装备的箱子。

8. 在观察镜上安装防雨/遮阳盖。

9. 在后部装甲地板上开出通风口。

10. 改善发动机舱盖板的焊接质量。

G. 其他改进

1. 改变火炮防盾的形状和角度。

2. 球形炮盾后方加强弹片防护。

3. 对上层结构装甲板采取硬化和提高强度的措施。（建议：焊死装填手舱盖，但只在下列第4条实施后进行。）

4. 上层结构后部的维护舱门兼作紧急逃生口。

5. 增设车长指挥塔，改善视野。

6. 建议配发可以通过主炮炮管射击的机枪。

7. 改装驾驶室，以便可以在此部位维护主炮炮架前部区域。

8. 增设无线电操作员观察窗。

9. 增加车长和驾驶员间的通话器。

10. 观察窗换装更好的橡胶封条。

11. 改进冷却系统和通风系统。

12. 将水箱盖改进得更牢靠，每个盖子上都加上链条。

13. 改进发动机后部的隔板强度。

14. 修改履带连接棒上的螺母（改为六边形）。

15. 修改排气孔（以达到更强的废气偏转性能）。

如果能把所有改进型的零件和材料运到，保证良好的工作环境，调动一切可以利用的技术力量，上述改装任务能在6个星期之内完成。

致陆军总参谋长装甲兵办公室的1309/43机密报告的附件2

第656重装甲歼击团的"费迪南德"维修事项一览表

流水号	a）战车编号 b）底盘编号	维护事项	维修天数
1	a）101 b）150014	更换2部汽油发动机。更换会震荡的发动机固定装置，翻修整个冷却系统。在冷却系统和底部通风扇上安装新的槽孔和传动法兰。更换高压线，还有所有负重轮的橡胶垫。更换辅助发电机，并加强其固定装置。短期任务：更换履带和挡泥板，修理照明系统，焊接上层结构，重新固定皮带转轮。	14
2	a）102 b）150024	按照规格更换（橡胶垫上的）所有弹簧。更换所有负重轮的橡胶垫。翻修主动轮与诱导轮。检查冷却系统的所有连接头，并对散热片进行维护和清洁。安装新的通风机棒。更换辅助发电机，并加固固定装置。重制火炮方向机。短期任务：更换履带，修复挡泥板、绝缘发电机调节器。	9
3	a）114 b）150083	检修迈巴赫发动机。翻修冷却和通风系统。拆除传动带调整器。更换点火电缆。调整点火器。安装并焊接发动机舱检修板铰链。翻修主动轮与诱导轮。短期任务：更换履带，更换4个负重轮的橡胶垫。	8
4	a）121 b）150080	更换一台汽油发动机。更换浮动式离合器。重新固定散热器（压力下）。更换散热器的槽孔和传动法兰。安装无线电抗干扰零件。重制主炮高低机和方向机。短期任务：焊接上层结构。	10
5	a）123 b）150093	更换右侧汽油发动机。翻修冷却系统。焊接发动机舱检修板铰链。更换鲍登线系统。短期任务：更换架设在后部悬挂单元从动摇臂上的支持柱。调整和焊接挡泥板。	9
6	a）124 b）150012	更换汽油发动机。修理并清洁整个冷却系统。更换散热器的槽孔和传动法兰。短期任务：绝缘辅助发电机调节器，更换发动机转速表，焊接炮管支架，更换履带。	12
7	a）131 b）150077	更换汽油发动机。完全翻修整个冷却系统。更换散热系统。重新安装皮带系统并加宽跨距。安装新的辅助发电机和调节器。在离合片上安装伸缩闸瓦离合器。安装电力系统接地线。短期任务：修理牵引连接装置。重新排列发动机格栅板。	14
8	a）133 b）150019	重新布设高压线缆。修理电力操纵系统。焊接车身在战斗中损坏的部分。更换悬挂单元从动摇臂。短期任务：装配并焊接上层结构上的吊装钩。	7
9	a）201 b）150020	更换汽油发动机。修理冷却系统。修理散热器动力装置。安装电力系统接地线。重新排列并加固格栅板。	7
10	a）202 b）150020	更换汽油发动机。翻新散热器。重新安装散热器。安装新的主发电机和辅助发电机。重新排列并加固格栅板。调整并加固火炮标尺。短期任务：更换履带。调整并焊接挡泥板。修理主炮方向机。	11

续表

流水号	a) 战车编号 b) 底盘编号	维护事项	维修天数
11	a) 211 b) 150028	更换左右主发电机已经摇晃的金属支架。安装新的鲍登线零件。重新固定传动带的张力辊。焊接发动机舱检修板铰链。重制保险弹簧。短期任务：更换履带。	7
12	a) 212 b) 150067	修理乘员室底板。装配并加固空气过滤器支架。	4
13	a) 213 b) 150074	更换汽油发动机。翻修并清洁冷却系统。更换负重轮后部悬挂单元从动摇臂上的橡胶垫。更换鲍登线零件。翻修诱导轮。更换高压电线。修理火炮的高低机和方向机零件。	12
14	a) 214 b) 150081	更换右侧的汽油发动机。修理发动机检修板。重新固定前部的倾斜装甲。制造并安装新的观察镜盖板。短期任务：更换履带。修理架设在后部悬挂单元从动摇臂上的支持柱。	10
15	a) 221 b) 150086	翻新悬挂系统。短期任务：安装新的辅助发电机。更换电动机的温度传感器。更换履带板。	7
16	a) 222 b) 150087	翻新驾驶操纵装置。调整和修理履带。重新固定传动带的张力辊。短期任务：更换履带。调整挡泥板。	5
17	a) 223 b) 150089	更换汽油发动机。修理电力操纵装置。短期任务：更换履带。更换负重轮。焊接挡泥板。	9
18	a) 224 b) 150092	修理右侧汽油发动机的漏油问题。修理电力操纵装置。安装新的辅助发电机。绝缘调节器。翻修悬挂系统。短期任务：更换履带。修理挡泥板。	5
19	a) 231 b) 150094	更换右侧汽油发动机。修理左侧被击穿的装甲。翻修电力操纵装置，更换上层结构装甲的螺栓。更换所有负重轮的橡胶垫。短期任务：更换履带。在战斗室外部装配并焊接新的钩子。	10
20	a) 233 b) 150097	完全翻新整个冷却系统。修理被炮弹打坏的上层结构舱盖。装配并焊接新的战斗室通风扇保护罩。翻修负重轮。修理机械操纵装置。短期任务：更换履带和负重轮的橡胶垫。	7
21	a) 234 b) 150100	修理，调整并安装新的格栅板。重装车身顶部的装甲板。翻修操纵系统。更换所有负重轮上的橡胶垫。修理通讯系统故障。短期任务：更换履带。装配并安装工具箱。	12
22	a) 301 b) 150079	更换右侧汽油发动机。修理冷却系统。在散热器动力部分安装槽孔和传动法兰。安装新的辅助发电机和调节器。修理通讯系统故障。修理动力装置的喷射装置。短期任务：焊接上层结构。	10
23	a) 302 b) 150098	翻修冷却系统。修理，调整并安装新的格栅板。修理鲍登线零件。翻修诱导轮。修理机械操纵装置。短期任务：修理履带。更换负重轮的橡胶垫。	7

续表

流水号	a) 战车编号 b) 底盘编号	维护事项	维修天数
24	a) 312 b) 150082	彻底翻修悬挂系统。修理左侧发动机的漏油问题。修理并调整机械操纵装置。安装新的辅助发电机和调节器。短期任务：修理挡泥板。修理电枢。	8
25	a) 313 b) 150015	修理电力操纵装置。更换履带。修理负重轮。焊接挡泥板。	4
26	a) 314 b) 150021	更换履带，修理挡泥板。修理电枢。	3
27	a) 321 b) 150075	更换右侧汽油发动机，修理电力系统的接地装置。修理电力操纵装置。修理所有负重轮的橡胶垫。	5
28	a) 322 b) 150013	翻修诱导轮。修理鲍登线零件。更换传送带固定装置。修理并清洁冷却系统。更换辅助发电机。短期任务：更换履带。修理挡泥板。修理电枢。	7
29	a) 324 b) 150073	更换右侧汽油发动机。翻修诱导轮。修理悬挂单元从动摇臂。修理鲍登线零件。短期任务：修理并焊接挡泥板。	7
30	a) 332 b) 150095	修理电力操纵装置。更换前方上部装甲板。短期任务：修理履带。	4
31	a) 334 b) 150018	翻修并清洗冷却系统。修理鲍登线零件。更换电力启动装置。	6
32	a) 511 b) 150040	更换汽油发动机。翻修整个冷却系统。彻底翻修悬挂系统。重新安装辅助发电机。重制高压线系统。更换履带。重新安装履带板。修理上层结构。	16
33	a) 512 b) 150033	翻修悬挂系统。更换散热器动力装置。更换履带。	7
34	a) 513 b) 150036	更换一台汽油发动机。修理并清洗冷却系统。更换一个悬挂单元从动摇臂。更换负重轮的橡胶垫。安装弹簧上的橡胶垫。更换履带。	7
35	a) 521 b) 150064	更换汽油发动机。彻底翻修悬挂系统。清洗和翻修冷却系统。更换散热器动力系统。修理底部通风扇。修理挡泥板。修理上层结构损坏的部分。重新固定格栅板。	12
36	a) 532 b) 150046	彻底翻修悬挂系统。更换底部通风扇的动力。修理一台辅助发电机的固定装置。修理底部通风扇的动力。修理挡泥板。修理上层结构损坏的部分。重新固定格栅板。	6
37	a) 533 b) 150044	彻底翻修整个冷却系统。修理辅助发电机的固定装置。修理上层结构。	7

续表

流水号	a）战车编号 b）底盘编号	维护事项	维修天数
38	a）534 b）150030	清洁和修理冷却系统。翻修通风扇的动力。重新架设张力辊。翻修诱导轮。修理底部通风扇。更换履带。	7
39	a）611 b）150062	更换废气管的密封圈。更换左边的通风扇动力。修理右侧诱导轮。完全翻修悬挂系统。修理主炮的方向机。	5
40	a）612 b）150022	更换鲍登线零件。翻修冷却系统。修理悬挂。修理通风扇动力。	6
41	a）613 b）150050	更换汽油发动机。翻修悬挂。更换通风扇动力。修理辅助发电机启动装置。	12
42	a）621 b）150068	翻修悬挂。修理冷却系统。修理底部通风扇。	7
43	a）622 b）150076	修理冷却系统。更换通风扇动力。重新固定传动带调节器。更换废气管密封圈。	4
44	a）631 b）150069	更换汽油发动机。修理冷却系统。更换通风扇动力。重新固定辅助发电机。	13
45	a）632 b）150060	修理发动机和冷却系统。翻修悬挂。	4
46	a）633 b）150071	更换汽油发动机。更换悬挂单元从动摇臂。翻修和清洗冷却系统。修理底部通风扇。重新固定辅助发电机。	9
47	a）702 b）150057	翻修悬挂。更换履带。	3
48	a）714 b）150034	修理履带张力装置。更换负重轮橡胶垫。更换橡胶垫。安装底部通风扇。修理鲍登线零件。	8
49	a）722 b）150047	更换汽油发动机。修理冷却系统。修理通风扇动力。修理负重轮橡胶垫。修理履带。	7
50	a）721 b）150055	修理右侧汽油发动机密封条。更换一个电力启动装置。修理挡泥板。重新固定格栅板。	6

奥廖尔之战后，还剩50辆"费迪南德"，全部撤退。2个"费迪南德"营的维修连合并成一支部队。第654重装甲歼击营的沃尔夫冈·罗默中尉和战争技术管理顾问鲁道夫·沙弗拉内克共同负责维修事务。

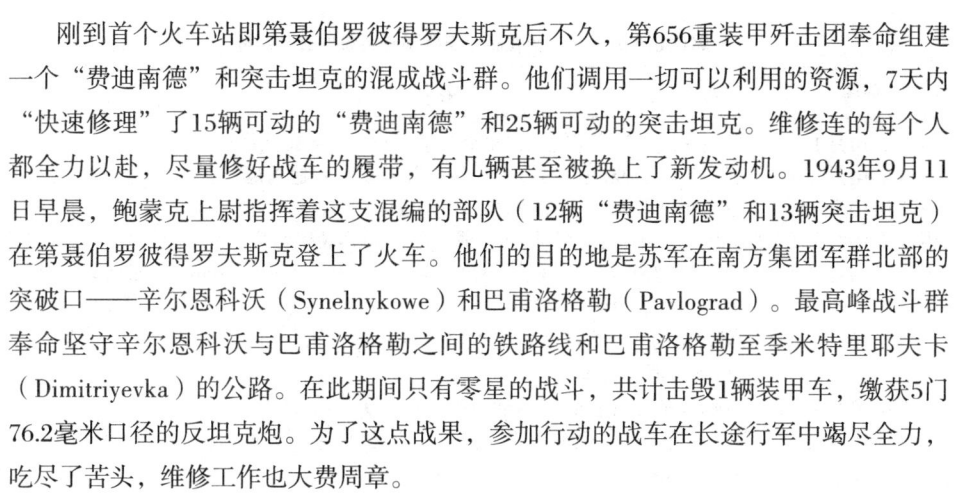

第二章　第653重装甲歼击营的组建和初期征战

刚到首个火车站即第聂伯罗彼得罗夫斯克后不久，第656重装甲歼击团奉命组建一个"费迪南德"和突击坦克的混成战斗群。他们调用一切可以利用的资源，7天内"快速修理"了15辆可动的"费迪南德"和25辆可动的突击坦克。维修连的每个人都全力以赴，尽量修好战车的履带，有几辆甚至被换上了新发动机。1943年9月11日早晨，鲍蒙克上尉指挥着这支混编的部队（12辆"费迪南德"和13辆突击坦克）在第聂伯罗彼得罗夫斯克登上了火车。他们的目的地是苏军在南方集团军群北部的突破口——辛尔恩科沃（Synelnykowe）和巴甫洛格勒（Pavlograd）。最高峰战斗群奉命坚守辛尔恩科沃与巴甫洛格勒之间的铁路线和巴甫洛格勒至季米特里耶夫卡（Dimitriyevka）的公路。在此期间只有零星的战斗，共计击毁1辆装甲车，缴获5门76.2毫米口径的反坦克炮。为了这点战果，参加行动的战车在长途行军中竭尽全力，吃尽了苦头，维修工作也大费周章。

1943年9月中旬，德军中央集团军群整体后撤，这一战略行动打乱了"费迪南德"和突击坦克在第聂伯罗彼得罗夫斯克进行大规模维修的计划。整个修理营及其他维修部队和轻型补给队都转移到尼科波尔（Nikopol），在那里继续紧急维修。1943年9月19日，第656重装甲歼击团接到德军陆军总司令部的命令，要求该团把所有兵力部署到萨波沃罗耶桥头堡。这个桥头堡在第聂伯河东岸，必须不惜一切代价守住。它保护着总长760米的欧洲最大水坝，装机发电量能满足整个乌克兰西部的工业用电量。

桥头堡由亨里齐中将（Generalleutnant Henrici）的第40装甲军驻守。该军下辖6个师，还加强有第656重装甲歼击团作为机动预备队。他们组建了2个战斗群，每个都由营长指挥，分别是第653重装甲歼击营的格奥尔格·鲍蒙克少校指挥的北部集群，第216突击坦克营的布鲁诺·卡尔少校指挥的南部集群。后者有时也由第216突击坦克营的霍斯特曼上尉（Hauptmann Horstmann）和克勒特上尉（Hauptmann Klett）指挥。

第656团的处境是非常困难的，约40辆"费迪南德"和2/3的突击坦克仍在尼科波尔大修，但其派出的战车仍为桥头堡提供了强大的火力支援。其中，南部地段的新亚历山德罗夫卡（Novo Alexandrovka）的拉锯战特别艰难。"费迪南德"和突击坦克于1943年10月10日在那里打退了一次苏军的装甲突击。该团的报告显示击毁了48辆苏军坦克。"费迪南德"于1943年10月13日凌晨时分从桥头堡撤离，这些巨型战车缓缓驶过水坝到达第聂伯河西岸。水坝在1943年10月15日被炸毁。德军同时撤离萨波沃罗耶桥头堡。

653重装甲歼击营战史

第656重装甲歼击团在萨波沃罗耶桥头堡的战斗历程

时间	内容
1943年10月1日	组成"费迪南德"坦克歼击集群与亨里齐战斗群协同作战。
1943年10月2日	第333步兵师和第123步兵师各自得到3辆"费迪南德"配合行动。
1943年10月5日	在瓦西里耶夫斯基（Vassilyevskiy）地区作战。
1943年10月7日	与第16装甲掷弹兵师协同作战。总计20辆装甲车辆。
1943年10月9日	6辆"费迪南德"在萨波罗舍热–克鲁格尔里克（Saporoshez–Krugilik）抵御敌军突破。总计19辆装甲车辆。
1943年10月10日	9辆"费迪南德"在克里尼岑（Krinitschny）作战。另外一队"费迪南德"与第125步兵师协同作战。
1943年10月11日	14辆战车可用于作战，4辆正在小修，30辆正在大修。
1943年10月15日	第506重装甲营也被划来。在北面的马里耶夫卡（Maryevka）以及南面的希罗科耶（Shirokoye）与第16装甲掷弹兵师组建了一个战斗群。
1943年10月16日	总计：15辆可投入作战，5辆正在小修，28辆正在大修。

出处：联邦档案馆之弗莱堡军事档案馆。

各种人员调动致使第653重装甲歼击营的各级指挥官也发生了人事变动。

营长：格奥尔格·鲍蒙克少校

副官：贝克中尉

营部连连长：卡尔·塞茨中尉

第1连连长：赫尔穆特·乌布利希中尉

第2连连长：维尔纳·萨拉蒙中尉

第3连连长：朗格中尉

维修连连长：汉斯·韦格林

第653重装甲歼击营第3连连长朗格中尉于1943年10月23日被炸弹弹片打成重伤，不治身亡。伯恩哈德·康纳克接任连长。

之后，第656重装甲歼击团经历了非常混乱的时期，它被拆分配属给3个军。14辆战车被配属给克里沃罗格（Krivoy Rog）附近的第57装甲军，其中6辆加强给第11装甲师，他们把守着隘口，保卫这座重要的古老城市。另外14辆被调拨给第30军，3辆加强给第17装甲军。该团的"费迪南德"和突击坦克不断作战，常常为处境艰难的德军战线筑起最后一道防御。

第二章　第 653 重装甲歼击营的组建和初期征战

下面是营部连二等兵约翰·施莱斯的服役证上记录的 1943 年 9 月 20 日到 1943 年 11 月 6 日第 653 重装甲歼击营作战时间和地点的变迁。

流水号	日期	地点
1	1943年9月20日	尼古拉耶夫卡
2	1943年9月26日	格里戈里耶夫斯基（Grigoryevskiy）
3	1943年9月30日	新亚历山德罗夫卡
4	1943年10月1日	瓦西里耶夫斯基
5	1943年10月2日	瓦西里耶夫斯基
6	1943年10月3日	瓦西里耶夫斯基
7	1943年10月9日	维什涅维（Vischnevy）
8	1943年10月10日	施维申科（Schvetschenko）
9	1943年10月11日	伊万诺夫斯基（Ivanovskiy）
10	1943年10月12日	海纳泽尔诺夫斯基（Hynzernovskiy）
11	1943年10月28日	拉德扬卡（Radyanka）
12	1943年10月31日	多尔加亚（Dolgaya）
13	1943年11月4日	彼得罗波尔（Petropol）
14	1943年11月5日	赫尔曼斯多夫（Herrmannsdorf）
15	1943年11月6日	沃尔涅（Volniy）

第 656 重装甲歼击团从 1943 年 7 月 5 日到 1943 年 11 月 5 日击毁的敌军装备为：

582 辆坦克，344 门反坦克炮，133 门其他火炮，103 枝反坦克枪，3 架飞机，3 辆装甲车和 3 辆突击炮。

从 1943 年 11 月 10 日开始，团部驻地改为彼得罗波尔附近的布卢门费尔德村（Blumenfeld），那里原来是德裔聚居地。1943 年 11 月 13 日，全团可用战车从这里出发前往尼科波尔桥头堡，德军必须在 1943—1944 年的冬天守住这个桥头堡。

1943 年 11 月 20 日，桥头堡的第一场防御战打响了。1943 年 11 月 20 日时的马尔维夫卡（Marvevka）和 1943 年 11 月 23 日时的卡捷琳诺夫卡（Katerinovka）都是德军防线上特别关键的地区。"费迪南德"部队在 1943 年 11 月 26—27 日的科绍索夫卡/米罗波罗（Koschasovka/Miropol）遭遇战中大胜。他们击毁了 54 辆苏军坦克，其中 21 辆是弗朗茨·克雷奇默少尉车组（炮手阿洛伊斯·莫斯多耶莱下士、驾驶员海因里希·阿佩尔下士、无线电操作员彼得·沙德一等兵、第一装填手奥托·伊森列兵、第二装填手保罗·施密特列兵）的战果。弗朗茨·克雷奇默少尉于 1943 年 12 月 17 日获得骑士十字勋章。

653重装甲歼击营战史

1943年11月28日的国防军每日战报还特地嘉奖了第656重装甲歼击团：

自元首大本营，1943年11月26日
第聂伯河桥头堡

德军最高统帅部报告：经过夜以继日的苦战，苏军对尼科波尔桥头堡以及第聂伯河弯曲部的进攻已基本被击退。克列缅丘格西南面的一处突破口仍在激战。敌军昨天损失了112辆坦克。第656重装甲歼击团在冯·容根费尔德中校的指挥下，击毁了54辆坦克。克雷奇默少尉在战斗中有着杰出表现，他的坦克歼击车歼灭了21辆敌军坦克。

第656重装甲歼击团在之前的4个月中击毁了654辆坦克和610门火炮。
1943年11月29日第656重装甲歼击团的战车状态为：
第656重装甲歼击团第1营（第653重装甲歼击营）——4辆"费迪南德"可投入作战，8辆在小修，30辆在大修，4辆完全损失。
第656重装甲歼击团第3营（第216突击坦克营）——2辆四号突击坦克可投入作战，43辆在大修。

这个车辆状况，加上"费迪南德"和突击坦克在冬天的使用受到极大的限制，使德军高层得出全团只能撤退的结论。这支部队将回到奥地利的圣珀尔滕和圣瓦伦丁接受场站级别的维护。第656重装甲歼击团于1943年12月10日收到以下命令：

兹命令第656重装甲歼击团团部、第653重装甲歼击营和第216突击坦克营从南方集团军群的地段（克里沃罗格和尼科波尔地区）撤出，到圣珀尔滕进行整编。

当该团正在上火车之时，苏军对尼科波尔桥头堡的第二次大规模攻势开始了。克雷奇默少尉带领一个"费迪南德"和突击坦克混编战斗群奉命返回桥头堡，支援第聂伯河东边那些身处险境的步兵师。南方河流工兵指挥部提供了一艘1000吨的渡船来支持这次行动。新任第40山地军军长费迪南德·舍尔纳上将（General der Gebirgstruppe Ferdinand Schörner）也亲自到来为参加此次作战的人员授勋。1943年12月25日，战斗群乘工兵渡船撤往第聂伯河西岸。苏军的一次快速突进威胁到了正在上船的"费迪南德"部队，阿尔弗雷德·席斯特尔上士（Feldwebel Alfred Schiestl，334号车）又指挥一支作战小队来收拾局面。

第二章　第653重装甲歼击营的组建和初期征战

1943年12月16日到1944年1月10日，全团乘坐21列火车返回德国。极度需要进厂维修的"费迪南德"和突击坦克于12月底开始被送往圣瓦伦丁的尼伯龙根工厂和维也纳的陆军兵工厂。

第653和第654重装甲歼击营的"费迪南德"统计
（1943年6月30日到1943年11月30日）

第653重装甲歼击营

时间	在册	可投入作战	在修	损失
1943年6月30日	44	41	3	—
1943年7月5—14日				第656重装甲歼击团总共损失19辆"费迪南德"
1943年7月29日	31	10	21	13
1943年7月31日	31	13	18	—
1943年8月1日	—	27	38	—
1943年8月20日	50	12	38	—
1943年9月1日	50	10	40	—
1943年9月30日	49	20	29	—
1943年10月31日	48	10	38	—
1943年11月1日	48	9	39★	—
1943年11月30日	42	7	35	—
1943年11月20日★★				

★加上3辆"费迪南德"回收车。
★★第656重装甲歼击团的"费迪南德"状况：4辆可用于作战，8辆在小修，30辆在大修，4辆完全损失。

第654重装甲歼击营

时间	在册	可投入作战	在修	损失
1943年6月30日	44	43	3	—
1943年7月5—14日★				
1943年7月29日	19	13	6	—
1943年7月31日	19	13	6	—

★见上文中全团的总损失。
出处：联邦档案馆之弗莱堡军事档案馆。

1992年10月2日，第653重装甲歼击营第3连老兵卡尔·诺伊纳特下士（Unteroffizier Karl Neunert）写下了下面这段回忆：

回忆奥廖尔攻势的开端：1943年7月5日
夜间向集结地区行军真是一派意外景象。我们发动机的轰鸣搞得苏军打开了他们的所有高炮探照灯,他们还以为是一场空袭即将来临。

我们在进攻中必须设法通过密集的雷场和堑壕阵地。装着炸药的小型履带式装甲车被用上,它们会自爆,接着引爆周围很大一片区域的地雷。苏军堑壕防御严密,还投入了战斗机和轰炸机(甚至包括美式"波士顿"轰炸机)。我当时是331号"费迪南德"的炮手,我们第一天就碾上了很多地雷(5个?),但并未遭受太大损伤。必须要特别表扬下步兵,他们在"费迪南德"的保护下打得很出色。

数天之后进攻陷入停顿。一个步兵上尉问我们还有另外一个"费迪南德"车组能不能晚上别撤退……他想让我们和他的步兵一起待在亚历山德罗夫卡镇附近的一片开阔地里,不然他们在夜里根本守不住。我们留下来了,天灰蒙蒙亮时,我们看见苏军步兵已经爬上了200米外的另外一辆"费迪南德"上(车号333,车长是本诺·沙尔丁上士,炮手是卡尔·洛伊克尔下士)。车子的舱盖是开着的!我们的步兵在夜里没打招呼就撤退了。我们决定撤退,往回开,不过才开了几百米就必须越过一条沟。车子扎进了沟底,只有车身还露出来。苏军步兵离得远远的绕过我们占据了左右的高地,没向我们开火。我们使尽浑身解数,把毯子、外套甚至手头所有的一切都塞到履带下面。可是都没能奏效。我在炮管里装了炸药,全体人员弃车逃生。不过炮管没爆炸,直至今日我也不知道它为什么没爆。我们幸运地返回连里。韦格林上尉先询问了人员损失状况,然后是车辆状况,似乎打算出动"斯图卡"俯冲轰炸机去摧毁那2辆"费迪南德"。结果:不明。

1943年10月2日,萨波沃罗耶桥头堡的作战行动。10月2日凌晨,我们的战车在前进时被直接命中。主炮球形防盾前的附加防盾被击中,许多细小的弹片从防盾那1厘米宽的缝隙里钻进战斗室。战斗室里的4个乘员都受了伤,不过驾驶员把车安全地开回。身为炮手的我,因为手放在火炮方向机上,因此左臂内侧主动脉被击中,右腿也受了点轻伤。我的弟兄们不顾自身的伤痛,立即娴熟地处理我的伤势。经我们的医生雷特那上士查看之后,我被送到主救护所进行手术,之后在位于萨波沃罗耶的野战医院里住了两三天,随后被送回国。我在第653重装甲歼击营的岁月就此结束。

以下是霍斯特·泰斯下士(Unteroffizier Horst Theis)描述他在第653重装甲歼击营服役期间的战斗经历的第一手资料:

1943年1月20日,第197突击炮营在斯帕斯-杰缅斯克登上火车,前往于特博格,并于同年1月30日抵达。放了3周的假之后,我以战车无线电操作员的身份奉命前往下

奥地利圣瓦伦丁的尼伯龙根工厂。无线电操作员在最新式武器"费迪南德"里的角色是候补驾驶员，所以在那里还接受了驾驶训练。这种武器的乘员是6人，配备一门长管88毫米主炮，战斗室里有一挺机枪。

我分到了营部连连长的座车里，连长是塞茨中尉。我们营接收了一个营属维修连，于1943年4月1日脱离炮兵科的突击炮分支。从今往后，就成为了第653重装甲歼击营。4月中旬，全营来到奥地利莱塔河畔布鲁克训练场附近的滨湖新锡德尔。1943年5月底，全营经过4天特快列车旅行，到达奥廖尔以南地区。

由于参谋无须任何战斗车辆，因此除了我，营部连各个排都被安排到各一线连里。塞茨中尉对我也是不厌其烦，因为我每周都坚持要求调职，最终他同意我作为一个候补军官调走。起初，我在三号指挥坦克里担任无线电操作员，然后从1943年7月5日进攻发起之日起，我又成为了维修连连长朗格中尉座车里的无线电操作员，紧挨着前线工作。在斯米耶夫卡下了火车并在加加林卡附近占据集结区之后，我们开始朝着别尔哥罗德前进。除了我们营，第656重装甲歼击团还包括第654重装甲歼击营——其战车后来移交给了我们，以及第216突击坦克营和一个通讯营。

德国空军在开始几天的空中支援是卓有成效的。到了1943年7月19日，虽然在漫漫夏日里进攻了20个小时，战役的目标——攻陷奥廖尔和库尔斯克之间那个巨大的突出部，已经无法达成了。撤退开始了：从亚姆斯科夫（Yamskov），经过斯托沃-科洛德（Stovo-Kolodes）和迈盖特，前往奥廖尔。1943年7月30日，我们已经穿过卡拉齐夫，来到布良斯克。我们在夜晚来临之前没机会转移阵地。天黑之后才能得到燃料（用泵抽取或是用桶手工分配，每车600~700升），弹药和补给。这些活干完之后已经是凌晨4点了。

1943年8月1日，我因为过度疲劳染上了黄疸，并送到了诊疗所。我们的医生舒尔万茨军士长能给我的治疗措施只是"茶和饼干"，所以我费了很大劲从那里溜号了。

我的愿望终于在1943年8月16日得到满足——在穆勒上士指挥的621号车里当了无线电操作员。1943年8月18日，鲍蒙克上尉从即将成为上校的施泰因瓦克斯手里接过营长职务。1943年8月22日，全营在第聂伯罗彼得罗夫斯克登上火车。我们带了一袋新鲜土豆作为军粮的补充。在第聂伯罗彼得罗夫斯克，我们征用了郊区的民宅。这些房子比市中心的干净多了。维修连翻修了战车之后，我们于1943年9月11日再次上了火车，同行的是第653重装甲歼击营第3连的部队，我们穿过辛尔恩科沃到了巴甫洛格勒。在那里，我们第一次见到新式的"豹"式坦克，向巴甫洛格勒以东推进了50公里。苏军撤退得太快了，我们只逮到了少数装甲车。

653重装甲歼击营战史

经过八天的短途行军，我们到达了更有人烟的地区。我们搜刮了巴甫洛格勒的一个补给站，得到了很多物资，而军需官看见几辆T-34出现在城市外围时，完全糊涂了。短暂休息之后，我们把德国空军的一个被服仓库一扫而空，把里面的物资全部据为己有。之后，于1943年9月23日在第聂伯罗彼得罗夫斯克又上了火车。这次我们从第聂伯罗斯托伊穿过第聂伯水坝到达萨波沃罗耶。接踵而来的是桥头堡的激战，我们参加了战斗，最先投入战斗的是第1连，之后是第3连。我军战车在1943年10月1日首次击毁敌军坦克，3日、4日、9日和10日也发生了更多的战事。

1943年10月13日早晨，我们由水坝撤退。我们和席斯特尔下士的战车还有一辆突击坦克进入了第聂伯河边的防御阵地，那里在城市以北约10公里。自从伊万在第聂伯罗彼得罗夫斯克成功建立了桥头堡之后，我们就被派到萨波沃罗耶和第聂伯罗彼得罗夫斯克之间的道路上去填补空隙。我们在1943年10月24日、25日和26日参加了战斗，击毁了一辆苏军SU-152突击炮——装备了152毫米主炮的新式武器。朗格中尉在将要回去休假的前一天夜里阵亡。

我们的战车在前几次任务中遭遇了重创，所以我们于1943年10月31日不得不驻扎在尼科波尔的维修连去修理它。因为修理预计要花2~3周的时间，乘员都到驻扎在卡塔琳娜塔尔的营部连去消磨时光。我们在那里度过了平静的3个星期。1943年11月20日，我们的战车修好了，工兵的摆渡船把它送到了尼科波尔对岸的桥头堡。我们也跟了过去，从萨波沃罗耶起我们就被派至第3连。其间，第653重装甲歼击营第2连在克里沃罗格发起了后来广为人知的反击。到了11月24日，我们营取得了巨大的战果，仅用3辆"费迪南德"就打退了苏军大约70辆T-34坦克的装甲突击。我们在没损失一兵一卒的情况下击毁了敌人47辆坦克。克雷奇默少尉在战斗中表现出雄狮般高超的战斗技能，因此获得了骑士十字勋章。

接下来的3周里，我们凭着仅有的3辆"费迪南德"和一些突击坦克接连不断地战斗。天气很糟糕，雨雪交加，到处是泥浆和冰雪。我们胡子拉碴，呼出的水汽在这极度严寒的环境里结了冰，不得不在乘员室里小心翼翼地点起火把，把冰融化掉。当时还是山地兵上将，后来升至元帅的骑士十字勋章获得者舍尔纳来视察我们部队。他在演讲时对我们大大赞扬了一番，当敌军炮火来袭时，我们在雪地里寻找掩护，只有他一人镇定自若。1943年12月14日，我们团的大部分部队已经去德国本土进行场站级维修，我在一次进攻中负了伤。先是被送到卡缅卡的主救护站里，然后转到尼科波尔的救护火车上，在平安夜下午到达卢布林附近的乔姆。在冰冷而肮脏的环境里打了那么久，救护火车的室内环境加上双层床，对我来说似乎是个小小的奇迹。我们在之后的圣诞节庆祝会上唏嘘不已，庆幸自己远离前线，待在平静的

第二章　第653重装甲歼击营的组建和初期征战

野战医院里。

弗朗茨·库瑞尔（Franz Kurer）在第653以及第654重装甲歼击营里都当过兵，他曾是一辆装甲弹药运输车的无线电操作员，他在第653重装甲歼击营服役时记录下来的大事记如下：

1943年4月3日我被分到第7装甲歼击训练与补充营的康复连。之后被转到慕尼黑的补充营。1943年4月9日，我被转到前线部队补充支队。我在那里接受了无线电操作员的训练。

1943年6月19日被调到第654重装甲歼击营。

1943年6月22日一行6人离开慕尼黑，前往法国北部的鲁昂。

1943年7月1日离开奥廖尔，同行的是20人，3辆弹药运输车，一辆满载木头的运输车，还有2辆客车。我们总是和运输车队在一起。

1943年7月11日抵达奥廖尔附近的斯米耶夫卡，在那里卸车。坐着弹药运输车来到格拉祖诺夫卡的营部。奥廖尔–库尔斯克一线的战事持续不断。

1943年7月31日在奥廖尔登上火车，前往布良斯克。

1943年8月10日坐在运输车上，前去第653重装甲歼击营。

1943年8月25日在布良斯克登上火车，经克列缅丘格到达第聂伯罗彼得罗夫斯克。

1943年9月1日到站，卸车。

1943年9月11日在第聂伯罗彼得罗夫斯克登上去巴甫洛格勒的火车。和3~4辆坦克歼击车在巴甫洛格勒的桥梁作战。

1943年9月15日在巴甫洛格勒又一次上了火车。

1943年9月16日抵达辛尔恩科沃，卸车。

1943年9月19日工兵部队摧毁了辛尔恩科沃的铁路设施和大部分大型建筑，一大半城市笼罩在火光中。

1943年9月21日在伊塔拉日诺沃的开阔地里登上火车，战斗工兵为此修了个斜坡。

1943年9月25日在第聂伯罗彼得罗夫斯克卸车，之后穿过水坝去了萨波沃罗耶。

1943年9月29日从这天开始，每天的任务都围绕铁路线、果园和机场展开。

1943年10月2日驾驶员海因茨·瓦格纳负伤，接替他的是海因里希·巴赫。

1943年10月10日重炮轰击和空袭持续了3个小时。

1943年10月12日动身去恰克查帕耶夫卡，途中穿过水坝。

1943年10月15日摧毁了水坝，前往尼科莱费尔德。

653重装甲歼击营战史

1943年11月5日进攻赫尔曼斯多夫-沃尔涅。一辆回收车在拖曳一辆坦克歼击车时爆炸了。驾驶员受了重伤。

1943年11月6日驾驶员赫尔曼·巴赫受伤，海因里希·阿道夫接替他的位置。

1943年11月11日在彼得罗波尔上了火车。

1943年11月13日在尼科波尔卸车，坐渡轮前往卡缅卡。

1943年16—19日滞留在辛纳缅卡。

1943年11月21日抵达第聂伯罗夫卡。

1943年11月24日在斯塔霍诺夫（养鸡农场）。

1943年11月26—27日苏军大举进攻。克雷奇默少尉击毁了21辆坦克，获得了骑士十字勋章。弹药运输车驾驶员的艰难时光。

1943年12月5日运输车的发动机坏了，抛锚，车辆被拖到第聂伯罗夫卡。

1943年12月6日因为在尼科波尔的表现出色获得二级铁十字勋章。

1943年12月22日在尼科波尔上火车。

1943年12月23日前往维也纳、圣瓦伦丁和圣珀尔滕。

1944年1月2日抵达维也纳。

1944年1月3日在维也纳军工厂下了火车。

1944年1月10日在维也纳军工厂移交车辆。

1944年1月11日抵达圣珀尔滕。

1944年1月14日加入尼伯龙根工厂的警卫部队。在施滕贝格待到1944年2月1日。

第35装甲团老兵阿诺尔德·克诺普（Arnold Knopp）也曾经是第656重装甲歼击团参谋部的无线电员，他的日记中1943年6月21日到1944年1月2日的部分就是这段经历的记录：

1943年6月

21日。我们来到目的地加加林卡（奥廖尔地段），向上级指挥机关报到。被指派了任务。很热。21点30分，苏军飞机进行了第一轮轰炸，1人受伤。

22日。没什么特别的事务。很热。

23日。和22日差不多，路上尘土飞扬。

24日。依然很热。铺设重型军用电缆。我坐的Sd.Kfz.250装甲车在沼泽地里陷住了。用履带式车辆脱困。

25日。被派到一辆半履带车里当无线电操作员。收拾那辆车。

26日。热浪减弱。维修车辆。

27日。下雨了。没有任务。

28日。清晨进行了3个小时的行军训练。下午坐半履带车在野外行进了26公里。车上一层厚厚的尘土。晚上担任警戒。

29日。下午维护通讯设备。天气又好了起来。风很大。

30日。天气没变化。维护通讯设备。上午快到9点的时候，一架菲泽尔"鹳"式轻型侦察机在一片阴云中降落。11点左右它再次起飞。下午德军战斗机很活跃。

1943年7月

1日。天气老样子。空军的活动很积极。为车辆的出发做准备。21点前往第一集结区。晚上出现了敌人的飞机。

2日。我们在沙地里。白天无法有所动作。22点前去第二集结区。路上全是泥浆，进展缓慢。

3日。2点到达格拉祖诺夫卡，那里离前线5公里。空军也在行动。炮弹在附近爆炸。我们附近的炮兵开始还击。

4日。天气没什么变化。在半履带车下面的壕沟里睡觉。德军空军频频出动，双方的炮兵都没闲着。其余一片平静。元首的命令被大声宣布。

5日。12点到2点执勤。1点敌军炮兵猛烈开火。大批德军飞机于凌晨对敌军阵地发起攻击。4点，进攻开始。苏军对我们的出发地猛烈炮击，持续了大约一个小时。敌军后撤8公里。激烈的空战在进行，很多飞机被击落。炮击停止。夜间苏军空军依然在活动。

6日。双方的炮兵都在猛烈开火。大军继续前进。我部地段在4个小时内击落4架敌军飞机。德军掌握着制空权。

7日。双方的炮兵都在猛烈开火，大规模的空战。一架德军飞机迫降。我们去了预估的降落位置，不过被炮弹挡住了脚步。敌军退得更远。夜间敌军飞机投掷了炸弹。

8日。两军互相炮击。敌人的进攻有坦克加强。许多敌坦克被击毁。德国空军大批出动。再次前进，占领了一个碉堡。更多的敌机被击落。

9日。炮火猛烈。我们来到了一片开阔地。敌军的炮弹在我们附近爆炸。指挥车在前线触雷，只得弃车。乘员下车后遭遇敌人步兵。我们前去支援。我留在后面的一条步兵战壕里。少尉和驾驶员冲向了敌人。少尉受了重伤。驾驶员也受了重伤，不过把车成功开回德军防线。战车多处被敌军反坦克枪击中。一个士官把车开到离前线更远的后方。

10日。前往一个休息阵地休息3天。炮火依然猛烈，多次发生空战。

11日。继续在阵地里休息。很多敌军飞机被击落。德军18点出动强大的空军部队攻击苏军，我们可以清楚地观察到这次空袭。至少有100架"斯图卡"俯冲轰炸机，一个Ju 88轰炸机中队和一个He 111轰炸机中队。敌军阵地笼罩在厚厚的烟雾里。攻击持续了大约一个半小时。猛烈的炮击持续了一整天。

12日。依然在阵地里休息。炮击在继续，空军小规模出动。天气没什么变化。

13日。和昨天一样。

14日。来到新的阵地，2公里外是一片小树林。在那里修了个简易碉堡。

15日。早晨下起大雨。我们的战车修好了。再次前进，15点来到营部。全天都在猛烈炮击。苏军清晨在大炮的支援下动用坦克支援部队发起了进攻。他们被击退了。空军的活动很频繁。

16日。我们的步兵变换阵地。我们后撤2公里，到了一座被毁的村子里。9点我们得以换防。返回休息阵地。11点准备撤退。苏军出动了大约100架战斗机和轰炸机轰炸了友邻部队的阵地。大量炸弹就在我们附近50米的位置爆炸。一辆坦克歼击车退出战斗。空袭结束后，我们又后撤了5公里前往一处新的休息阵地。15点苏军又发动了一次猛烈的空袭。18点又是如此。遭到炮击。

17日。6点起床。11点受到猛烈空袭，15点和18点都是如此，这和昨天真像。友邻部队的高射炮打下了几架敌机，但他们也打掉了一个德军防空气球。全天都在炮击。

18日。早晨又到前线去增援。沙费尔被炮弹破片炸伤。双方相互猛烈炮击。我们修了个简易碉堡作为预防措施。

19日。苏军从右翼发起攻击，被击退。双方的炮火都异常猛烈。我们约23点撤退。敌军飞机投掷了一些高爆炸弹。

20日。6点起床。原地待命。14点出发，前往格拉祖诺夫卡火车站。大约20点抵达。履带在路上被炮弹炸坏，只得依靠完好的那一侧履带继续走。夜间空军依然在活动。

21日。3点到达奥廖尔。卸车后在野地里行军。非常炎热。在池塘里洗澡。

22日。德国空军活跃了一整天。天气和昨天一样。

23日。5点起床。6点出发，穿过奥巴图查（Obtucha），前往最前线。没有遭到炮击。德国空军大批出动。16点撤退10公里进入前线后方的休息阵地。

24日。一度非常炎热，然后就是暴雨。在战车里无线电值班。德国空军出击。

25日。6点起床，之后清理武器。10点检查武器。11点无线电值班。狂风暴雨。下了一整夜雨。天上没动静。其他都很平静。

26日。猛烈的雷暴雨。苏军飞机驾到，3架被击落。强大的德军轰炸机和"斯图卡"部队不停地轰炸敌阵地。我们下午到了第1营（第653重装甲歼击营），我们的装甲车将为无线电中继提供支持。

27日。苏军炮击我们休息阵地所在的村子。白天无线电值班。大雨。指挥部在夜间向后方撤退得更远。我们沿着雷布尼察河返回卢亚诺亚。道路完全成了泥海。

28日。大部分工作是清洗车辆。村子前方遭到炮击。整条战线都遭到猛烈炮击。

29日。我们轮流在雨中洗澡。上午炮弹又打过来了。晚上苏军飞机又像往常一样来了。

30日。和昨日一样。

31日。7点，我们返回奥廖尔的团部。道路几乎无法通行。路上的泥浆大约半米深。10点到达奥廖尔。我们遇到了我们的弟兄，与他们一起前往奥廖尔以西75公里外的卡拉齐夫。路上车挨着车，一眼望不到头。进展缓慢。15点到达卡拉齐夫。我们起初留在那里。收拾我们的车辆。空军活动频繁。

1943年8月

1日。我们洗了所有脏军服。天气不错。今天是周日。我们用国产烤炉做了烤土豆和苹果沙司。德军空军用"斯图卡"和轰炸机持续攻击敌人阵地。我们在夜间看到了一次空战。今天家信终于到了。我收到了一个包裹，写了信。

2日。早晨4点卡拉齐夫上空有空战。全天德国空军都在活动。天气很好。

3日。和昨天一样。夜里放哨。夜间敌机在活动。

4日。今日放哨。

5日。和昨天一样。飞机活动频繁。

6日。2点，我们撤往布良斯克。敌军空袭了卡拉齐夫机场。17点抵达布良斯克。住在湖边的一座房子。不过当天又换到布良斯克附近的一座镇子里。敌军飞机来袭。镇子叫格雷洛夫卡。

7日。为准备检测而清洗车辆。非常炎热。

8日。和昨天一样。

9日。中午进行了车辆检测。清洁了武器。依然很热。

10日。和昨天一样。17—18点进行了武器检测。

11日。5点醒来。6—7点进行了紧张的训练。为了应付一次军服检查洗了衣服。早晨穿上了黑色装甲兵制服。下午命令传来：到RN6号半履带车去。准备出动，因为被配属给了第3营（第216突击坦克营）。因警报滞留。

12日。6点起床。7点集合。出发时间推迟了。14点向指挥官报到，收到消息：

653重装甲歼击营战史

"二等兵的晋升于1943年8月1日生效"。

13日。指挥官飞往柏林。15点准备出发。18点登上火车。夜间前往罗斯拉夫尔。又回到了布良斯克。

14日。我们在布良斯克火车站。14点出发前往布拉索沃。游击队出没警报。21点抵达布拉索沃。我们在火车站附近的一座房子旁边铺上稻草睡觉。

15日。7点出发前往前线。在离前线30公里远的一个湖边扎营。我们大约位于布良斯克西南面100公里处。月食。

16日。夜里下雨。为可能的回程进行准备,不过现在还没出发。

17日。6点集合。行军简报。空中活动频繁。

18日。还在那个村子里。老是在下雨。

19日。做战斗准备。天气不错。夜里很冷。车辆开往前线。我们一小时后跟上。路上尘土飞扬。在一个树木茂盛的山谷里扎营。非常漂亮的乡野,附近有个庄园。前线在7公里外。重炮阵地不太远。

20日。站岗。大雨。其他没什么特别的。一周没有与团参谋部联系。收到杂物包裹。

21日。天气和昨天一样。依然住在山谷里。白天相当平静。能听到开炮和炮弹爆炸的声音。

22日。天气不错。指挥官和我们在一起。傍晚德军轰炸机攻击了苏军。苏军的防空炮火很猛烈。

23日。白天天气不错。夜间敌空中活动频繁。

24日。好天气还在继续。还住在山谷里。

25日。14点接到出发命令。一切准备就绪。我们17点开车出发,走了大约30公里。晚上通过游击区。随时准备开火。没事发生。空中有活动。我们于23点暂停,在一片树林里过夜。

26日。4点醒来。收到军粮。5点出发,走了大约5公里,在一片小树林里停留。我们面前是广阔的丘陵地貌。这里离前线还有15公里。这一整天,强大的敌机编队在我们头顶一波波地飞过,投弹及扫射。炮火猛烈。9点,我们的车子奉命与营的装甲车辆一起前进。我们顶着猛烈的敌炮火(步兵迫击炮和"斯大林管风琴"火箭炮)来到离前线5公里的地方。我们在一条沟壑里隐蔽。之后我们穿过高地进入,挨着前线的一个起火的镇子里。炮击接连不断。下午遇到敌军猛烈空袭。我们于17点上到前线,作为少尉座车的替补,他那辆车已经动不了了。营里一个中波电台操作员接替了我在车里的岗位。我则坐在受损的突击坦克里返回。

27日。我坐在一辆水陆两栖车再次前进去找一个排里的军士，遇到了这位弟兄，又返回。命令："准备出发！"我们又上了火车。我的半履带车还在前线与"费迪南德"协同作战，所以我坐上另外一辆半履带车去了火车站。我们待在纳夫利亚镇外的一片树林里，一直等到装车。

28日。天气不错。在树林里等待另外一辆仍在前线的半履带车返回。它在17点到达了。清洁了车辆。雷暴雨。

29日。周日。全天阵雨。为明天早晨的铁路装车做装备。

30日。雾，雨。4点起床。5点出发前往纳夫利亚火车站。之后我们上了火车。我们在火车站一直等到中午。13点发车前往布良斯克。我们的火车头在布良斯克外9公里处与车厢脱离。于是在支线上等到次日上午9点。夜里很冷。

31日。10点出发，向布良斯克南面的戈梅利行驶。火车头在乌涅恰分离。车厢停车等待到次日。

1943年9月

1日。在乌涅恰火车站停留。15点出发。又在戈梅利以外70公里处暂停。火车头还跟车厢连着。铁轨被炸。

2日。火车在9点左右出发。列车受阻的原因是游击队炸掉了某列火车阻塞了道路。火车机师和消防员都死了。残骸还在阴燃。我们的火车穿过戈梅利向南前进。在戈梅利南边10公里处又耽误了2个小时换车头。继续向切尔尼科夫前进。在那里待到第二天。

3日。停在切尔尼科夫火车站。多云天气。

4日。阴雨天。铁路被炸断了。16点时终于出发，游击队袭击警报。架设机枪。火车行驶得很小心。

5日。火车整夜在走。士官留在了后面的格拉布纳卡。火车开时他没赶上，好天气。一路向东，驶向波尔塔瓦。早晨又折向南面。傍晚在克列缅丘格跨过了第聂伯河大桥。夜里很冷。

6日。5点到达第聂伯罗彼得罗夫斯克。7—8点卸车。穿过城市去团参谋部。天气不错。在第聂伯河岸边占据阵地。景色很美。

7日。4点30分起床。6—7点训练。维护无线电设备。

8日。5点30分起床。健身操。早晨遇到苏军轰炸机空袭。晚上放哨，军官联谊会。

9日。6点起床。意大利投降了。晚上去了电影院。

10日。准备坐RN5号半履带车出发。再次参战。17点一切准备就绪。收到了肥

皂。19点连队联谊会。节目不错：空军乐队演奏，魔术表演，手风琴演奏。指挥官也出席了。晚餐很可口。22点左右响起猛烈的高射炮声。"伊万"在攻击，我们没受其影响。开会，士气高昂。1点30分睡觉。

11日。2点30分起床。出动准备完毕，一直等到7点。雾气朦胧。7点出发去前线，向东跨过第聂伯河大桥。行军约80公里到达巴甫洛格勒。少数敌军坦克已经被推离大路。城市在燃烧，估计是被撤退的德军点燃的。补给站被炸掉了，它离前线很近。今日有雨。无线电通讯一直持续到24点。无线电接收器有问题。

12日。4点20分又建立了无线电联系，换了个新接收器。城里似乎就剩下我们了，很多房子空空如也。我们的房子里有一架完好的钢琴，附近的公园里也有一架。我部的其余半履带车直到夜里才回来。

13日。我们来到巴甫洛格勒以东约6公里外的集结区。8点的进攻成功，没有遇到抵抗。前进了20公里，没遭遇敌军。高速公路沿途有很多卡车在燃烧。我们在季米特里耶夫卡暂停，一直待到次日。

14日。分发了军粮。苏军战斗机在上空盘旋。一队"斯图卡"战斗归来。除了我们这辆，所有团参谋车辆都返回了巴甫洛格勒。我们维系着团与营之间的无线电联络。夜里每两小时进行一次无线电值班。

15日。6点出发前往瓦西里科沃夫卡。在镇子口等了4个小时。此时，一个摩托化师滚滚开往前线，装备的都是重型与超重型武器。11点我们继续向前线开进，13点在格里戈里耶夫卡首次遭遇敌人。在瓦西里科沃夫卡和格里戈里耶夫卡之间有个巨大的果园，摘了很多苹果。格里戈里耶夫卡炮声隆隆。各类坦克都在进攻。苏军飞机也出现了。我们在一个农场里暂停。

16日。7点返回了瓦西里科沃夫卡。我们的半履带车在路上与一辆参谋车相撞，前部的轮子严重弯曲。我们还能走，但速度很慢。营长命令我们回到45公里外的团部，我们只能慢行。我们看到瓦西里科沃夫卡的一座大型铁路桥被炸飞。16点来到辛尔恩科沃的团部。收到军粮。全天有零星阵雨。

17日。7点起床。开着一辆卡车去挖土豆，车速因路面泥泞非常缓慢。约13点返回。运载坦克履带。团参谋部去了第聂伯罗彼得罗夫斯克。我们依然留在辛尔恩科沃，保持和团里的通讯联络。

18日。8点起床。之后维护通讯设备。谣传我们将要前往萨波沃罗耶。听说城里已经安装了炸药，夜里会起爆。苏军飞机白天来到了这座城市。看起来这座城市要被放弃了。

19日。7点起床。准备出发。辛尔恩科沃上空笼罩着黑烟，四处的建筑都在燃

烧。我们于10点向西行军25公里前往伊塔拉日诺沃（离第聂伯罗彼得罗夫斯克15公里远）。苏军战机在攻击主路。四联装高炮为我方提供掩护。今天周日。我们住在一座相当干净的屋子里，房主是个有很多子女的妇女。

20日。天气很好。今日苏军飞机全天都在攻击小镇。德国飞机也来了。一架德军战斗机被击落，飞行员跳伞。长长的车队在我们附近经过，前往第聂伯河。晚上我们来到火车站。辛尔恩科沃此时已成为前线。整条地平线上的村子和城市都在燃烧。

21日。我们凌晨3点登上火车，5点向着第聂伯罗彼得罗夫斯克的方向出发。火车在第聂伯河边的一个火车站暂停。美丽的第聂伯罗彼得罗夫斯克就在对岸。早晨遇到2次苏军战机的空袭。我们的防空力量很强，一门四联装20毫米高射炮打下一架。后来再也没遇到空袭。

22日。我们于9点50分继续前进，在第聂伯河的桥上耽误了很长时间。接着再次动起来，我们经过之前的住所。火车在阿波斯托洛沃停留了一整夜。

23日。9点离开阿波斯托洛沃。离萨波沃罗耶只有130公里。行驶了18公里后，我们的火车停在一条支线上。铁路主线被封锁了，20点才恢复通行。

24日。5点到达萨波沃罗耶。卸车。在路上等着前往我们新目的地的命令。和第216突击坦克营一起前往萨波沃罗耶西北25公里处的诺伊恩多夫（一个原德裔居民点）。我们的团部在萨波沃罗耶的一所学校里扎营，我们的半履带车也奉命前往那里。我们离开了营，跨过两座第聂伯河上的桥。看见了欧洲最大的水坝。高射炮环绕着这座城市。我们15点到达团部。终于能在床上睡觉了。夜里空中活动频繁。

25日。清洁车辆。士官联谊会。站岗。苏军投掷炸弹。

26日。周日没勤务。天气不错。与朋友去科尔蒂兹岛游玩。葡萄长势很好，可以摘了。

27日。维护通讯设备。调整我们的车辆。

28日。与昨天一样。天气不错。

29日。5点15分起床。6点坐着我们的半履带车出发投入战斗。苏军在我们的战线上打入了一个楔子。"斯图卡"空袭。重炮弹幕。一发炮弹在离我们2米远的地方落地。变换阵地。因为敌人总是能追踪到我们，只得不断变换阵地。16点30分，苏军飞机进行了猛烈的轰炸。晚上因为迷路耽误了3个小时，约21点才返回萨波沃罗耶。

30日。维护无线电设备，清洁车辆。下午在城里洗了个澡。天气不错。

1943年10月

1日。5点30分起床。苏军用152毫米重炮轰击城市，炮弹在我们附近落下。苏军试图达成突破，不过被击退。中午开始在半履带车里建立无线电联络。

  2日。好天气。和前线进行无线电联系。4辆敌坦克被击毁，我们听到了重炮的声音。苏军反复发起进攻，但每次都被击退。萨波沃罗耶首次在国防军每日战报里被提及。

  3日。好天气。无线电值班。

  4日。所有平民都必须在今天离开城市，转移至后方地区。无线电值班。

  5日。好天气。无线电值班。平民继续疏散。敌机飞临城市，但没有投弹。战线转移到更东边的地方，敌军被略为逼退。

  6日。天气依然很好。无线电值班。提高了警戒等级。城里的建筑被炸，燃起大火。

  7日。天气很好。城里的爆炸持续了一整天。我们进入戒备状态。

  8日。4点30分起床。无线电值班。天气没什么变化，依然很好。

  9日。5点起床。6点无线电值班。苏军从两侧发起进攻。重炮轰击，炮弹在我们附近落下。多云天气，小雨，晚上又放晴了。发现库班桥头堡已经被放弃。

  10日。从4点开始，城市前方笼罩在浓重的弹幕之中。得到加强部队的苏军发起进攻。空袭。无线电联络。刮起了大风。苏军被击退。

  11日。相当冷。暴雨天气。无线电值班。苏军不停进攻。"斯图卡"部队也加入了战斗。晚上我们接到命令："准备出发。"我们开始打包。

  12日。2点30分才睡觉。留在萨波沃罗耶的两辆半履带车和一辆装甲车组成了无线电通讯站，其他车辆跨过第聂伯河前往后方阵地。苏军空袭。城市遭到炮击。无线电值班。检查半履带车准备出发。天冷，大风。

  13日。双方的炮火都不停地落入城市，建筑在燃烧。我们的住所在爆炸中晃动。今天满月，城市也被照亮。纷飞的炮弹与美景相混合。我们搭乘半履带车于4点30分离开萨波沃罗耶。将横跨水坝前往科尔蒂扎，那里位于萨波沃罗耶西边15公里。我们在那里停留。苏德两军的飞机一整天都在活动。大风，冷。

  14日。有风，冷。无线电值班。双方的炮兵都在开火。晚上水坝被炸掉了。

  15日。天气和昨天一样。无线电值班。下午开始下雨。又进行了一次爆破，把水坝的残余部分也炸掉了。我们在科尔蒂扎。

  16日。7点出发前往驻弗拉基米尔斯基的团部，那里在科尔蒂扎西边35公里。住宿地点非常分散。我们和一个四人无线电操作组住一起，在团部一公里外。

  17日。星期日，全天都在下雨。在无线电站值班。午饭是送来的。

  18日。不值班。阴天。10人出发去休假。

  19日。无线电值班。天气没变化。

第二章　第653重装甲歼击营的组建和初期征战

20日。不值班。苏军战斗机来袭，2架被击落。后来又有4架被击落。

21日。天气没变化。无线电值班。被蚊子叮咬。空中活动不多。据说苏军在克列缅丘格形成了突破。

22日。天气很好。无线电值班。苏联守军在我们出发前往克里沃罗格扫荡游击队之后占据了房子。下午为准备交给第1营（第653重装甲歼击营）的RN5号半履带车进行检查。15点出发前往萨波沃罗耶西边的诺伊恩多夫。17点到达，在那里过夜。施密特和利茨转至RN5号车，并留在了第1营。

23日。7点出发前往弗拉基米尔斯基。22点打包我们的装备并转至RN6号半履带车。晚上无线电站附近落下了炸弹。

24日。3点起床。必须在4点前做好出发的一切准备。非常冷。和作战参谋一起前往诺伊恩多夫，并进一步离开高速公路，前往第聂伯罗彼得罗夫斯克。苏军炮火覆盖了高速公路。我们在高速公路以西继续前进，一直走到离第聂伯罗彼得罗夫斯克约20公里的地方。今天很热，尘土飞扬。我们的半履带车里有3个乘员，在一个村子里住下了。

25日。5点30分醒来。起初有雾，然后是非常好的天气。无线电值班。10点出发，向西南方向运动约40公里来到加尔库席尔诺镇。途中遭到苏军飞机攻击。在一座学校里住下。无线电值班。前线越来越近了，苏军在不断地逼迫着我们。

26日。早晨冷，之后天气不错。战斗工兵也在村子里扎营。团部半数参谋人员又去了弗拉基米尔斯基。我们与少尉和10个士兵留在这里。苏军为进攻集结了强大部队。我军撤离了第聂伯罗彼得罗夫斯克。苏军追过了第聂伯河，克里沃罗格已成为战场。我们陷入了包围。

27日。雨天。苏军猛烈进攻。前线炮火不断，战线现在已经向西移动得很远。苏军占领了主路的一部分。苏军对克里沃罗格、克列缅丘格和第聂伯罗彼得罗夫斯克的德军阵地造成了巨大压力。我们现在在萨波沃罗耶西北约100公里，第聂伯罗彼得罗夫斯克西南方约40公里处。

28日。一切准备就绪。10点出发前往新尼古拉耶夫卡，那里在尼科波尔以北40公里。我们的车轴在路上坏了，只得停下。设法做了根应急的车轴和车轮。尝试继续前进，开得很慢。天黑时抵达特彻马基，在这座镇子的郊外过夜。

29日。预计有辆抢修车赶来，但是它根本没来。13点时，我们以慢速在通往尼科波尔的路上行驶。在路上遇到了抢修人员，我们中的两人带上所有个人物品爬上他们那辆大众车，前往诺瓦亚-尼古拉耶夫卡的参谋驻地。晚上才到。转至RN8号半履带车。

107

30日。4点出发前往克里沃罗格东北10公里处的新乌克兰卡。向西行军了90~100公里，我们11点到达。第一次霜冻。无线电联络。南部战区取消所有休假。

31日。多云，没昨天那么冷。无线电联络。补给队向西撤退了130公里。我们还没动身。

1943年11月

1日。6点起床。大风天气。今天是万圣节。我们今天也开始撤退了。9点30分出发，行军104公里前往托马科夫斯基。德军在克里沃罗格将苏军击退，苏军损失了很多坦克。

2日。建立了一个加密无线电站。有风，冷。村子里的警察撤退了。前线离得很远。这几天我们行军了约450公里。

3日。冷，大风。无线电值班。清洁武器，整理我们的装备。

4日。使RN8号半履带车做好准备。11点出发前往托马科夫卡。行军70公里。军部的无线电站。不错的住所。我们被派去做军部的通讯单位。

5日。11点动身前往前线。行军60公里来到第304步兵师所在的彼得罗波尔。主路被猛烈炮火覆盖，所以我们必须另找一条路去目的地。14点30分到达。15点我们和其他半履带车已经投入进攻。第1营（第653重装甲歼击营）营长和我们一起战斗。猛烈的反坦克炮和其他炮火。苏军战机也出动。非常冷。夜里睡在车里。敌机夜袭。

6日。5点返回参谋部，全程65公里。约8点时我们又到了托马科夫斯基。很冷。拿到10公斤面粉和1公斤糖。向家里寄送了包裹。

7日。今天周日。冷，风，有雨。收到很多信。

8日。大风天气。无线电值班。元首发表广播讲话。

9日。雾天，有雨。坐卡车前往支撑点。路上很泥泞。

10日。薄雾，小雨。无线电值班。

11日。施特尔恩贝格将前往野战医院。我被派至作战参谋组。10点前往尼科波尔。雾天，路面泥泞。我们去团部维修连报道并在那里住宿。睡在碉堡里。等待召唤。

12日。4点30分起床。我们6点接到指令：继续沿着第聂伯河前往尼科波尔西面约20公里外的普罗科斯科耶。首次降雪，不过地上无积雪。在半履带车里无线电值班。特别冷。

13日。无线电值班。我们参谋中有一部分人也抵达这里加入作战参谋组。雾蒙蒙的。晚上下了大雨，一切都泥泞不堪。普罗科斯科耶村在第聂伯河的北侧，河水到这里就向西流。那里是一片沼泽，此时结了厚厚一层冰。这里有在乌克兰很少见的森

林。我们一般用稻草烧炉子，不过在这里用木头。游击队袭击警报。

14日。雨停了。在半履带车里无线电值班。

15日。阴天，不过很干燥。战机全天都在攻击整片地区。无线电值班。

16日。天气和昨天一样。在半履带车里无线电值班。冯·霍斯特曼（第216突击坦克营营长）今天发动了一次进攻。

17日。阴天，有雾。在半履带车里无线电值班。清洁武器。

18日。天气和昨天一样，不过更冷。在半履带车里无线电值班。晚上看了电影，电影的名字叫《夏日同伴》。

19日。很冷，多云，无线电联络繁忙。

20日。天气和昨天一样。全天的无线电通讯量比日常暴增数倍，持续至23点。我军在进攻敌人，苏军试图用强大的装甲部队达成突破。超过200辆坦克在我们前方的前线被击毁，其中150辆在我们几个营所属的军防区内。尼科波尔以及主要道路都遭到苏军猛烈炮击和空袭。敌军损失惨重。10辆"费迪南德"丧失战斗能力。

21日。4点起床。准备就绪。乘坐指挥官的军官车到达桥头堡作为军部的无线电中继站。很冷。双方进行了炮战。14点经尼科波尔返回。从主救护站捎带了一个伤兵送往尼科波尔。无线电联络直到1点还在进行。

22日。相当暖和的天气。无线电通讯仍然繁忙。收到毡靴。第1营（第653重装甲歼击营）对谢夫特申科发动一场反击。第3营（第216突击坦克营）昨天击毁了3辆坦克，今天击毁了2辆。第1营报告9辆敌坦克被击毁。

23日。黑冰，下雨，阴霾，有雾。RN2号四号坦克因为发动机损坏无法参加战斗。无线电通讯任务减少。

24日。天气好转。常规无线电通讯强度。我们依然在普罗科斯科耶。

25日。气候温和。很多弟兄离队休假。苏军以强大的装甲部队发起了进攻。第1营的3辆"费迪南德"击毁了44辆敌军坦克和10门反坦克炮。克雷奇默少尉包揽了其中的21个战果。指挥官乘飞机去休假了。艾希霍恩上士休假归来。第1营取得了自1943年7月5日以来的第600个战果。

26日。暴风，但温暖。无线电通讯再次繁忙。德国空军用"斯图卡"发动攻击。无线电通讯持续至午夜。

27日。无云，冷。德国空军又发起攻击。

28日。冷。通讯任务较少。德国空军全天发起多个波次攻击。苏联空军在夜里很活跃。炸弹在附近爆炸。

29日。早晨霜冻。今天德国空军又发起空袭。无线电值班。

653重装甲歼击营战史

30日。天气温和。无线电值班。

1943年12月

1日。早晨雾气很重。下午的天气简直像春天一样。

2日。天气不错。无线电值班。利茨从第3营（第216突击坦克营）回来了。15点游览了一个音乐厅，小消遣。

3日。更冷了。先导队今天返回德国，全团可能会随后跟上。为了准备有可能的休假，我们提供了家庭住址。写了从苏联发出的最后一封信。无线电值班。

4日。雾，雨。泽林尔坐RN6号半履带车返回。无线电信号强度中等。

5日。今天第二次下雪，基督复临。这次地上有了积雪。乡野变样了。

6日。浓雾。清洁武器。

7日。雾，很冷。15点我们从第聂伯河上的小岛上用4辆大车拉回了些木头。用渡船运回。路上又遍布泥浆，天气变得温暖起来。

8日。天气暖和。雪融化了。晚上下起大雨。我们预计苏军很快就会大举进攻。

9日。今天又冷了。整天都在下雪。在普罗科斯科耶附近构筑阵地。5辆运输车已经出发返回德国。

10日。很冷。下雪了。我们还在普罗科斯科耶。不幸的是，离我们上火车还有段日子。出发时间未知。看来我上次以为是从苏联写了最后一封信的想法有些草率。有备无患，给家里送去了圣诞节的问候。

11日。很冷，上冻了。除此之外没什么特别的。

12日。无线电值班。弟兄们必须在6—7点间做健身操。我们再次听说萨波沃罗耶的大坝被炸掉了，我们很害怕第聂伯河畔因此河水泛滥。

13日。又坐上卡车去岛上伐木。我们的车子陷住了。大约15点30分返回。

14日。很冷。无线电值班。上火车的时间依然未知。

15日。冷，有风。7点至8点15分做操。无线电值班。

16日。很冷。又下雪了。14点检测武器。战斗群里的4辆"费迪南德"出发去车站装车。我们要把车辆交给另外一个部队。我们上火车的时间依然未知。

17日。很冷，冰冻。4辆"费迪南德"中的1辆在去火车站的路上烧毁，剩下的5辆"费迪南德"今天出发去火车站。所有支援单位从桥头堡撤退。无线电值班。

18日。多云，很冷。大部分车辆被转交给了别的部队。行李已经装到火车上。无线电任务强度中等。截至目前，我们已经在普罗科斯科耶待了6个星期。

19日。依然冷。移交了我们剩余的车辆。苏军再次进攻。几辆"费迪南德"又卸下火车去前线战斗。

第二章　第653重装甲歼击营的组建和初期征战

20日。晚上站岗。天气冷。防区内有游击队活动。昨天有46辆敌军坦克在尼科波尔桥头堡被击毁。无线电通讯繁忙状况一直持续至24点。

21日。特别冷。轻微感冒。无线电值班。今天"费迪南德"投入了战斗。苏军再次进攻。双方都出动了空军。我们明天将出发前往尼科波尔火车站。

22日。4点起床。把一切都拆除了。6点出发去尼科波尔火车站。我们坐着RN5号半履带车去了临近的村庄。艾希霍恩上士的兄弟也在这里，他和我们一起走。行军的时候很冷。路面很滑，我们8点到了装车坡道。中午所有东西都装了车。我们在坡道那里等了一整夜。我在半履带车上睡觉，很冷。

23日。9点火车驶入了车站。我们在我们那节车上做了个火炉，让自己舒服点。我们从车厢上拉了150米的电缆到半履带车上的无线电接收器里，这样我们在旅途中照样可以收听广播。我们在13点离开尼科波尔，15点来到阿波斯托洛沃。耽误的时间挺长。收到150根香烟。

24日。平安夜。我们在火车站从3点待到11点。9点45分，我们的少尉发表了圣诞节演说，下发奖励并宣布晋升。收到圣诞节捐赠。天气：冰冻，雾，很冷。11点继续行军，14—21点又遇到延误。收音机里传来圣诞节音乐。我们在车厢里竖立了一棵小圣诞树，带着思乡之情庆祝我们的圣诞节。22点才继续前进。22点时，我们在一个离罗马尼亚领土还有35公里的火车站里。

25日。等待火车头。很冷。我们11点30分继续前进，不过没有经过尼古拉耶夫。我们在14点抵达布格河。我们离开苏联并穿过了罗马尼亚领土。火车通过了2公里长的布格河大桥。桥梁支座上系着防空气球。过桥后又延误了。火车头似乎坏了。16点继续前进。

26日。下雨了。我们经过尼古拉耶夫向北，又向西北朝诺沃森克前进。11点45分到达。14点再次出发。夜里下雪了。

27日。很冷。离边界还有500~600公里。晚上到达巴尔塔。在那里待到次日。

28日。10点出发前往普热梅希尔。一路上多次停车等待。

29日。7点30分到达什未林卡。今天经基兰伊和捷尔诺波尔前往伦贝格（Lemberg）。一路上多次停车等待。

30日。到达伦贝格。11点继续前进，前往普热梅希尔，15点到达那里。收到一个杂物包裹和一瓶香槟酒。我们到站后立即进行了除虱。

31日。除夕夜。1点离开伦贝格前往热舒夫。火车头受损。9点我们继续前进，经过塔尔诺夫（Tarnov）和克拉科夫。调换了火车头。16点继续穿越保护国。午夜，跨年。冲锋枪、卡宾枪、手枪和信号枪齐鸣，以庆祝这个时刻。火车整夜都在

653重装甲歼击营战史

前进。

1944年1月

1日。我们穿过了波希米亚-摩拉维亚,前往卢嫩堡。短暂停留。10点30分继续前往维也纳。在维也纳郊外24公里处的火车站停留。我们又进行了一次灭虱运动。

2日。这个火车站叫做施特拉斯霍夫(Straßhof)。我们6点出发前往维也纳。9点到达维也纳西站,10点15分继续前进前往圣珀尔滕,12点到达。卸下所有装备。我们住在那里的一个陆军兵营里。

3日。6点起床。7点整队。10点进行健康和福利检查。我明天就要去休假了。

1944年1月4—25日在休假。1944年1月26日—3月10日在圣珀尔滕陆军兵营里执勤。然后我被调到第35装甲团,从此结束了在第656重装甲歼击团服役的经历。

下面是第653重装甲歼击营第1连的官兵们服役证上1943年6—12月的记录条目:

1943年6月13日—7月4日	在战区执行任务。
1943年7月5—25日	在东线进行防御战。
1943年7月5—12日	在库尔斯克地区进行防御战。
1943年7月13日—8月25日	在奥廖尔-布良斯克地区进行防御战。
1943年8月26日—9月10日	在战区执行任务。
1943年9月11—27日	在苏联南部进行防御战,撤退至第聂伯河。
1943年9月28日—12月25日	沿着第聂伯河进行防御战。
1943年9月28日—10月14日	在萨波沃罗耶桥头堡进行防御战。
1943年10月15日—12月9日	在第聂伯罗彼得罗夫斯克/克里沃罗格地区进行防御战。
1943年11月20—29日	在尼科波尔桥头堡进行第一阶段的防御战。
1943年12月9—25日	在尼科波尔桥头堡进行第二阶段的防御战,在萨波沃罗耶西北进行防御战。

第二章　第653重装甲歼击营的组建和初期征战

◎ 1942年4月，阿道夫·希特勒看过了"虎"式坦克的两种原型车，一种是亨舍尔公司设计，另外一种是波尔舍公司的方案。希特勒同意两种车型都可以不经前期测试就投产。尼伯龙根工厂开足马力生产，所以在1942年6月就完成了10辆"虎"（P）坦克。上图摄于1942年6月3日，波尔舍教授来到尼伯龙根工厂中观看一辆制造完成的"虎"（P），它将要被送往库默斯多夫进行测试。

◎ "虎"P的发动机和传动问题并没随着时间的推移而解决。下图为1942年8月，施泰尔-戴姆勒-普奇联合企业下属的尼伯龙根工厂出产的一辆"虎"P在奥地利森林中的德勒斯海姆地区进行测试和训练工作。

113

653重装甲歼击营战史

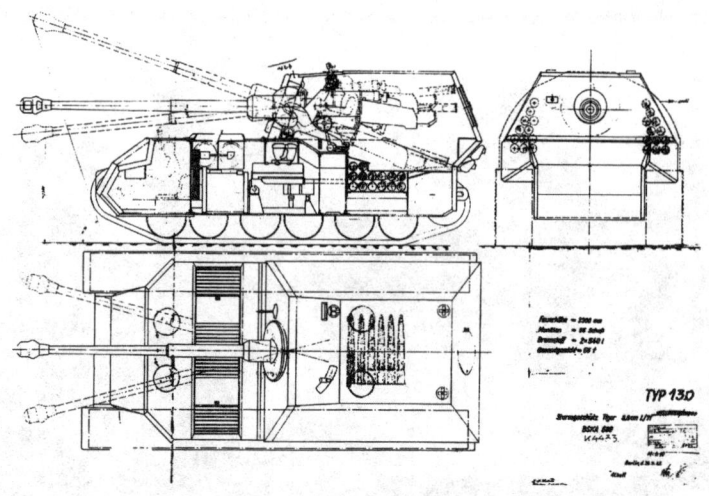

◎ 1943年11月22日，"虎"（P）由于发动机和传动系统问题不断而被正式决定停止量产，剩下的90个已经生产出来的"虎"（P）底盘要装上一门88毫米71倍径反坦克炮当作突击炮使用。11月30日，在突击炮领域有着丰富经验的阿尔特梅尔基舍履带有限责任公司（Altmärkische Kettenfabrik GmbH，简称ALKETT——阿尔卡特公司）获得了这份代号为130型的研制合同，上图便是11月30日交给阿尔卡特公司的130型项目草图，带有阿尔卡特公司代表签字，同时可见图纸上当时称这种车辆为"虎式突击炮"。

◎ 下图为阿尔卡特公司利用一辆"虎"（P）底盘完成的突击炮样车，此时它还未装上挡泥板。这种车辆的昵称后来在1943年2月6日被希特勒定为"费迪南德"，以表彰费迪南德·波尔舍教授的贡献，正式名称则是"虎"（P）坦克歼击车。右图是波尔舍教授与一群军方人员正在测试"费迪南德"样车，开车的是军备部长阿尔伯特·施佩尔。

第二章　第653重装甲歼击营的组建和初期征战

◎ 第653和第654重装甲歼击营都是于1943年在奥地利的恩斯组建的。官兵有部分从其他部队征召而来，也有从补充营、兵站、训练部队和劳工组织调来的新兵。上两图是从劳工组织抽调的士兵向恩斯营地行军的情景。左图为恩斯营地的一次升旗仪式。

◎ 上图是1943年4月23日在尼伯龙根工厂里拍摄，时值底盘编号150091的最后一辆"费迪南德"底盘装配完成之时，背景可见一排四号坦克底盘，后者是尼伯龙根工厂的主要产品。

◎ 下图为尼伯龙根工厂中正在进行"费迪南德"的主炮和上层结构安装的场景。由于工厂拥有所有必要的设备，所以安装主炮和上层结构的过程毫无问题；而在野外条件下，如果没有16吨龙门吊，上层结构的任何维护都是难以完成的。

第二章　第653重装甲歼击营的组建和初期征战

◎ 上图及下图是圣瓦伦丁尼伯龙根工厂的厂房里的一些"费迪南德"，它们的完成度都不同，其中2辆已经安装了上层结构以及主炮。

653重装甲歼击营战史

◎ 尼伯龙根工厂的100吨起重机可以在车间里轻易吊起沉重的"费迪南德",挪动它的位置,其误差只有几厘米。上图、下图及右页上图都是底盘号为150064的"费迪南德",正被100吨起重机整体吊起。

第二章　第653重装甲歼击营的组建和初期征战

◎ 左图是尼伯龙根工厂的一名监工在一排接近完工的"费迪南德"前面摆好姿势拍了这张照片。他身旁的那辆底盘编号为150069，后来成为第654重装甲歼击营的装备。

119

◎ 上图是尼伯龙根工厂车间里的一排"费迪南德",它们都已经接近完工了,只差发动机格栅盖板没有装上。有趣的是,最右边那辆底盘编号为150027的"费迪南德"安装的是加强型的牵引环,而同一生产线上的其他车辆还安装的是与原型车一样的最早期式样。

◎ 在尼伯龙根工厂生产的过程中,"费迪南德"也不断地在该厂的试验场进行各种测试,下图与右页两张照片都是底盘编号为150096的"费迪南德",用作训练和测试。下图中,150096"费迪南德"的旁边还停放着另一辆"费迪南德",车头向后。

第二章　第653重装甲歼击营的组建和初期征战

653重装甲歼击营战史

◎ 1943年3月19日，阿道夫·希特勒来到波美拉尼亚的吕根瓦尔德（Rügenwalde）靶场视察了一批军事装备，其中就包括"费迪南德"重型坦克歼击车，本页及右页的这一组照片就是当时现场所摄。借助扶梯，希特勒爬上了"费迪南德"的车顶仔细观察，可以看到当时在场的还有军备部长阿尔伯特·施佩尔、装甲兵总监海因茨·古德里安、波尔舍公司老板费迪南德·波尔舍教授。

第二章　第653重装甲歼击营的组建和初期征战

653重装甲歼击营战史

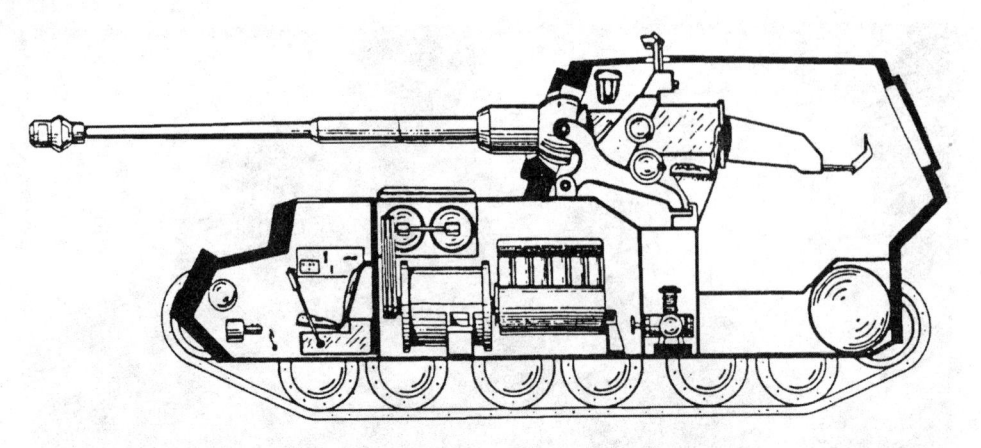

1943年5月1日，一份由三部分组成的有关"虎"（P）坦克歼击车的规范发布了。这些说明书被用作车辆驾驶员与维修人员的技术指南与维护索引。这三份规范包含以下材料：

D-656/1："虎"（P）坦克歼击车

    A. 底盘说明。

    B. 驾驶训练说明。

    C. 维护说明。

    D. 润滑油使用说明。

D-656/2："虎"（P）坦克歼击车底盘的维护说明（除电气部分以外）。

D-656/3："虎"（P）坦克歼击车底盘电气部分的维护说明。

以下摘录自D-656/1：

图示装甲车体的功能是作为一个底盘。底盘上安装有汽油发动机连同它们的发电机、电动机、悬挂系统、88毫米主炮以及上层结构。

2个发动机组件，每个包括一个汽油发动机及其附带的发电机，以上零件位于车身中部的发动机舱内。油箱安装在两个发动机侧面的隔舱内。2个散热器和2个通风扇安装在2个主发电机侧面上方的侧壁上。

发动机舱前面装有一道防火墙，将前部的驾驶室/无线电操作员室与发动机隔开，而另外一道防火墙把发动机和后部的战斗室隔开。

2台发电机产生的电流输往车身后部的2台电动机。电动机产生的动力通过一个离合器、一根传动轴及侧减速器带动驱动轮。侧减速器包裹着2个驱动轮，用螺栓固定在车身两侧。停车制动是用离合器完成的。

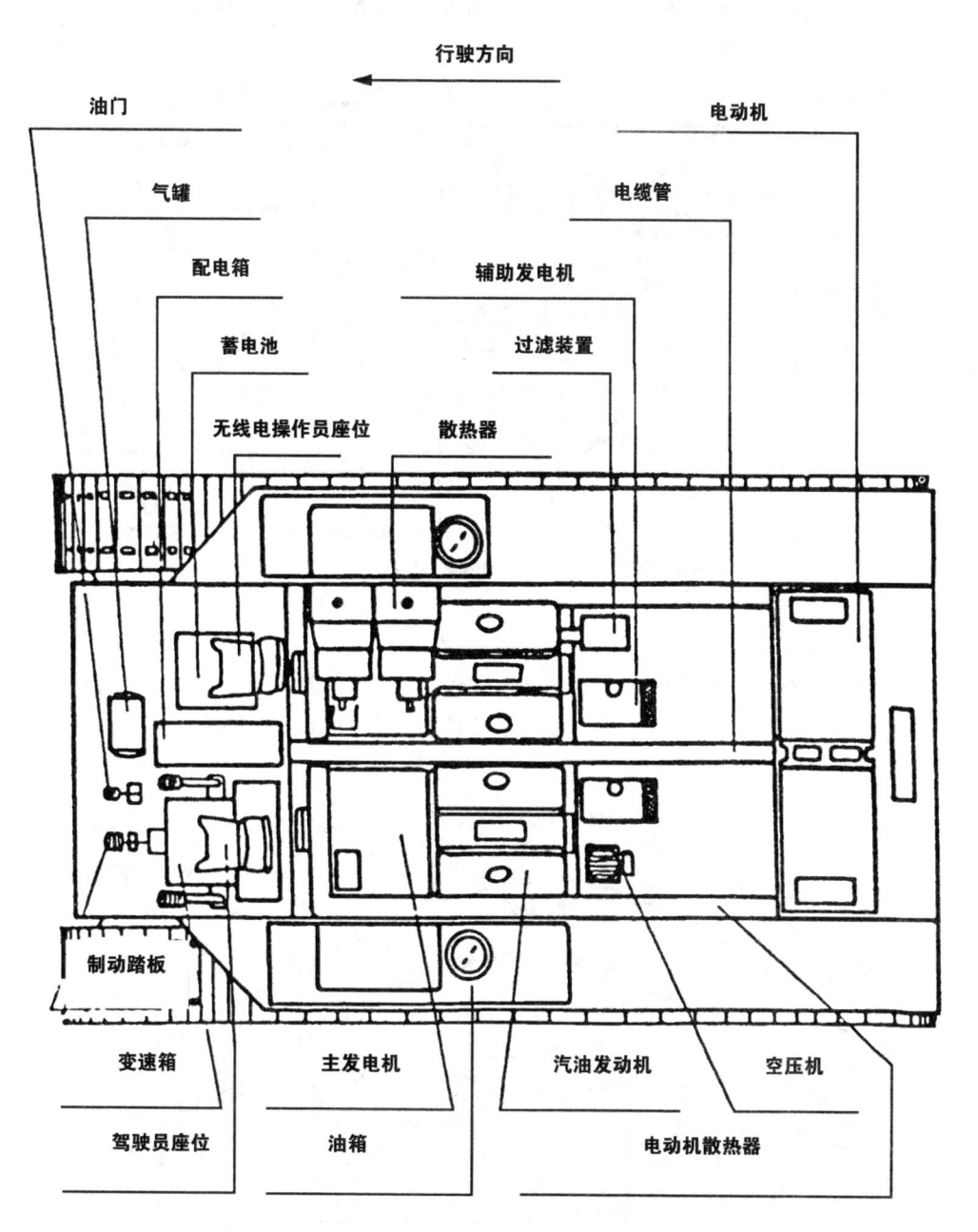

第二章　第653重装甲歼击营的组建和初期征战

摘自D-656/1号规范的"虎"（P）坦克歼击车上层结构横截面

行驶方向 ←

- 油门
- 气罐
- 配电箱
- 蓄电池
- 无线电操作员座位
- 电动机
- 电缆管
- 辅助发电机
- 过滤装置
- 散热器

- 变速箱
- 主发电机
- 汽油发动机
- 空压机
- 驾驶员座位
- 油箱
- 电动机散热器
- 制动踏板

125

653重装甲歼击营战史

摘自D-656/1号规范的上层机构各种开口布局图

行驶方向

无线电操作员舱盖　　三段式发动机舱盖　　潜望镜

天线　　水箱盖　　油箱盖　　通风扇

散热器格栅　　瞄准镜窗　　乘员舱盖

带潜望镜的驾驶员舱盖　　润滑油注油孔

越野驾驶

只有在必须转向的时候才能进行转向操作。驾驶员要先在行驶的大致方向选择一个定向点，然后朝着它行驶。无须沿着道路转弯。摘自D-656/1号规范。

错误路线

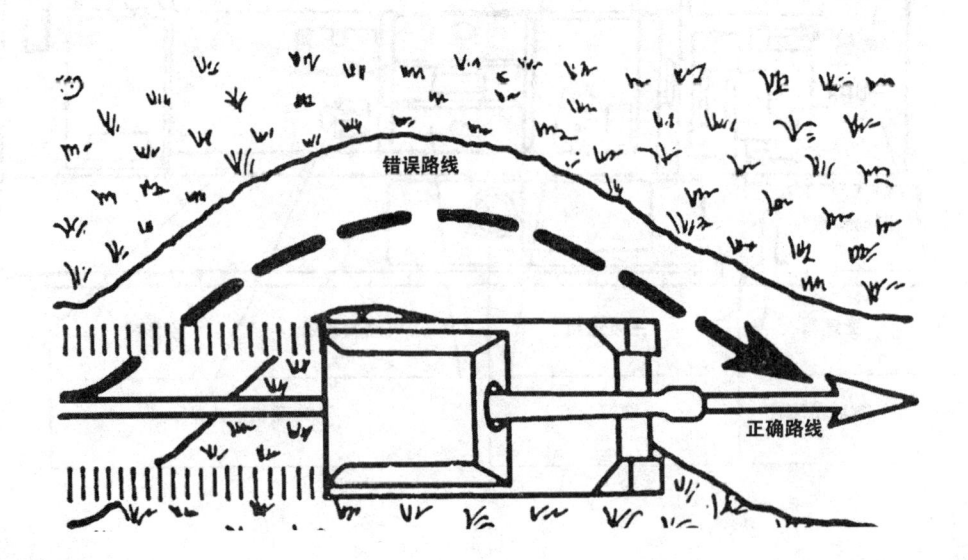

正确路线

越野时转向

只能在阻力较小的地方转向。驾驶员必须在运动前计划好，寻找小幅凸起的坚实地面转向。摘自D-656/1号规范。

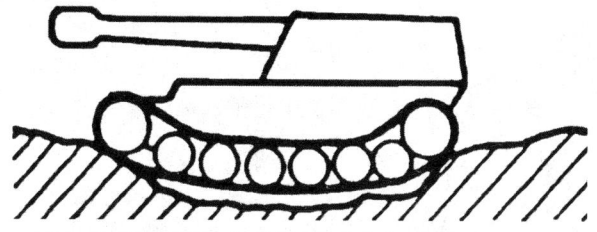

较长的低凹承重面对转向造成的阻力很大。

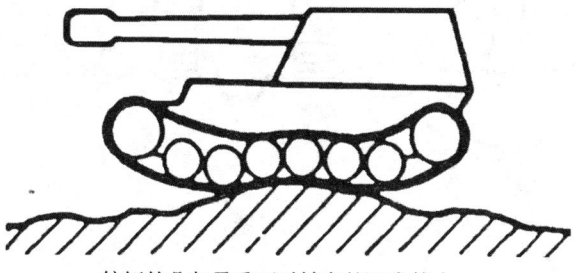

较短的凸起承重面对转向的阻力较小。

通过桥梁和铁轨

不得在桥梁或铁轨上转向，因为这样可能破坏它们，且对悬挂系统造成损伤。摘自D-656/1号规范。

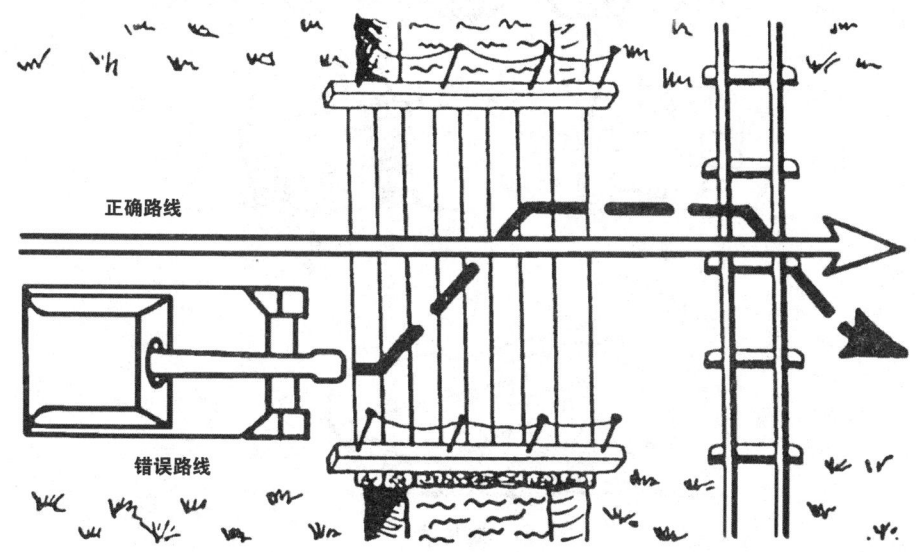

正确路线

错误路线

653重装甲歼击营战史

不得沿着旧的深车辙行驶。坦克歼击车的车体很容易就会卡住，开出来时会造成悬挂系统和发动机过载。摘自D-656/1号规范。

以一条履带压上去的方式来缓慢越过大树墩，否则车体将卡住。越过垂直障碍物（墙体、路障等等）时要在履带下使用垫木。摘自D-656/1号规范。

在车辙中行驶及翻越障碍

正确

错误

错误　　　　　　正确

翻越障碍物

第二章　第653重装甲歼击营的组建和初期征战

计划转弯路线

转弯路线要规划得尽量大。只有在非常必要的情形下才能做小幅转向。摘自D-656/1号规范。

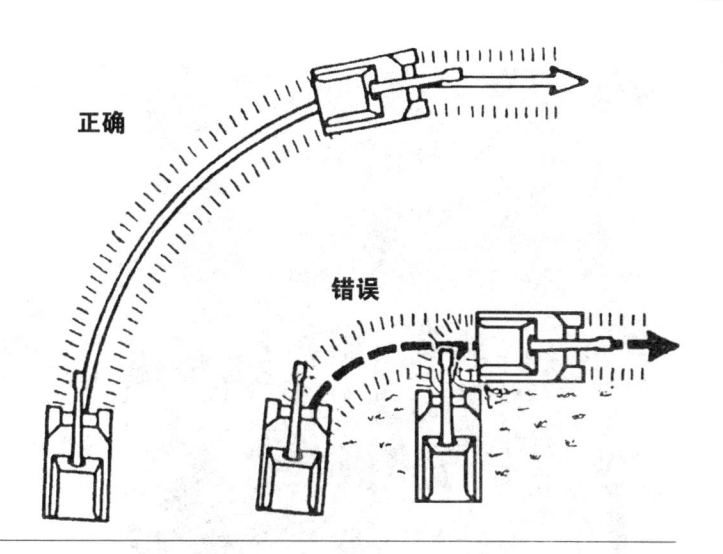

正确

错误

打开发动机舱盖子（格栅），注油口盖子和中央通风口盖子的说明。摘自D-656/1号规范。

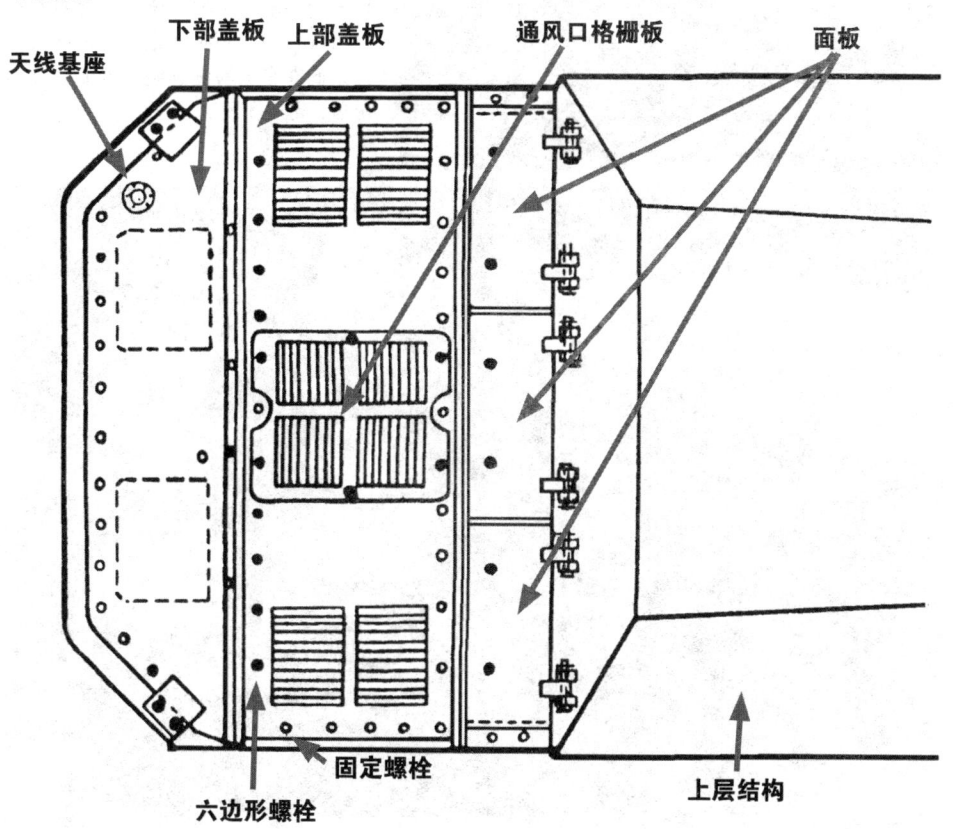

天线基座　下部盖板　上部盖板　通风口格栅板　面板

六边形螺栓　固定螺栓　上层结构

129

653重装甲歼击营战史

◎ 左图是"费迪南德"的发动机散热格栅板俯瞰。由于沙子和尘土太容易掉入发动机舱，因此格栅的形状在库尔斯克/奥廖尔战役之后进行了改动。这些开口也非常容易遭到苏军"莫洛托夫鸡尾酒"的攻击。

◎ 下图及随后两页图都是1943年5月8日最后一辆"费迪南德"（底盘编号150100）离开尼伯龙根工厂前所摄。工人们在车上写满画满了他们最美的祝福、寄语和评论。

第二章　第653重装甲歼击营的组建和初期征战

653重装甲歼击营战史

第二章　第653重装甲歼击营的组建和初期征战

◎ 尼伯龙根工厂将2辆"费迪南德"（底盘编号150010和150011）运到了柏林附近的库默尔斯多夫陆军试验场进行行驶和武器测试，测试一直持续到1943年12月。上图及下图就是在库默尔斯多夫测试期间所摄，上图这辆可以在车体前装甲板上看到底盘号150011。

653重装甲歼击营战史

◎ 上图及下图都是在圣瓦伦丁的尼伯龙根工厂里进行的牵引杆测试，牵引杆是用来辅助拖曳和回收受损战车的。因为它在拖曳过程中会很快使发动机过载而发生故障，所以最终没有下发给部队。上面是一辆"费迪南德"（右）在拖曳一辆"虎"（P）坦克（左）。

◎ 下图是换成了一辆"虎"（P）（右）在拖曳一辆"费迪南德"（左）。同时可以注意，"虎"（P）和"费迪南德"的车后都是安装两套牵引钩，中央靠下的一个是用来拖别的车，左右两个是供别的车来拖自己。

第二章　第653重装甲歼击营的组建和初期征战

◎ 上图及下图是1943年5月，带足了工具和维修备件驶离尼伯龙根工厂的第一批"费迪南德"，开往火车站途中，它们都涂上了暗黄色底色和十字徽。用于修理轻微故障的应急设备及其附件部分放置在车内，部分在车外。这些工具包括下列物品：2支扳手棘轮套筒（800毫米和1200毫米长）、1块垫木、2根线缆（8米×32毫米）、大锤、2根电力传输线缆、1个履带销拆卸器、1个履带锁、1个天线储藏箱、2根冷却水传输软管、1支履带调整套筒扳手、1个传动齿轮调节棘爪、1根履带销拆卸器延长杆、2个电缆连接器、1个20吨螺旋千斤顶、4个75毫米钩环、1根牵引钢索（12米×12毫米）、8块履带板、1个焊接用喷灯、1个灭火器。

135

653重装甲歼击营战史

◎ 上图及下图同样是正在从尼伯龙根工厂前往火车站途中的第一批"费迪南德"。

◎ 下图是已经在SSyms式平板车上固定好并盖上了防水布的第一批5辆"费迪南德",后面还可见更多已经装车的"费迪南德"。由于重量限制,一趟货运列车每次只能拖带5辆"费迪南德"。

第二章　第653重装甲歼击营的组建和初期征战

◎ 上图为已经装车的一辆"费迪南德"近景。第一批共45辆"费迪南德"被分配给了第653营的兄弟营（第654重装甲歼击营），这个营当时的驻地是法国鲁昂。

◎ 下两图为铁路平板车上的一辆"费迪南德"局部特写。可以注意的是，这些战车在离开尼伯龙根工厂时没在葫芦形炮盾上加装矩形防盾，由克虏伯公司赶制的90块矩形防盾后来才送到。这批交付第654营的战车由第653重装甲歼击营派出人员负责押运。

137

653重装甲歼击营战史

◎ 这两张绘画都出自尼伯龙根工厂，当时作为纪念品送给战争技术管理顾问埃伯哈德·约格，画中表现的附件细节非常丰富。

第二章 第653重装甲歼击营的组建和初期征战

◎ 在调往苏联之前的数周里，第653营驻扎在奥地利的滨湖新锡德尔，住在旧时匈牙利骠骑兵的兵营里，上图为该兵营大门口。

◎ 左图这名在兵营大门口站岗的士兵来自第653营营部连，名叫汉斯·塔姆斯。

◎ 全新的奥格斯堡-纽伦堡机器厂（Maschinenfabrik Augsburg-Nürnberg，简称MAN）所产的MK 4500型卡车在第653营驻地的操场上等着被该营接收。

第二章　第653重装甲歼击营的组建和初期征战

◎ 从车辆发放的状况来看，德军对第653营的组建也是相当重视。上图是发放给该营的另外一些汽车，包括很多桶车（敞篷式吉普车），后面一些车厢上带有车篷的是用作维修车的卡车。

◎ 第653重装甲歼击营的回收排还接收了15辆车辆与发动机生产有限责任公司（Fahrzeug und Motorenbau GmbH，简称FAMO）生产的Sd.kfz.9型18吨半履带车。上图及下图就是这种重型半履带车送达该排之时所摄。虽然它们拥有巨大的牵引能力，但是拖曳"费迪南德"时仍然显得很吃力，至少需要3辆这样的车辆串联起来牵引一辆"费迪南德"。

141

653重装甲歼击营战史

◎ 上图是第653营的"费迪南德"车组在莱塔河训练区（奥地利）进行战术训练期间所摄。注意此时所有车辆的葫芦形炮盾上还没装上额外的矩形防盾。

◎ 上图及下图也是第653营在莱塔河训练区进行战术训练时所摄。训练的内容还包括与遥控爆破营进行协同作战。注意此时该营的"费迪南德"上还没有任何战术编号。

第二章　第653重装甲歼击营的组建和初期征战

◎ 本页这三张照片是1943年5月在波罗的海岸边石勒苏益格—荷尔斯泰因州的普特罗斯靶场所摄。原本在库默尔斯多夫试验场进行测试的2辆"费迪南德"此时被运到了这里进行射击测试。德国装甲兵总监古德里安大将也视察了这次测试，下图在使用炮兵剪式观察望远镜进行观察的就是古德里安大将。

143

○ 普特罗斯靶场上的一辆"费迪南德"的后部照片。它既没有画上国籍标志，也没有画上战术标记。

第二章　第 653 重装甲歼击营的组建和初期征战

◎ 第653重装甲歼击营第2连是该营第一个接收"费迪南德"的，首批战车共8辆，上图及下图就是从两个不同角度拍摄的其中一辆。注意车体侧面的那个白色矩形，其含义至今不明。

◎ 第653营基地内停放的"费迪南德"。远处的几辆都用防水油布罩盖着一些重要的开口，尤其是车体顶部安装有栅附近的区域，以保护这些精密的战车不受生灰生和雨水的侵袭。

第二章 第653重装甲歼击营的组建和初期征战

◎ 因为新式的"费迪南德"坦克歼击车仍被视为秘密武器，所以德军不分昼夜地派有警卫守护着这些战车，但尽管如此，在库尔斯克前线与其对垒的苏军仍然得到了它的详细情报。

◎ 从下图中，可以清楚地看到"费迪南德"战斗室顶部的乘员出入舱盖、通风装置、潜望镜罩和Sfl.Zf.1a瞄准镜的活动式开口。

147

653重装甲歼击营战史

◎ 上图摄于第653重装甲歼击营第2连在滨湖新锡德尔进行的首次适应性和越野训练期间。该连连长埃伯哈德·孔策上尉坐在这辆"费迪南德"的前部。注意看，此时这辆"费迪南德"的主炮葫芦形炮盾上已经加装了矩形防盾。

◎ 下图与上图为同期拍摄的同一辆车，"费迪南德"后来在库尔斯克战役中碰到的一个问题就是车体右前侧的这个工具箱，其防护薄弱，很容易在战斗中被打坏，甚至被整个打掉，重要的工具因此丢失。因此后来工具箱被移到了车体后面。

第二章　第653重装甲歼击营的组建和初期征战

◎ 虽然重量高达65吨，但由于驱动轮后置，因此"费迪南德"的爬坡能力是非常出色的，上图为第653营一辆"费迪南德"在训练中爬坡。

◎ 下图是第653营于滨湖新锡德尔接收的第一批"费迪南德"中的两辆。这里可见战斗室后部的一个巨大的圆形舱门，这是用于将主炮从车内抽出维修的舱门，它是在战斗室内部用宽大的螺母固定。而如果利用这个舱门紧急逃生之后，乘员想重新回到车内，这个舱门却无法在没有车外的帮助下重新关上，这也是车体结构的一个严重缺点。

149

653重装甲歼击营战史

◎ 上图是第653营第2连的一辆"费迪南德"被装上一辆SSyms特种平板车,准备向东线开进。这种平板车是专门为运输重型战车设计的,"费迪南德"几乎完美地适合它的尺寸,因此其车组也不用像"虎"式坦克那样更换运输型履带,节省了大量时间和精力。注意战车前方的木块,那是用来防止长途运输中战车位移的。

◎ 下图是第653营第3连的322号"费迪南德"(底盘编号150013)装车后所摄。

第二章　第653重装甲歼击营的组建和初期征战

◎ 第653营于1943年6月9日开始乘火车前往东线，准备参与库尔斯克战役。上图摄于运输途中的一次临时停车期间，官兵们也借机领取口粮。

◎ 下图是1943年6月11日第653重装甲歼击营第3连的"费迪南德"在奥地利的帕恩多大装上火车时所摄。

653重装甲歼击营战史

◎ 上图及下图同样摄于1943年6月11日第653重装甲歼击营第3连在奥地利的帕恩多夫装车时。

◎ 乘火车前往苏联途中的营部连。四联装20毫米高射炮被从其Sd.Kfz. 7/1型载车上搬下，单独放在平板车上，以免高度太高而刮到铁路上一些电气化设施的电线。

653重装甲歼击营战史

◎ 上图是第653重装甲歼击营第1连在奥廖尔以南30公里的斯米耶夫卡卸车，戴大檐帽的军官是营部连连长卡尔·塞茨中尉。照片中的这辆"费迪南德"可见在车体前部倾斜装甲板上画有一个从第197突击炮营时期就开始使用的"加农炮之鹰"鹰徽。

◎ 下图是第653营第1连第1排排长赫尔穆特·乌布利希中尉的111号"费迪南德"刚刚从平板车上开下。

◎ 下图是第653营第1连的轮式车辆正在朝着库利基附近的集结区开进，前面这辆是第2排排长的Z2号桶车。

第二章　第653重装甲歼击营的组建和初期征战

◎ 上图是罗尔夫·施莱歇上士的124号"费迪南德"（底盘编号150012）在库利基集结区。注意前部车体上那个半圆形的装配板，那是给起重机在吊装作业时使用的。在车身前部安装如履带或千斤顶这类额外设备的措施并不成功，因为这些设备在战斗中会被打坏甚至完全打烂。

◎ 下图是进入达维多夫附近的第二集结区的一辆第653重装甲歼击营第3连的"费迪南德"，可见此时它们仍未涂上迷彩。

155

653重装甲歼击营战史

◎ 上图这辆"费迪南德"与前页下图是同一辆车，此时它正在进行一次行驶测试。可以注意看车体前部倾斜装甲板上的"加农炮之鹰"营徽，此时为了保密，已经用泥巴遮盖。

◎ 下图是第653重装甲歼击营第3连的312号"费迪南德"于1943年6月在达维多瓦附近进行一次训练之后所摄。该车驾驶员是列兵埃马努埃尔·岑特格拉夫，而坐在车身前部的是该车车长埃米尔·伊斯勒军士长。

第二章　第653重装甲歼击营的组建和初期征战

◎ 上图是"城堡"行动之前，第653重装甲歼击营第3连的另外一辆"费迪南德"在一次训练之后归来。因为刚下过阵雨，这辆战车在泥地上留下深深的履带痕。

◎ 下图这辆"费迪南德"在训练中卡在了被雨水泡烂的地面上，连车身都陷住了。车组试图摆脱困境，结果使两部迈巴赫HL120型发动机很快就因过热起火。

◎ 上图、下图及下页上图都是摄于1943年6月下旬，此时第653营正在参与一次为了即将在奥廖尔地区发起的行动而举行的演习。

第二章　第653重装甲歼击营的组建和初期征战

◎ 下图是在第二集结区进行战前的最后准备时所摄。第653重装甲歼击营第1连的一个车组正在清洁他们的"费迪南德"的主炮，营徽"加农炮之鹰"在车体前部的倾斜装甲板上清晰可见。

653重装甲歼击营战史

◎ 上图是第314（遥控爆破）装甲连的"博格瓦德四号"遥控爆破车正从第653重装甲歼击营的战车和士兵身旁经过。此时这些"费迪南德"正在进行迷彩涂装作业。

◎ 左图是第653重装甲歼击营第1连的112号车，车长是行政士官长维利·斯拉纳茨。在奥廖尔之战期间，这辆战车被上报为彻底损失。

第二章　第653重装甲歼击营的组建和初期征战

◎ 演习结束时，战车和车组成员都满身尘土。

◎ 下图是营属弹药补给队的一辆比辛–纳格4500型卡车正在给第653重装甲歼击营第1连的一辆"费迪南德"补充穿甲弹和高爆弹。

161

653重装甲歼击营战史

◎ 上图是赖因霍尔德·施拉布斯下士担任车长的134号"费迪南德",摄于迷彩涂装之前。注意其战斗室侧面的车号非常不明显,因为是以轮廓勾线的形式画上去的。此时一辆第314(遥控爆破)装甲连的"博格瓦德四号"遥控爆破车正从其身旁经过。

◎ 第505重装甲营也在第46装甲军的进攻地段,下图及右页上图就是该营的一辆"虎"式坦克在一次训练中经过第653营的集结区。

第二章　第653重装甲歼击营的组建和初期征战

◎ 连同第653和第654重装甲歼击营的"费迪南德"一起，第177和第244突击炮营的突击炮也在第41装甲军区域内占据了进攻出发阵地。下图这辆长身管三号突击炮的后面是第653重装甲歼击营弹药补给队的卡车。

◎ 上图是第653营的3辆"费迪南德"在进攻发起之前，3辆车都已经喷涂了迷彩，但由于距离太远，无法识别车号。

◎ 下图是从正面拍摄的上图第一辆"费迪南德"。

第二章　第653重装甲歼击营的组建和初期征战

◎ 上图摄于达维多夫，这是第653营第3连在1943年6月30日的集结区，因此这辆用树枝进行了严密伪装的"费迪南德"就来自该连。

◎ 下图摄于"城堡"行动开始前的一次演习中，一辆车号不明的第653营的"费迪南德"右侧履带断裂，正在路边进行维修。

653重装甲歼击营战史

◎ 上图是一辆第653营的"费迪南德"演习归来，在第二集结区内高速行驶，此时该车还未喷涂迷彩，车体前倾斜装甲板上也可以看到已经被抹黑的该营营徽。照片左侧是一辆"骡子"半履带运输车，可能属于第656团的弹药补给队。

◎ 下图是第653营第1连第2排的123号"费迪南德"（底盘编号150093）在进攻发起前，该车已经喷涂了迷彩伪装。

第二章　第653重装甲歼击营的组建和初期征战

◎ 上图是第653营一个"费迪南德"车组在为即将到来的进攻行动补充弹药，车前可见堆放着大量主炮炮弹，而实际上，他们还要将这些炮弹搬到车尾，通过战斗室后部的大舱门传递到车内。

◎ 下图是第656重装甲歼击团团部一景，摄于在向下属各营发布进攻命令前。这个帐篷前站着的两人，手上捧着一只小狗的是团长冯·容根费尔德中校，他身旁的是团部连连长埃里希·伊姆舍尔少尉。

653重装甲歼击营战史

◎ 上图是1943年7月4日发起攻击当天，经过严密伪装的124号"费迪南德"（底盘编号150012）正在进入出发阵地。这天该车是由汉斯·胡贝尔上士担任车长，他接替的是离队参加培训的罗尔夫·施莱歇上士。无线电操作员格奥尔格·洛施也坐在车外。

◎ 下图是伪装严密等待着进攻命令的另一辆"费迪南德"，它是齐霍切夫斯基上士担任车长的302号车（底盘编号150098）。

第二章　第653重装甲歼击营的组建和初期征战

◎ 上两图为从第197突击炮营时期沿用至第653重装甲歼击营时期的"加农炮之鹰"营徽，在第653营时期分为白底和黑底两个版本。新的第653营营徽"尼伯龙根之剑"到1944年才开始启用。

◎ 下图是另外一辆严密伪装的"费迪南德"——第653重装甲歼击营第3连的322号车，拍摄于进攻前。

169

653重装甲歼击营战史

◎ 德军于1943年7月5日凌晨3点30分发起代号为"城堡"的攻势。上图中,一辆"费迪南德"正在驶出出发阵地,炮口套着的防尘罩不用专门取下,如果遇敌可直接开火将其打穿。

◎ 下图这辆用树枝遮得严严实实的"费迪南德"是第653重装甲歼击营第1连的车辆,它此时挨着奥廖尔-小阿尔汉格尔斯克铁路线停放。站在车旁的是车组的两名装填手,左边是二等兵海因里希·沙费尔。

第二章　第653重装甲歼击营的组建和初期征战

◎ 上图为第653重装甲歼击营第1连的112号"费迪南德"沿着奥廖尔-库尔斯克铁路线前进。因为德军在雷场中开辟的通道被猛烈的弹幕炸得难以辨认,112号"费迪南德"在进攻开始时就被苏联地雷炸得动弹不得,而大部分伴随战车行动的战斗工兵也被苏军猛烈的防御火力打中。下图即为该车被地雷炸伤时所摄,该车后来得以成功回收。

653重装甲歼击营战史

◎ 第216突击炮营的四号突击坦克也在进攻中伴随"费迪南德"和"博格瓦德四号"爆破车前进。他们是第二梯队,在"费迪南德"身后进行延伸射击。

◎ 进攻部队滚滚向前。下图为第653重装甲歼击营第2连的一辆"费迪南德"从第314(遥控爆破)装甲连的一辆"博格瓦德四号"旁边驶过。后者陷在战壕里,已经损坏了,连徽模糊,只能看清Br字样,也就是该连连长布拉姆名字的缩写。

第二章 第653重装甲歼击营的组建和初期征战

◎ 上图是一辆"博格瓦德四号"在无线电控制下转向,接近了它的目标。德军的意图是在雷场中引爆这种车辆来扫雷,这个目标只能算部分成功。

◎ 下图是113号"费迪南德"和第314(遥探爆破)装甲连的一辆三号坦克一起前进。

173

653重装甲歼击营战史

◎ 113号"费迪南德"很快就冲进了苏军的第一道防御带,上图是驾驶员弗里茨·波伊申趁着战斗间隙出来喘口气时所拍摄。在此照拍摄完几小时后,该车就在一个雷场里被炸瘫了,车组不得不弃车。

◎ 下图及右页上图均为苏军在库尔斯克战役之后拍摄的113号"费迪南德"残骸。

第二章　第653重装甲歼击营的组建和初期征战

◎ 右图及下图非常有意思，昔日的库尔斯克战场已经被苏联农民重新耕种收割，113号"费迪南德"残骸依然还摆在麦田中。

653重装甲歼击营战史

◎ 上图为第653重装甲歼击营第1连的124号车在一辆遥控爆破营的控制用突击炮附近驶过。这辆"费迪南德"战斗室后部的第1连第2排识别板清晰可见。有趣的是，工具箱被放在紧急逃生舱门上方。

◎ 上图为第653重装甲歼击营第2连的232号车在进攻初始阶段高速前进，然而不久之后，该车也在战斗中受损而被迫放弃。下图及右页图均为该车的残骸。可见该车战斗室后部的大舱门已经不见，而战斗室后部还有几个明显的弹孔，推断这是苏军后来练习打靶所致。

第二章　第653重装甲歼击营的组建和初期征战

653重装甲歼击营战史

◎ 上图及下图为苏联军方《红星报》记者在1943年7月拍摄的照片，苏军官兵爬上了第653重装甲歼击营第2连232号车的残骸留影。

第二章　第653重装甲歼击营的组建和初期征战

◎ 上图及下图拍摄于进攻的第一天，这里是苏军的第一条防御带上一个被"费迪南德"摧毁的反坦克炮阵地，火炮为一门Zis-3型76.2毫米加农炮。

653重装甲歼击营战史

◎ 上图及下图都是在进攻中因触雷而受损的第653营的"费迪南德",两辆车不是同一辆,但无法辨明车号,上面这辆的左侧挡泥板被地雷爆炸的冲击波炸得翘了起来,而下图这辆的两侧挡泥板均已被炸飞。因触雷而受损的"费迪南德"如果有维修部队及时赶到,就可以迅速修复或拖回,那些因深入敌方战线而无法得到立即处理的车组只能安装炸药自爆后弃车。

第二章　第653重装甲歼击营的组建和初期征战

◎ 上图是进攻第一天傍晚所拍摄的第3连连长的301号"费迪南德"。

◎ 右图是第653重装甲歼击营第1连的炮手亨宁拿着一支缴获的苏军反坦克枪。由于这种武器可以打断"费迪南德"的履带使其丧失行动能力，所以也是对"费迪南德"的潜在威胁。

181

653重装甲歼击营战史

◎ 上图是战斗间隙接受一次小修理期间的第653重装甲歼击营第1连102号"费迪南德"。

◎ 下图是第653重装甲歼击营一辆"费迪南德"残骸，它因为被地雷炸掉了前部的负重轮而被车组遗弃。该营有两辆"费迪南德"在损失之后无法确定残骸，这是其中一辆。

第二章　第653重装甲歼击营的组建和初期征战

◎ 上图是第653重装甲歼击营第2连连长埃伯哈德·孔策上尉的201号"费迪南德"在第一天的进攻结束后，全体车组下车休息，该车驾驶员是哈贝克下士。

◎ 下图是101号"费迪南德"（底盘编号150014）暂停作战，正在进行维护。这辆战车原本的车长是施皮尔曼上尉，不过他在7月6日被一颗反步兵雷炸成重伤。战斗室后部大舱门旁边的勾边车号清晰可见。而第653重装甲歼击营第1连的识别板是一个白色矩形，涂在右边，被乘员的物品掩盖了一部分。虽然这种战车的上层结构体积巨大，但是车内可供乘员放置个人装备的空间却很小，所以可以看到烹饪用具和餐具只能挂在车外。

653重装甲歼击营战史

◎ 上图是一辆被击毁的苏军T-34/76型坦克，摄于1943年7月6日。

◎ 下图是从"费迪南德"的Sfl.Zf. 1a型瞄准镜中拍摄的T-34坦克残骸。1943年7月5—20日间，平均每辆"费迪南德"击毁的敌军装甲车辆是15辆。

第二章　第 653 重装甲歼击营的组建和初期征战

◎ 上图及下图均为第1连第2排排长座车121号"费迪南德"在战斗结束后返回时所摄。该车车长是赫尔曼·洛克，炮手是库尔特·蒂图斯。经过一天的激战，所有人的脸熏得乌黑，战斗的激烈程度可见一斑。下图中可见该车的工具箱已经被维修队改装到了车体后面。

653重装甲歼击营战史

◎ 右图是工具箱改装之后的121号"费迪南德"另一张照片，与上页下图为同期拍摄。

◎ 下图是第653重装甲歼击营第3连314号"费迪南德"的车长费迪南德·比尔曼正在通过潜望镜观察。左边可以看到主炮的炮尾。

第二章 第653重装甲歼击营的组建和初期征战

◎ 上图是比尔曼车组的驾驶员弗里茨·席尔默。右图是该车组的无线电操作员。

187

653重装甲歼击营战史

◎ 右图是担任第653重装甲歼击营第3连代理连长的汉斯·韦格林正在斯太尔1500A/01型指挥车里指挥他的连队。注意车上众多无线电设备和汽车前门上的KF标记（德语Kompanie-Führer——"连长"的缩写）。

◎ 下图是一辆苏军的KV-1被命中后起火燃烧。71倍径Pak 43/1型88毫米炮在3000米内的精度很高。这张照片是通过炮手的Sfl.Zf. 1a型瞄准镜拍摄的。

第二章　第653重装甲歼击营的组建和初期征战

◎ 71倍径88毫米炮所使用的炮弹体积非常大，所以"费迪南德"车内的弹药架上只能存放42枚。此弹药基数被认为是不能满足战斗需要的，因此，车组会尽量在车内多携带额外的炮弹。上图为一名士兵扛着一枚"费迪南德"所用的炮弹。

◎ 下图是第653重装甲歼击营第2连的一辆"费迪南德"及其全部乘员。这张照片摄于进攻的第一阶段。画在车体前部倾斜装甲板上的营徽已经用油漆覆盖，很难辨认出来了。炮口防尘罩可以不用拆下，因为它不会影响突然接敌的紧急开火，直接打穿它即可。

189

◎ 第177和第244突击炮营在通过密集雷场时也蒙严重损失。这两个营被分别加强给第86和第292步兵师。也都因为触雷损失了很多突击炮。这辆第177突击炮营的突击炮是幸运的,地雷爆炸的冲击波只把它推到了路边。

第二章　第653重装甲歼击营的组建和初期征战

◎ 上图为第653营第1连第3排的132号"费迪南德"。这张照片可能是摄于进攻开始之前该营进驻格拉祖诺夫卡最终集结区之时。该车后来也在战斗中损失。

◎ 左图及下图为库尔斯克战役中被击毁的一辆"费迪南德"，经战史研究家们的研究确认，它是第653营的车辆，但无法确定车号。该营在这场战役中损失的11辆"费迪南德"中，目前有9辆是确认了残骸的照片，只有两辆——132号和134号，是无法确认残骸的。左图及下图这辆应该是战斗室内部弹药发生了猛烈殉爆，导致整个战斗室都被炸飞。

653重装甲歼击营战史

◎ 上图及下图均为第653营第1连第2排的122号"费迪南德",该车在触雷受损之后被车组自行爆破放弃。上图是苏军刚刚来到此车跟前的状态,此时其正面只在右侧挡泥板上可以看到有一个被反坦克枪击穿的弹孔。而下图中,122号"费迪南德"已经被苏军用各种火炮进行了射击测试,右侧牵引钩被打掉,葫芦形炮盾上的附加防盾也被打脱,车体正面垂直和倾斜装甲板上都是弹痕累累。

第二章　第 653 重装甲歼击营的组建和初期征战

◎ 上图为经历了苏军火炮洗礼之后的122号"费迪南德"左前侧照片，这里可以看到车体侧面有更多的弹孔，发动机舱盖板也被炸飞掉在了旁边的地上。

◎ 下图是已经运回莫斯科进行展览的122号"费迪南德"。车体侧面的弹孔不计其数，大大小小各种口径都有。倒数第一个负重轮应该是触雷时被炸掉的，而其上方的车体上有很大的一片烧灼痕迹，掉漆严重，说明当时地雷爆炸的威力十分巨大。

653重装甲歼击营战史

◎ 本页图及右页图均为在莫斯科展览期间的122号"费迪南德"。本页三图及右页上图估计拍摄时间为1943年冬,这时该车基本上还保持着原来运抵时的状态;而右页的下图则明显可以看到该车已经被进行了适当的清洁,甚至重新喷漆,车体正面书写的可能是该部位的装甲厚度。

第二章　第653重装甲歼击营的组建和初期征战

653重装甲歼击营战史

◎ 上图是被地雷彻底炸毁的一辆第244突击炮营的突击炮,爆炸的冲击波把很多负重轮和所有的裙甲炸飞。它的车长是拉德中尉。

◎ 下图是第3连的一辆被地雷炸坏的"费迪南德"正在维修中,维修队必须夜以继日地工作来保证有足够的"费迪南德"可以参战。

第二章　第653重装甲歼击营的组建和初期征战

◎ 上图是第314（遥控爆破）装甲连的装甲兵边前进边观察"费迪南德"。背景是一辆第653营维修连的Sd.Kfz. 9/1型半履带车。

◎ 下图这辆第653坦克歼击营第1连的"费迪南德"遭受了严重的损伤。右侧履带损坏，几个负重轮被地雷炸掉。右边的牵引钩环也被炸飞了。另外车上还有几处被反坦克枪击中的痕迹。

653重装甲歼击营战史

◎ 上图是从另外一个角度拍的前页下图那辆第1连受损的"费迪南德",它被拖进了树林里,以躲避空中侦察。

◎ 下图是第656重装甲歼击团团部参谋亨宁·冯·齐策维茨少尉向第653重装甲歼击营的一名"费迪南德"车长面授机宜。这辆车可能是该营没有投入战斗的两辆车中的一辆,它们都被用作预备队。直到奥廖尔的战事结束后,该营才获得第654重装甲歼击营转交的"费迪南德"作为补充车辆。

第二章　第653重装甲歼击营的组建和初期征战

◎ 上图这辆"费迪南德"与左页下图是同一辆,其迷彩图案为暗黄色底色上加橄榄绿和红棕色条纹。可以注意其战斗室侧面覆盖着厚厚一层沙尘,已经将迷彩给完全遮盖。这辆"费迪南德"也部署在奥廖尔—小阿尔汉格尔斯克铁路线上。

◎ 第656重装甲歼击团团部军官使用了几辆Sd.Kfz.250/3半履带装甲车作为指挥车。这些车辆都有编号,下图中的这辆编号为RN4(RN是德语Regiments-Nachrichtenzug——"团属通讯排"的简写)。

653重装甲歼击营战史

◎ 上图是第656重装甲歼击团团长恩斯特·冯·容根费尔德中校（中）与本团两名参谋军官的合影。右边穿着黑色装甲兵制服的是团参谋长埃米尔·伊斯勒少尉。

◎ 下图是第653营第2连第1排排长座车，车号211（底盘编号150028），留影于战斗间隙。

第二章 第653重装甲歼击营的组建和初期征战

◎ 上图是涂着三色迷彩的232号"费迪南德"。车长是第653重装甲歼击营第2连最出色的车长之一——奥托·黑克尔军士长。

◎ 下图是第653重装甲歼击营第3连的炮手施瓦茨行政士官与他的"费迪南德"合影。这辆战车在1943年7月8日之后丧失了作战能力，车上可见激战后的痕迹。可见被炮弹炸弯的车体前部顶装甲，还有被地雷炸飞的右侧挡泥板，右侧履带也有几块被炸变形。

653重装甲歼击营战史

◎ 上图及下图是在亚历山德罗夫卡附近被苏军步兵奇袭缴获的第653坦克歼击营第3连本诺·沙尔丁上士的333号"费迪南德"。当时本该守护这辆"费迪南德"的德军步兵自行撤退了，导致其连人带车一并被俘。这两张照片是由苏军在奥廖尔战斗之后拍摄，车上刷的标语是："这辆德军'费迪南德'自行火炮连人带车一起被第129步兵师的战士们俘虏！"

第二章　第653重装甲歼击营的组建和初期征战

◎ 上图是看到333号车被俘之后急忙撤退时不慎陷入沟里的331号"费迪南德",车组想尽办法费尽力气也没有使其脱困,而被迫弃车时安置在炮管内的炸药又不知何故没有起爆,所以该车也算是完好无损地落入苏军手中,这个事件我们在前面的正文中提到过。这张照片是由苏军所摄,照片右边可以看到一名骑马的苏军军官。

◎ 下图是维修队在战斗间隙抢修第653坦克歼击营第3连的324号"费迪南德"(底盘编号150073),它的车长是维利·彼得里下士。

653重装甲歼击营战史

◎ 上图是324号车车长维利·彼得里下士正在使用车长潜望镜进行观察。从1944年开始，三号突击炮风格的车长指挥塔才开始安装在"费迪南德"上，它在很大程度上改善了近距离作战中的目标定位能力。

◎ 正在维修中的324号"费迪南德"的车体后部照片。第一天的战斗之后，工具箱已经被移到战车后部的下侧，第653重装甲歼击营第3连的识别板也清晰可见。

第二章　第653重装甲歼击营的组建和初期征战

◎ 左图是第653营第3连第3排的332号"费迪南德",车组全部6名成员都将身子探了出来,包括驾驶员、无线电操作员、车长、炮手、第一和第二装填手。

◎ 下图是332号"费迪南德"车组全部6名成员站在座车左前方合影,中间戴M43野战帽的是车长阿尔宾·海尼克尔上士,他左手边是炮手弗里多林·韦伯下士。他们面前还摆放着一枚主炮所用的88毫米炮弹。

205

653重装甲歼击营战史

◎ 上图及左图是332号"费迪南德"正在维修，维修人员借助Sd.Kfz.9/1半履带车上的吊车，将车体前顶部的发动机舱盖板吊起，在检修2部迈巴赫HL120HRM发动机时，所有的盖板都要拆掉才能工作。

第二章　第653重装甲歼击营的组建和初期征战

◎ 上图是332号"费迪南德"乘员在清洁主炮。

◎ 右图是332号"费迪南德"车长阿尔宾·海尼克尔的一张肖像照。

207

653重装甲歼击营战史

◎ 上图是302号"费迪南德"（底盘编号150098）在战斗间隙。驾驶员在开启驾驶室舱盖探头出来时被弹片打伤。后面可见一辆"貂鼠"Ⅱ坦克歼击车，其装备是一门75毫米Pak 40反坦克炮。

◎ 过了不久，302号"费迪南德"就在苏军的第二道防御带里因为履带受损无法移动。下图中，维修人员正在抢修该车的履带，第3连连长韦格林中尉的施泰尔指挥车就停在该车后方。照片右边的地上可见一挺被丢弃的苏军DP机枪。

第二章 第653重装甲歼击营的组建和初期征战

◎ 上图是第30军军长洛塔尔·伦杜利克在视察第653重装甲歼击营第3连。弗朗茨·克雷奇默少尉刚从前线归来，给将军汇报情况。

◎ 下图这辆连同铁路平板车一起被摧毁的"费迪南德"照片是由苏军于1943年8月2日在卡拉奇夫火车站拍摄，该营最后一支战斗群于7月31日从这个火车站离去。看样子不知出于什么原因，当时留下了一辆"费迪南德"在车站没有带走，该车没有算入库尔斯克战役期间损失。

209

653重装甲歼击营战史

◎ 上图及下图是第653营第3连第1排排长的311号"费迪南德",它在战斗中受损严重,后来被一点点地拆解作为其他车辆修复的零件来源。这两张照片就是德军维修人员在拆解该车时所摄。

第二章　第653重装甲歼击营的组建和初期征战

◎ 上图及下图为第653营第3连第2排的323号车，该车的底盘被地雷炸坏，车组被迫将整车爆破放弃。这两张照片是由苏军在战役结束之后拍摄，可见车内的猛烈爆炸将战斗室整个掀起，翻转之后又重重地砸回到车体上。

653重装甲歼击营战史

◎ 上图是第653营第1连第1排排长乌布利希中尉的111号"费迪南德"在7月5日进攻的第一天就因为发动机过热而起火时的照片,该车后来没有回收成功,被列入损失清单。下图是苏军在库尔斯克战役所摄的111号车残骸。

第二章　第653重装甲歼击营的组建和初期征战

◎ 这两张照片也是摄于"城堡"行动期间，一辆"豹"（D）坦克底盘坦克回收车正在拖曳一辆第653营的"费迪南德"。"城堡"行动期间有2辆这种回收车下发到第653营，它们是"豹"（D）坦克早期型号的衍生型，没有后期型"维修豹"的一些附件，比如铲子和绞盘。尽管"费迪南德"确实是德军序列中最重的战车之一，但是每辆回收车上只有2个用于回收车辆的牵引杆。被拖曳的这辆"费迪南德"车上挂满了伪装用的树枝，无法判明它是属于哪个连。

213

653重装甲歼击营战史

◎ 这三张照片都是第653重装甲歼击营第1连的同一辆"费迪南德",正从拍摄新闻影片的摄影师面前经过。不幸的是,表现"费迪南德"在奥廖尔地区作战的专业影像资料不多。

第二章　第653重装甲歼击营的组建和初期征战

◎ 上图为第653重装甲歼击营第1连的立功士兵正在弟兄们面前接受勋章。从左到右分别是获得一级铁十字勋章的维尔纳·迪尔下士（1944年在意大利阵亡）、库尔特·蒂图斯下士以及获得二级铁十字勋章的巴尔茨下士、二等兵格奥尔格·洛施、二等兵加米尔。

◎ 下图为第653营营长施泰因瓦克斯少校在给121号"费迪南德"炮手库尔特·蒂图斯下士颁发一级铁十字勋章。蒂图斯后来转至第3连322号车担任炮手。

◎ 上图是122号"费迪南德"车长威廉·弗林特罗普上士在1943年拍摄的一张肖像照。他后来还成为了"猎虎"的车长，1945年4月27日获得金质德意志十字奖章。

215

653重装甲歼击营战史

◎ 左图为1943年7月22日，海因茨·特劳特少将给海因里希·泰里特少尉颁发骑士十字勋章后与其握手。授勋的理由是泰里特少尉指挥其车组于1943年7月14日舍利亚布格的战斗中击毁22辆苏军坦克。泰里特少尉左边的是第653营营长施泰因瓦克斯少校。

◎ 左下图为海因里希·泰里特少尉在1943年7月22日获得骑士十字勋章现场的另一张照片。

◎ 下图为海因里希·泰里特少尉佩戴着骑士十字勋章的一张肖像照。

◎ 图为获得骑士十字勋章后的海因里希·泰里特少尉与他的"费迪南德"合影。

653重装甲歼击营战史

VORLÄUFIGES BESITZEUGNIS

DER FÜHRER
HAT DEM

Leutnant Teriete,
Zgfhr.s.Pz.Jäg.Abt.653

DAS RITTERKREUZ
DES EISERNEN KREUZES
AM 22.7.1943 VERLIEHEN

HQu OKH, DEN 24. Juli 1943

OBERKOMMANDO DES HEERES
I.A.

Generalmajor

◎ 泰里特少尉的骑士十字勋章预备授勋文件。

第二章　第653重装甲歼击营的组建和初期征战

**IM NAMEN DES FÜHRERS
UND OBERSTEN BEFEHLSHABERS
DER WEHRMACHT**
VERLEIHE ICH
DEM

Unteroffizier

Hans　H a b e c k

2./s.Pz.Jg.Abt.653

DAS
**EISERNE KREUZ
1. KLASSE**

K.Gef.Std. , 19.Juli 1943

General der Jnfanterie und
Kommandierender General
(DIENSTGRAD UND DIENSTSTELLUNG)

◎ 第653营第2连汉斯·哈贝克下士的一级铁十字勋章证书。

653 重装甲歼击营战史

IM NAMEN DES FÜHRERS
UND OBERSTEN BEFEHLSHABERS·
DER WEHRMACHT
VERLEIHE ICH
DEM

Schützen
Emanuel Zentgraf

3./s.Pz.Jg.Abt. 653

DAS
EISERNE KREUZ
2. KLASSE

K.Gef.Std. , 19.Juli 19 43

General der Jnfanterie und
Kommandierender General
(DIENSTGRAD UND DIENSTSTELLUNG)

◎ 第653营第3连的列兵埃马努埃尔·岑特格拉夫的二级铁十字勋章证书。

第二章　第653重装甲歼击营的组建和初期征战

Besitzzeugnis

Dem

..........Unteroffizier Schmitt Andreas..........
(Name, Dienstgrad)

..........1./schw. Panzerjäger-Abt. 653..........
(Truppenteil, Dienststelle)

ist auf Grund

seiner am ...9. Juli 43........................ erlittenen

...ein.maligen Verwundung — ~~Beschädigung~~

das

Verwundetenabzeichen

in ...S.c.h.w.ar.z............

verliehen worden.

Abt.Gef.Std.., den 24. Juli 1943.

....
(Unterschrift)

Major u. Abteilungskommandeur.
(Dienstgrad und Dienststelle)

◎ 第653重装甲歼击营第1连的施米特·安德烈亚斯下士的黑色战伤勋章授勋文件。

653重装甲歼击营战史

◎ 上图是第653重装甲歼击营在库尔斯克战役期间的一个维修站。"费迪南德"极高的维修率使得维修连人员苦不堪言。

◎ 左图及下图是第653营的一辆"费迪南德"正在向卡拉奇夫撤退。照片中可见它只剩下左侧的挡泥板。

第二章　第 653 重装甲歼击营的组建和初期征战

◎ 上图及下图是第653重装甲歼击营第2连在向卡拉奇夫撤退时所摄。上图这辆"费迪南德"的车号为214，下图这辆尽管车号看不清，但迷彩式样与上图这辆完全一样，可以确定也是214号车。

653重装甲歼击营战史

◎ 上图及下图都是正在撤往卡拉齐夫的第653重装甲歼击营第1连第3排的一辆"费迪南德"。可以看到车顶放着卷起来的防水布，还可以看到车体右前侧的工具箱已经不见了，因为在战斗中多辆"费迪南德"的工具箱被打坏，营修理连于是将它们移到了战车后面。这确实是个成功的改动。

◎"撤退"——由于缺少重型回收车,很多时候只能用两辆"费迪南德"拖着一辆受损的"费迪南德"。可以看到照片中央实际上有一座小桥,但"费迪南德"必须绕开它,以免其他常规车辆也不能过桥。由于当时的道路没法施放如此重型车辆通过的能力,因此"费迪南德"一般都会对它们造成严重损害。

653重装甲歼击营战史

◎ 上图是一个混成战斗群的3辆"费迪南德"正沿着被雨水泡烂的道路奋力向前，朝着布良斯克方向前进。

◎ 左图是第653营第3连连长汉斯·韦格林的一张肖像照。

◎ 回收"费迪南德"通常是非常困难的，至少需要3辆Sd.Kfz.9型18吨级重型半履带牵引车在平坦的道路上拖曳一辆"费迪南德"！如果地形不利，则需要5辆这种牵引车。下图即为第653营维修连的几辆Sd.Kfz.9正在合力拖动一辆"费迪南德"。

第二章　第653重装甲歼击营的组建和初期征战

◎ "费迪南德"的悬挂系统被苏联地雷炸坏是个特别突出的问题。上图这辆"费迪南德"左侧的负重轮就已经全部被炸掉。

◎ 下图是回收排正从前线把一辆第653营第3连受损的"费迪南德"拖到维修连。对比这辆经过回收车队的桶车的尺寸，可见回收工作之难。

227

653重装甲歼击营战史

○ 从这张照片中可以清楚地看出回收一辆损坏或者无法行驶的"费迪南德"要付出多么巨大的努力。5辆Sd.kfz.9牵引车排成纵队把这辆第653营第1连的"费迪南德"从泥沼里拉出来——这是维修部队的出色成就。

第二章　第 653 重装甲歼击营的组建和初期征战

◎ 上图与前页图是同一支回收车队，此时它们已经摆脱烂泥地，行驶在开阔地带上。

◎ 下图是已经被拖到维修连驻地的一辆"费迪南德"，已经被置于龙门吊之下，准备进行维修。

653重装甲歼击营战史

◎ 上图及前页下图是同一场景的不同角度拍摄。表现的是一辆"费迪南德"停在第653营维修连的一台龙门吊下面，准备用它来拆除战斗室。该营维修连有2台龙门吊，"费迪南德"上层结构的维修只能用它们来帮助进行。照片摄于后方区域，因为这些需要大量时间拆装的重型维修设备是不能在太靠近前线的地方开工的。

◎ 下图是102号"费迪南德"（底盘编号150024）的战斗室正准备借助龙门吊吊起，这辆战车的车长是士官长弗里茨·马道斯。

第二章　第653重装甲歼击营的组建和初期征战

◎ 上图是第653营维修连的一辆Sd.Kfz.9/1型半履带车,该车加装了一台起重机。

◎ 下图是一辆8吨级半履带车牵引着一门88毫米高射炮经过第653营的一辆"费迪南德"身旁。无法看清这辆"费迪南德"的车号,但根据其战斗室后部的方块识别板式样判断,可以确定它是第1连的车辆。

231

653重装甲歼击营战史

◎ 上图为到达卡拉奇夫火车站的一辆第653营的"费迪南德",据判断应该是221号车,远处还可以看到几辆已经装上火车的"费迪南德"。

◎ 库尔斯克和奥廖尔的战斗之后,第653营被分为几个小战斗群继续战斗。1943年7月31日,最后一个这样的临时战斗群在卡拉奇夫火车站装上火车,开往布良斯克,下图就是已经装车准备出发的该营的最后一个战斗群。这列火车驶离之后,德军毁掉了这些铁路设施。

第二章　第653重装甲歼击营的组建和初期征战

◎ 为了补充第653重装甲歼击营的人员损失，第654重装甲歼击营一些人员甚至整个车组被转入第653营。上图是第654营的513号"费迪南德"部分车组成员在即将转入第653营之时的留影。车长彼得·科恩斯下士带着M43式野战帽，他右边是驾驶员费利克斯·霍夫曼。

◎ 下图是在布良斯克等待转交第653营的531号"费迪南德"（底盘编号150036），注意盖在发动机散热格栅上的防水布。

653重装甲歼击营战史

◎ 上图是702号"费迪南德"（底盘编号150057），原为第654重装甲歼击营第3连连部车，它也在布良斯克被移交了。

◎ 下图是第653重装甲歼击营第1连的133号"费迪南德"（底盘编号150019）正在布良斯克接受维修，右侧驱动轮已经被拆掉。这种需要大量工时的修理是无法在前线附近进行的。

第二章　第653重装甲歼击营的组建和初期征战

◎ 上图是第653重装甲歼击营第3连的2辆"费迪南德"已经被装上SSyms式特种平板车,准备前往第聂伯彼得罗夫斯克。车组在平板车上搭了个帐篷。

◎ 下图是第653重装甲歼击营第1连霍斯特·戈林斯基下士的613号"费迪南德"(原属于第654重装甲歼击营第2连,底盘编号150050)也做好了运输准备。从照片里也可以清楚地看到第654营的网状迷彩涂装。这辆"费迪南德"在奥廖尔战斗期间被地雷炸掉了两侧的挡泥板。

235

653重装甲歼击营战史

◎ 上图及下图是332号"费迪南德"在布良斯克装上火车运往第聂伯彼得罗夫斯克时所摄。两张照片都是由无线电遥控爆破部队一位名叫尧格特兹的士兵拍摄,该部当时正在这个车站准备返回德国本土。

第二章　第653重装甲歼击营的组建和初期征战

◎ 上图这张511号"费迪南德"（底盘编号150040）的照片也摄于布良斯克。其车长原是第654重装甲歼击营第1连的赫尔曼·费尔德海姆少尉，他是第654重装甲歼击营最优秀的车长之一。虽然第656重装甲歼击团禁止在炮管上画击杀环，但该车炮管上画有16个！

◎ 乘坐火车向第聂伯罗彼得罗夫斯克的行军开始了。下图中，车长威廉·弗林特罗普下士坐在车体前方，驾驶员加特纳下士站在主炮旁。两人都是第653重装甲歼击营第1连人员。

237

653重装甲歼击营战史

◎ 上图及下图这辆"费迪南德"原是第654重装甲歼击营第2连的621号车,在它被转交之后,第653营营部连的穆勒上士担任了车长。车组不但在平板车上搭了帐篷,还别出心裁地在战车的发动机舱顶部摆上了桌椅。

第二章 第653重装甲歼击营的组建和初期征战

◎ 第656重装甲歼击团的第一批部队在1943年8月26日至9月1日之间抵达第聂伯彼得罗夫斯克。照片里是卸车前的第653重装甲歼击营维修连和一个战斗连的车辆。照片里的"维修豹"是没有铲子的早期型号,车上用防水布盖着的可能是堆积在此的一些额外的维修设备。下图是上图的局部放大。

239

653重装甲歼击营战史

◎ 1943年9月,"费迪南德"和"灰熊"在第聂伯彼得罗夫斯克的K工厂接受了场站级别的紧急维修。"费迪南德"在备件数量允许的范围里被尽可能地翻修。它们还收到了新发动机。上图的前景里,有一块带有发动机散热格栅的前车体顶板,以及两个被拆下的战斗室。背景的龙门吊下面是两辆正在吊起战斗室的"费迪南德"。

◎ 下图是被16吨级龙门吊从战车车身上拆除的三个连着主炮的战斗室。后面不远处有一辆"费迪南德"的车体在维修,履带已经拆下。

第二章　第653重装甲歼击营的组建和初期征战

◎ 上图是第656团团部的军官和德军装甲兵总监参谋部的一些军官正在第聂伯罗彼得罗夫斯克视察第一辆翻修后的"费迪南德"。从涂装的式样来判断，这辆战车应该是从第654重装甲歼击营转交的那批"费迪南德"之一。其车体战术编号原本是白色的，此时已被擦掉，代之以黑色勾边编号。原本装在车体右侧的工具箱被移到了车体后面。

◎ 下图是维修完成之后的底盘编号150047的"费迪南德"，它本是第654重装甲歼击营第3连第2排的722号车。

241

◎ 底盘编号150047的"费迪南德"现由第653重装甲歼击营第3连接收,图为它的新车组成员正在吃西瓜。

◎ 由第653营全部三个连的"费迪南德"组成的一个战斗群在第聂伯罗彼得罗夫斯克等待登上火车的命令。

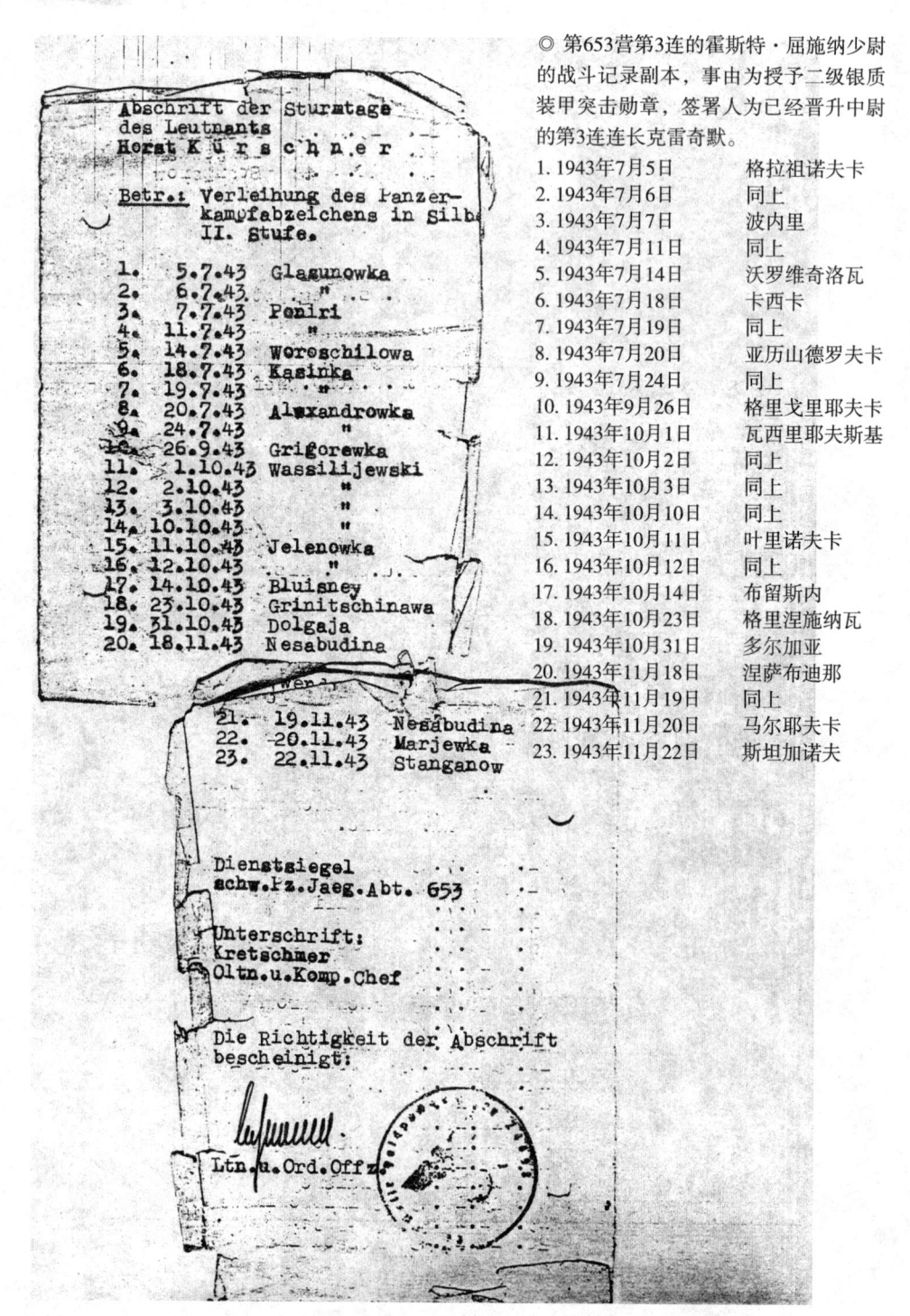

◎ 第653营第3连的霍斯特·屈施纳少尉的战斗记录副本，事由为授予二级银质装甲突击勋章，签署人为已经晋升中尉的第3连连长克雷奇默。

1. 1943年7月5日　　格拉祖诺夫卡
2. 1943年7月6日　　同上
3. 1943年7月7日　　波内里
4. 1943年7月11日　同上
5. 1943年7月14日　沃罗维奇洛瓦
6. 1943年7月18日　卡西卡
7. 1943年7月19日　同上
8. 1943年7月20日　亚历山德罗夫卡
9. 1943年7月24日
10. 1943年9月26日　格里戈里耶夫卡
11. 1943年10月1日　瓦西里耶夫斯基
12. 1943年10月2日　同上
13. 1943年10月3日　同上
14. 1943年10月10日　同上
15. 1943年10月11日　叶里诺夫卡
16. 1943年10月12日　同上
17. 1943年10月14日　布留斯内
18. 1943年10月23日　格里涅施纳瓦
19. 1943年10月31日　多尔加亚
20. 1943年11月18日　涅萨布迪那
21. 1943年11月19日　同上
22. 1943年11月20日　马尔耶夫卡
23. 1943年11月22日　斯坦加诺夫

第二章 第653重装甲歼击营的组建和初期征战

◎ 上图是1943年9月初，第一辆"费迪南德"在第聂伯罗彼得罗夫斯克登上火车，去增援受苏军威胁的萨波沃罗耶桥头堡。背景中的部队是第216突击坦克营，他们也做好了运输准备。

◎ 下图是第653重装甲歼击营乘坐的火车在萨波沃罗耶通过第聂伯河大桥。有趣的是，从照片上可以看出，炮手的观察窗上安装了一块额外的装甲板，来防御弹片的伤害。

245

◎ 一个由第653营所有战斗连组成的混成战斗群准备投入萨波沃罗耶的战斗。一个装甲部队宣传连为德国的《新闻周报》拍下了这个事件。

第二章　第653重装甲歼击营的组建和初期征战

◎ 上图是一个摩托车传令兵送来了行军命令。

◎ 下图是接到命令后，车队开始前进。

653重装甲歼击营战史

◎ 上图清楚地展示了第653营当时的战车编号。112号"费迪南德"的车长是行政士官长斯拉纳茨，驾驶员是赫尔曼·卢夫特。照片中央是营长鲍蒙克少校的"费迪南德"，标记为"IN1"。参与行动的"费迪南德"被分为2个战斗群：南部集群和北部集群。格奥尔格·鲍蒙克少校是南部集群的指挥官。北部集群由第216突击坦克营的鲁诺·卡尔少校指挥。

◎ 下图是队伍中的112号战车，滚滚向前，驶往桥头堡。

第二章　第653重装甲歼击营的组建和初期征战

◎ 上图是位于萨波沃罗耶的第聂伯河水坝，它是当时世界上最大的水力发电厂。

◎ 下图是第216突击坦克营的一辆"灰熊"正在通过萨波沃罗耶水坝，在此也可以感受一下这座大坝的巨大体积。德军于1943年10月15日炸毁了它。

◎ 第653重装甲歼击营第1连的一辆"费迪南德",在缓缓驶地开往大坝。尽管大坝体积巨大,但是驾驶员得到的指示是通过它时要万分小心,且不得进行任何剧烈的转向动作。

第二章　第653重装甲歼击营的组建和初期征战

◎ 上图是613号"费迪南德",它是投入萨波沃罗耶桥头堡战斗的第一辆战车。车长是第1连的霍斯特·戈林斯基下士。二等兵埃米尔·比尔京从驾驶舱探出身子来。

◎ 第656重装甲歼击团第3营（第216突击坦克营）的"灰熊"也赶到桥头堡来支援那里的掷弹兵。下图中,这支部队已经做好战斗准备。从领头这辆车上面的两根天线可以看出,这是一辆指挥车。

251

653重装甲歼击营战史

◎ 上图是奔赴萨波沃罗耶桥头堡的第656重装甲歼击团团部的一辆三号J型坦克，安装在底盘侧面的附加裙板是该型坦克的识别特征。第656重装甲歼击团于1943年9月至12月间使用的"潘帕斯"（Pampas）团徽出现在这辆坦克的主炮防盾上，炮塔侧面附加装甲板上的字母是RNZ（Regiments-Nachrichten-Zug，即团属通讯排），这几个字母似乎是用黄色或白色写成，并用黑色勾边。

◎ 下图是第216突击坦克营的另外一辆"灰熊"，车号50，属于第216突击坦克营第3连。其绰号"艾莉"（Elly）写在驾驶员观察窗上。

第二章　第653重装甲歼击营的组建和初期征战

◎ 本页及下页图都是1943年9月在萨波沃罗耶桥头堡拍摄的同一辆"费迪南德"及其车组。实践证明，斯柯达公司为"费迪南德"生产的履带性能不好且故障频频，必须频繁更换履带板，因此这辆"费迪南德"车组就在车上准备了不少备用履带板。同时注意，其右边挡泥板上有块幸运马蹄铁，"潘帕斯"团徽出现在主炮左侧。身穿黑色装甲兵制服的是从其他装甲部队调来的一名补充车长。

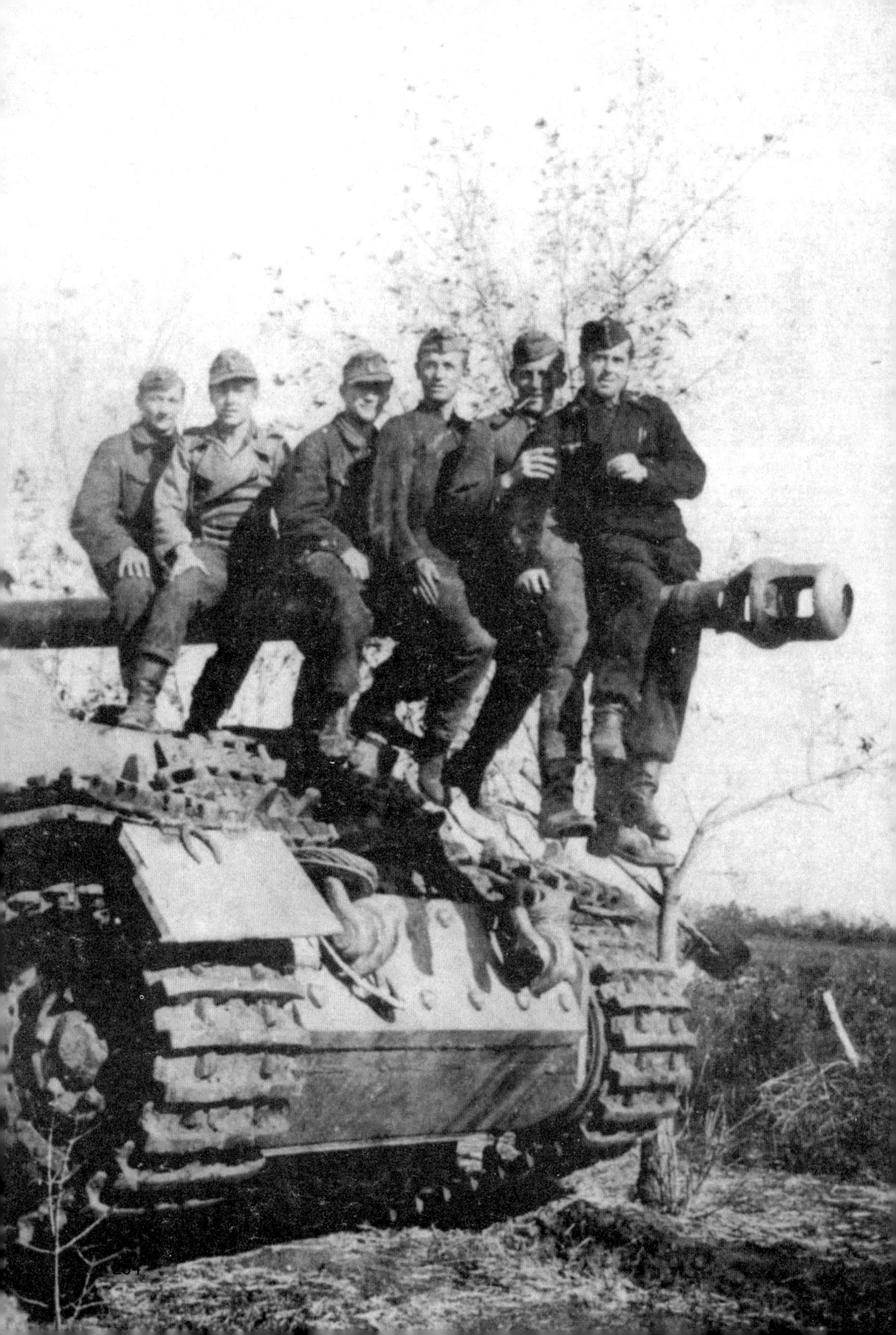

第二章 第653重装甲歼击营的组建和初期征战

◎ 上图这辆第653重装甲歼击营第3连的"费迪南德"正快速驶过萨波沃罗耶桥头堡。有关文件上列出的"费迪南德"最大速度是25公里/时。

◎ 下图这两辆第653重装甲歼击营的"费迪南德"正守在桥头堡的警戒阵地里。这样平坦且没有树木的地形是其主炮发挥远射程特点的理想环境，它们可以在3000米的距离上击毁目标。我们可以看到后方远处还有几辆突击炮在运动。

653重装甲歼击营战史

◎ 上图这辆第653重装甲歼击营第3连的"费迪南德"车体前装甲板上画有一个超大尺寸的头骨和交叉骨头的图案。这辆战车的车长由戈特曼少尉和士官长屈施纳轮流担任。有意思的是,驾驶员戴着一顶苏联式样的坦克兵帽。

◎ 下图是补充完弹药之后的第653营第1连赖因霍尔德·施拉布斯下士车组与战车合影,照片摄于1943年9月萨波沃罗耶桥头堡。

第二章　第653重装甲歼击营的组建和初期征战

◎ 上图是从"费迪南德"炮手的舱口拍摄的，可以看到前面有另一辆"费迪南德"在行驶。炮手的S fl. Zf. 1型瞄准镜在照片左边较低的位置。

◎ 下图是从"费迪南德"的车长舱口拍摄，一辆突破德军战线的苏联T-34坦克被88毫米穿甲弹首发命中后，立即起火。

653重装甲歼击营战史

◎ 上图是一辆"费迪南德"正经过一辆被击毁的KV-1坦克旁，苏军的这种重型坦克也无法抵御"费迪南德"长身管88毫米炮的打击。

◎ 下图是第653营的一辆"费迪南德"在萨波沃罗耶桥头堡的某处机动，其车号并不清晰，而根据战斗室前部左侧的"潘帕斯"团徽式样来看，可能是营部连或第2连的车辆。

第二章 第653重装甲歼击营的组建和初期征战

◎ 虽然"费迪南德"为其乘员提供了强大的装甲防护，但各连依然经常遭受人员损失，最常见的是弹片打进了战斗室。上图这辆第653重装甲歼击营第1连的"费迪南德"就遭到了一记痛击。打着厚厚绷带的驾驶员埃德加·谢勒下士从驾驶室中站起来。右侧挡泥板上是阵亡的一名装填手的尸体，此车此时正在返回本方战线。

◎ 在萨波沃罗耶以东植被稀疏的地形中，必须抓住每个伪装的机会。下图为在一个洼地中占据阵地的112号"费迪南德"车组（车长为行政士官长斯拉纳茨，驾驶员为赫尔曼·卢夫特），这样他们就能在有地形掩护的情况下与苏军坦克交战。

259

653重装甲歼击营战史

◎ 上图是第653重装甲歼击营第3连的一辆"费迪南德"正在辽阔的草原上待命。马蒂亚斯·卡彭铁尔坐在主炮防盾上。

◎ 下图是第653重装甲歼击营第1连的一个车组正在挖一个防弹掩体。挖好之后,"费迪南德"将开到这个坑上面,车组再钻到坑里睡觉或休息,这让车组可以在不受敌军火力侵袭的同时,有更多的时间待在车外。

第二章 第653重装甲歼击营的组建和初期征战

◎ 上图与上页下图是同一辆"费迪南德",它此时已经位于挖好的防弹掩体之上。

◎ 下图是第653重装甲歼击营第3连的一个"费迪南德"分队正在为桥头堡的作战做准备。第一辆车的车长是朗格中尉(后阵亡),第二辆车的车长是埃米尔·伊斯勒军士长。

261

653重装甲歼击营战史

◎ 上图也是拍摄于萨波沃罗耶桥头堡战斗期间,从迷彩式样上来看,这辆"费迪南德"也是第654营转交的。

◎ 下图是1943年9月11日,一个由12辆"费迪南德"和13辆"灰熊"组成的混成战斗群正在第聂伯罗彼得罗夫斯克装上火车,准备参加辛尔恩科沃–巴甫洛格勒铁路线防御战。战斗群指挥官是鲍蒙克少校。"豹"式坦克也参加了这次作战。

第二章　第653重装甲歼击营的组建和初期征战

◎ 左图是埃里希·伊姆舍尔少尉，他在1943年9月时担任第656重装甲击团在萨波沃罗耶部队的指挥官。和团部大多数人一样，他以前也是第35装甲团人员。

◎ 桥梁依然是"费迪南德"需要面对的最大障碍。为了让这种70多吨的巨型战车能顺利通行，必须调动战斗工兵花费大量劳动力对大部分桥梁进行加固。当无法实施这样的措施之时，就会出现下图中这种问题。第653重装甲歼击营第3连的一辆"费迪南德"在从萨波沃罗耶撤退时压塌了一座桥，车组正焦虑地等待回收排前来。

653重装甲歼击营战史

◎ 1943年11月1日，第656重装甲歼击团团长恩斯特·冯·容根费尔德中校获得了金质德意志十字奖章。上图是他在获得该奖章之后与埃里希·伊姆舍尔少尉的合影。

◎ 冯·容根费尔德中校于1944年初离开第656重装甲歼击团，继任者是第6步兵师第7装甲歼击营的里夏德·施米特根上校。1945年1月11日，已经晋升上校的冯·容根费尔德在指挥一个战斗群之时获得骑士十字勋章。上图就是他获得骑士十字勋章之后的肖像照。

◎ 1943年10月13日，第653营的最后一辆"费迪南德"经水坝撤退到第聂伯河西岸。下图这辆"费迪南德"是第653营第1连的123号车。

第二章 第653重装甲歼击营的组建和初期征战

◎ 1943年9月，由"费迪南德"衍生的回收车在圣瓦伦丁的尼伯龙根工厂展示。第653重装甲歼击营接收了3辆这种车辆。

653重装甲歼击营战史

◎ 从萨波沃罗耶来到尼科波尔之后，营属维修连投入到完全翻修使用过度的战车的工作中去。上图中，龙门吊已经将三个战斗室拆下和堆放。

◎ 左图是维修人员坐在一辆"费迪南德"的主炮上，地点是尼科波尔。车体前方可见第656重装甲歼击团的"潘帕斯"团徽。

第二章　第653重装甲歼击营的组建和初期征战

◎ 上图是第653重装甲歼击营在尼科波尔桥头堡的一次渡河行动。横渡第聂伯河依靠的是一艘1000吨渡船。第一辆"费迪南德"正在小心翼翼地通过一座木制栈桥准备上船。

◎ 下图是已经上船的4辆"费迪南德"。

◎ 一辆第216突击坦克营的"灰熊"正通过木制栈桥上船。该营也奉命伴随第653营来到尼科波尔桥头堡。同时可以看到,"灰熊"的主炮炮盾和战斗室顶部都覆盖着防止雨水渗入的防水布,看来这种突击坦克的水密性不佳。

第二章　第653重装甲歼击营的组建和初期征战

◎ 上图中，所有车辆在渡河时都被固定好了，照片右侧是302号"费迪南德"，它是第3连士官长的座车。而左下角这辆车上，可以清晰地看到"潘帕斯"团徽。

◎ 下图中，驳船拖着渡船起航。照片前景可见第216突击坦克营营部连的一辆"灰熊"，其战斗室侧面的国籍十字徽旁边写有罗马数字Ⅱ。

269

◎ 这是第653重装甲歼击营第1连第2排排长的121号"费迪南德"（底盘编号150080），照片摄于它在尼科波尔补充完燃料之后。照片中可见在战斗室上方画有一个小叉，那是照片拍摄几天前被炮弹击中的地方。那颗炮弹部分穿透了战斗室顶部装甲并打伤了车组人员。

第二章　第653重装甲歼击营的组建和初期征战

◎ 上图是1943年11月在尼科波尔桥头堡拍摄的第653营第3连的一辆"费迪南德",该车车号不明,看迷彩式样应该是从第654营接收过来的。此时已经入冬,车组中的部分人员也穿上了两面穿棉衣来御寒。

◎ 下图是上图这辆"费迪南德"的部分车组成员在车顶,从左至右分别为鲁珀特·魏斯——无线电操作员,士官长霍斯特·屈施纳——车长,阿洛伊斯·莫斯多耶莱下士——炮手,背对镜头的可能是驾驶员。

653重装甲歼击营战史

◎ 1943年11月的天气特别糟糕，沉重的"费迪南德"开始陷在泥坑和泥浆里。上图这张珍贵的照片展示了202号"费迪南德"和一辆"费迪南德"回收车连在一起，共同把另外一辆"费迪南德"从泥沼里拉出来。看起来回收车自己也被陷住了。注意回收车后部的那个舱门，实际上那是四号坦克的炮塔侧面舱门。

◎ 左图及下图是在尼科波尔桥头堡被"费迪南德"击毁的苏军T-34坦克。苏军坦克常常整队被第653重装甲歼击营的2辆或3辆"费迪南德"击毁。

第二章　第653重装甲歼击营的组建和初期征战

◎ 1943年11月26日，弗朗茨·克雷奇默中尉以苏军坦克残骸及地形为掩护，成功击毁21辆苏军坦克。上图及下图是当天的战斗过后所拍摄的战场照片，四处可见苏军坦克的残骸。

◎ 右图是第653重装甲歼击营第3连连长弗朗茨·克雷奇默，他因为在尼科波尔桥头堡的战功于1943年12月17日获得了骑士十字勋章。

653重装甲歼击营战史

◎ 1943年12月17日，132号"费迪南德"在驶往铁路场站途中发动机起火，导致全车烧毁。该车后被成功回收，1944年送往维也纳军工厂修理。上图及下图即为该车的起火被扑灭之后所拍摄。

第二章　第653重装甲歼击营的组建和初期征战

◎ 1943年12月，234号"费迪南德"（底盘编号150100）被其车组从各个侧面都拍了照片。上图、下图及下页图都是该车，主炮左侧可以看到第656重装甲歼击团的"潘帕斯"团徽。

653重装甲歼击营战史

第二章 第653重装甲歼击营的组建和初期征战

◎ 上图及下图是234号"费迪南德"的右侧照片。

277

653重装甲歼击营战史

◎ 上图这张从左前方拍摄的234号车，镜头明显失焦了。

◎ 右图是奥古斯特·贝克，第653重装甲歼击营第2连234号车组的一员。

◎ 下图可见234号车的战斗室后部左下角也画有"潘帕斯"团徽。而自"城堡"行动开始使用的识别板虽然已经毫无意义，但依然保留在战斗室后部右侧。

第二章　第653重装甲歼击营的组建和初期征战

◎ 由于缺乏主炮葫芦形炮盾上的附加防盾备件，因此上图这辆第653重装甲歼击营第2连第1排的排长座车——211号"费迪南德"，就在没有安装附加防盾的情况下投入了战斗。

◎ 下图是一个战斗群的"费迪南德"在雪地上驶向前线。它们都还是原本的迷彩涂装，只有车上残留的积雪在一定程度上让战车融入到周围环境中。

◎ 在没冻硬的地面上行驶时，"费迪南德"就会留下明显的车辙印。下图这辆"费迪南德"的车身底部几乎要碰到地面了。

279

◎ 上图是第653营维修连的一辆装有起重机的Sd.Kfz.9/1牵引着第656团团部的一辆战损的半履带通讯车,一门苏军反坦克炮打掉了它的前轮轴。不幸的是,这辆维修连的Sd.Kfz. 9/1的部队徽章——一辆戴着眼罩的"费迪南德"图案很难看清。

◎ 1943年12月下旬,只有2辆"灰熊"可以和"费迪南德"联合对抗苏军装甲部队,其余的"灰熊"已经于1943年12月10日运送到维也纳陆军工厂。下图即为一辆仍然留在前线的"灰熊"。

第二章　第653重装甲歼击营的组建和初期征战

◎ 上图这辆苏军的KV-85坦克被第653营完整地缴获。维修连后来将其炮塔拆除，纳入装备序列，作为回收车和运输车来使用。

◎ 下图是1943年12月第656团在尼科波尔设立的维修集合点，简直像个巨大的废物堆积场。几乎所有的"费迪南德"和"灰熊"此时都无法完好无损地投入作战。全团在等待装上火车前往维也纳。

281

653重装甲歼击营战史

◎ 上图是在尼科波尔等待装车命令的"费迪南德"。

◎ 下图是第216突击坦克营的两名士兵在已经装车的"费迪南德"上摆出姿势拍了这张纪念照，地点是尼科波尔。战车上披挂的伪装网式样有点不太常见。

第二章　第653重装甲歼击营的组建和初期征战

◎ 上图是第1连第1排排长乌布利希中尉的111号车已经在尼科波尔装上火车，等待运往维也纳。乌布利希中尉原来的那辆111号车在库尔斯克战役的第一天就因发动机过热而烧毁了，此时这辆111号是从第654营接收的一辆改变车号而来。注意无线电天线上的三角形旗。第1连的施拉布斯上士和里克尔中士站在平板车前。

◎ 左图是在"费迪南德"上合影过的两名第216突击坦克营的士兵，现在他们又爬上了第656重装甲歼击团团属通讯排的一辆Sd.Kfz.250/3上留影。

283

653重装甲歼击营战史

◎ 上图是第653重装甲歼击营第3连的一辆"费迪南德"从坡道开上了SSyms式平板车。该车涂了一层斑驳的白色涂装。

◎ 下图是另一辆已经装上SSyms式平板车的"费迪南德",该车与上图这辆一样也涂了一层斑驳的白色涂装,因此可能是同一个连的车辆。

◎ 第653重装甲歼击营第3连另一辆已经装上SSyms式平板车的"费迪南德"。

653重装甲歼击营战史

◎ 苏军对撤退中的德军发起的一次进攻，使得德军又将已经装上火车的第653营几辆"费迪南德"卸了下来，组成一个战斗群来到第聂伯河东岸执行作战任务。上图就是正在渡河准备投入战斗的其中一辆"费迪南德"。

◎ 下图是返回参战的席斯特尔上士的334号"费迪南德"，他站在座车的前面，穿着羊皮外套和迷彩裤。

◎ 下图是留在尼科波尔桥头堡助战的最后几辆"费迪南德"的车组人员合影。

第三章

在奥地利圣瓦伦丁对"费迪南德"进行翻修

（1944年1月—1944年3月）

第三章　在奥地利圣瓦伦丁对"费迪南德"进行翻修

从东线带回来的"费迪南德"所需的迫切维修一开始就困难重重。起初，圣瓦伦丁的尼伯龙根工厂考虑到它会严重搅乱四号坦克的生产，拒绝接收。不过，根据德国陆军总司令部的命令，尼伯龙根工厂还是腾出了一个仓库对其进行大修。首批共8辆"费迪南德"的维修工作开始于1944年1月19日。同一天，一条发自柏林的命令强调了重整第656重装甲歼击团的高度优先性。

下列文字节选自联邦档案馆之弗莱堡军事档案馆的原始文件。从中，"费迪南德"和突击坦克的大修难度可见一斑。

1944年1月19日：加速重建第656重装甲歼击团的若干命令。

1944年1月19日：8辆"费迪南德"已在尼伯龙根工厂拆开。它们的翻修刚刚开始。来自舒特诺（Schutno）的零件还没有送到。

1944年1月19日：

致：尼伯龙根工厂

发自：德国陆军总司令部

主题：15厘米四号突击坦克和"费迪南德"的维修。

经奥地利绍尔军械局（Hauptdienstleister Saur，简称HDL Saur）和专业工程师的同意，直接负责维修15厘米四号突击坦克的机构由维也纳军工厂变为尼伯龙根工厂。作为交换，"费迪南德"的维修由维也纳大型车辆维修机构负责。

1944年1月21日：

致：德国陆军总司令部

发自：维也纳大型车辆维修机构第77部，军工厂。

主题：15厘米四号突击坦克和"费迪南德"的维修。

鉴于"费迪南德"已经在送往尼伯龙根工厂的路上，且零件已经送到林茨陆军物资站，"费迪南德"的维修工作将继续在圣瓦伦丁开展（除了6辆因起火和爆炸受到严重损伤需要较长时间修理的"费迪南德"）。维也纳大型车辆维修机构将继续负责维修这6辆车。

1944年1月25日：

主题：第656重装甲歼击团的重建工作。

全团于1943年12月14日离开苏联，从陆路到达施特拉霍夫支线火车站。全团总共16列火车从1943年12月16日到1944年1月10日到达。

"费迪南德"在圣瓦伦丁的尼伯龙根工厂。三号指挥坦克、三号坦克底盘的辅助车辆，四号坦克底盘的辅助车辆，五号坦克底盘的弹药运输车在维也纳军工厂的大型车辆维修机构。尼伯龙根工厂内的18辆"费迪南德"已被拆开并接受维修。"费迪南德"的整个维修进度取决于从舒特诺用铁路运输的零件的及时性，还有HL120备用发动机运输的及时性。据估算，到1944年3月15日，最多能修好43辆"费迪南德"。

1944年2月1日：

发自：德国装甲兵总监（第6处）

致：米尔德布拉特上校

立即组织一个"费迪南德"连。

1944年2月1日：第656重装甲歼击团准备了一个"费迪南德"连，下辖10~12辆坦克歼击车，可以投入行军作战。

1944年2月2日：尼伯龙根工厂拆解了24辆"费迪南德"。首批维修的8辆"费迪南德"预计大约在1944年2月10日修好。1944年2月12日签发的命令中要求筹备一个由10~12辆"费迪南德"组成的连准备参战，这道命令拖累了翻修的标准程序。另外，那个"费迪南德"连需要配备一个维修排才能出发。这使其余的维修工作至少耽误了3个星期。这让1944年3月1日这个最后完成的期限也变得不可能。

1944年2月9日：首批8辆"费迪南德"的维修工作几乎完成了。预计完成的时间是1944年2月11日。另外3辆"费迪南德"也被修好了，被送往那个"费迪南德"连，这打乱了原来的维修计划，如果按照原计划维修，本来可以修得更快的。

1944年2月11日：团里的两个连于1944年1月21日到达，将在最后期限即1944年2月15日时可以投入作战（一个"费迪南德"连和一个突击坦克连）。团里的其余部队（1800名官兵）将在圣珀尔滕待到1944年3月1日。

1944年3月1日：

第656重装甲歼击团第1营（第653重装甲歼击营）

1944年2月26日修好了8辆"费迪南德"，并部署到圣珀尔滕。它们被调拨给第653重装甲歼击营第2连，用于重建和训练。剩余的25辆"费迪南德"和2辆"费迪南德"维修车都被拆解了，而最后4辆，目前停在尼伯龙根工厂的8号仓库2号站台……

修好8辆"费迪南德"的预计时间（在最好的情况下）是1944年3月8日。因为剩余19辆"费迪南德"的悬挂系统和发动机格栅备件的送达时间各不相同，这些战车只得保持拆开的状态……直到零件送达。2辆"回收豹"和3辆三号坦克底盘的弹药运输车被修好了。剩余的3辆三号坦克和2辆弹药运输车预计在1944年3月10日会被维也纳军工厂修好。

尼伯龙根工厂拆解了4辆被烧毁的"费迪南德"底盘，因为维也纳军工厂里备件充足，车身被以最快的速度送至维也纳。

第三章　在奥地利圣瓦伦丁对"费迪南德"进行翻修

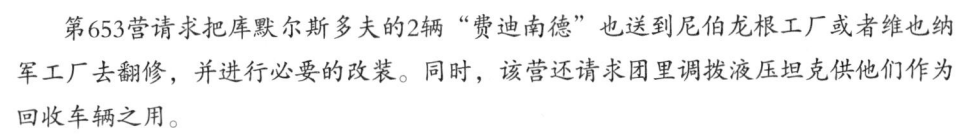

第653营请求把库默尔斯多夫的2辆"费迪南德"也送到尼伯龙根工厂或者维也纳军工厂去翻修，并进行必要的改装。同时，该营还请求团里调拨液压坦克供他们作为回收车辆之用。

（编注：库默尔斯多夫的2辆"费迪南德"被德国陆军评估办公室的机动车辆研究站用于测试。他们的底盘号是150010和150011。）

1944年"费迪南德"的维修状况

1944年1月1日	0辆"费迪南德"在维修，0辆在1943年12月完成维修。
1944年2月1日	?辆"费迪南德"在维修，?辆在1944年1月完成维修。
1944年3月1日	32辆"费迪南德"在维修，20辆在1944年2月完成维修。
1944年4月1日	5辆"费迪南德"在维修，27辆在1944年3月完成维修。

在大修过程中，"费迪南德"被做了很多改动。应官兵们长久以来的建议，车体前方安装了一挺机枪，由无线电操作员操作，用作近距离防御。容易战损的发动机舱格栅也被换掉，还安装了带潜望镜的车长指挥塔——就是在三号突击炮上安装的那种。还安装了新的HL120型发动机，并敷设了1944年起硬性规定必须具备的防磁性雷涂层，以及喷涂了暗黄色底漆。此时并未在车上描画车号。

二战德军
653重装甲歼击营 战史

士兵突击

SCHWERE
PANZERJÄGER-ABTEILUNG

黄锴 编译

下

重庆出版集团 重庆出版社
果壳文化传播公司

653重装甲歼击营战史

目录 Contents

前 言 ………………………………………………………… 1

第一章
第197突击炮营的组建和征战历程 ……………………… 001
（1940年11月—1943年2月）

第二章
第653重装甲歼击营的组建和初期征战 ………………… 055
（1943年4月—1943年12月）

第三章
在奥地利圣瓦伦丁对"费迪南德"进行翻修 …………… 287
（1944年1月—1944年3月）

第四章
第653重装甲歼击营第1连在意大利的行动 …………… 293
（1944年2月—1944年8月）

目录 Contents

第五章
第653重装甲歼击营第2和第3连在苏联的征战历程 ·············· 365
（1944年4月—1944年8月）

第六章
第653重装甲歼击营第2连和第614陆军重装甲歼击连的机动和作战 ···· 459
（1944年9月—1945年5月）

第七章
换装"猎虎"坦克歼击车的第653重装甲歼击营训练、重组及作战 ···· 475
（1944年—1945年）

附 录
车辆标记与涂装 ·· 589

第四章

第653重装甲歼击营第1连在意大利的行动

（1944年2月—1944年8月）

第四章　第653重装甲歼击营第1连在意大利的行动

在1944年2月22日那个灰暗的黎明，美军第6军在意大利战场发起"鹅卵石"行动，在安齐奥和内图诺登陆。德军只有少数部队有足够的力量对滩头发起有效的反击。德军的指挥机关，即第14集团军司令部调集各种单位进行防御，不过还是没能在滩头阵地附近形成稳定的环形防御圈。

1944年2月1日，第656重装甲歼击团奉命立即让一个"费迪南德"连做好运动与战斗准备，并将第216突击坦克营快速部署至意大利。第653重装甲歼击营营部连的防空排自1944年2月6日起被配属给第216突击坦克营，排长是赫伯特·魏勒军士长（Oberfeldwebel Herbert Weiler）。这个排一直到二战结束都在这个营里。

赫尔穆特·乌布利希中尉指挥的第653重装甲歼击营第1连于1944年2月15日接收了11辆经过大修和改造的"费迪南德"。因为修理的进度所限，他们的坦克歼击车数量仍未达到额定的14辆。该连还接收了一个完整的维修排，这个排配备了一台门式起重机，一辆18吨Sd. Kfz. 9/1牵引车和一辆"费迪南德"回收车。1944年2月16日在圣瓦伦丁的尼伯龙根工厂开始装上火车。发车之后，火车相继在珀希拉恩、帕恩多夫和新锡德尔短暂停留，最终开始向意大利前进。

向意大利行进的路线途经萨尔茨堡、因斯布鲁克、布伦纳山口、博岑、特伦托、博洛尼亚和佛罗伦萨。1944年2月24日到达罗马，在这座"不朽之城"市中心的奥斯蒂亚（Ostiense）火车站卸车。

第653重装甲歼击营第1连指挥序列

连长：赫尔穆特·乌布利希中尉/上尉

排长/执行官：维尔纳·哈伯兰少尉

排长：赫尔曼·洛克少尉

在意大利任命的军官：维利·格鲁佩少尉（Leutnant Willi Grupe，1944年6月7日阵亡）

士官长：埃里希·科汉（Hauptfeldwebel Erich Kochan）

重型补给队士官：行政士官维利·斯拉纳茨（Stabsfeldwebel Willi Slanarz）

后勤纵队士官：卡尔·韦德勒军士长（Oberfeldwebel Karl Wedler）

出纳员：奥托·彼得斯上士

补给士官：行政士官鲁道夫·容克尔（Stabsfeldwebel Rudolf Junker）

副补给士官：海因茨·亨宁下士

653重装甲歼击营战史

维修士官：维修工长汉斯·亚当（Werkmeister Hans Adam）

"费迪南德"的首个集结地是内米湖边的真扎诺镇（Genzano，属于罗马），离教皇的夏季行宫甘多尔福城堡（Castell Gandolfo）不远。第1连的重型补给队驻扎在罗马郊区的托尔萨皮恩扎（Tor Sapienza）。维修排也驻扎在罗马。

第653重装甲歼击营第1连被划至胡代尔少校（Major Hudel）指挥的第508重装甲营（装备"虎"式坦克）麾下。（出处：联邦档案馆之弗莱堡军事档案馆）

1944年2月24日命令：

第653重装甲歼击营的一个连（装备"费迪南德"）将调拨给第14集团军司令部。该连将在战术和管理层面置于第508重装甲营（第76装甲军/第14集团军司令部）麾下。

1944年2月27日命令：

第508重装甲营和一个"费迪南德"连将置于"赫尔曼·戈林"伞兵装甲师麾下。

"费迪南德"和"虎"式以及其他快速集结的装甲部队将要执行对滩头的反击行动。为了顺利完成任务，所有装甲部队都被置于装甲兵上将赫尔（General der Panzertruppen Traugott Herr）指挥的第76装甲军麾下。一支装甲进攻部队也在施密特上校（Oberst Schmidt）领导的一个临时装甲指挥部之下建立起来。这支部队包括第4装甲团第1连、第508重装甲营、第653重装甲歼击营第1连、第26装甲团第2营、第216突击坦克营和第301（遥控爆破）装甲营。该部队将与"赫尔曼·戈林"伞兵装甲军、第363步兵师和第26装甲师的2个装甲掷弹兵团——第9装甲掷弹兵团和第67装甲掷弹兵团协同作战。

盟军空中优势和美国海军舰炮的强大威力迫使所有战车在机动到集结区的过程中必须要坚持做好伪装工作，小心行事。1944年2月28日凌晨4点，德军开始对滩头发起第二次进攻。而1944年2月16日至1944年2月18日发起的首次进攻已经在遭受了巨大伤亡之后失败。

旧时的普蒂尼诺沼泽（Pontine Marshes）地区地形并不适合重型履带车辆进攻。由于持续降雨及洪水泛滥，只有重新铺设的道路可以通行。重型坦克车辆如果改道进入沼泽地就会马上陷住。1944年3月1日，一辆被划归施泰因战斗群（第508重装甲营）的"费迪南德"就是这样损失的。在伊索拉贝拉镇（Isola Bella）附近沿着锡斯滕那（Cisterna）至内图诺（Nettuno）公路上，维尔纳·屈尔下士指挥的"费迪南

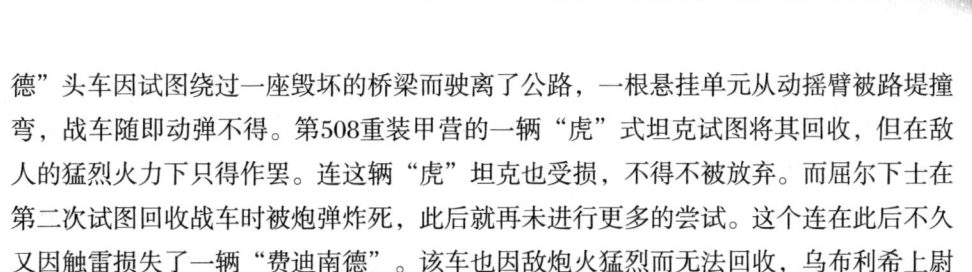

第四章　第653重装甲歼击营第1连在意大利的行动

德"头车因试图绕过一座毁坏的桥梁而驶离了公路,一根悬挂单元从动摇臂被路堤撞弯,战车随即动弹不得。第508重装甲营的一辆"虎"式坦克试图将其回收,但在敌人的猛烈火力下只得作罢。连这辆"虎"坦克也受损,不得不被放弃。而屈尔下士在第二次试图回收战车时被炮弹炸死,此后就再未进行更多的尝试。这个连在此后不久又因触雷损失了一辆"费迪南德"。该车也因敌炮火猛烈而无法回收,乌布利希上尉只得将其炸毁。

海因茨·亨宁下士和海因里希·沙费尔(Heinrich Schäfer)共同描述了这两辆"费迪南德"的损失情形:

海因里希·沙费尔是维尔纳·屈尔下士指挥的"费迪南德"上的炮手。第508重装甲营的施泰因中尉和我部习惯的那样,在公路上行驶在进攻队列的前面。由于太重,"虎"式和"费迪南德"只能待在坚硬的路面上。开阔地太松软了。

由于"费迪南德"前部装甲厚重,施泰因中尉让屈尔下士接手头车位置。施泰因中尉将用他可以转动的座车炮塔掩护其侧翼。在伊索拉贝拉镇前一座毁坏的桥梁阻住了去路,屈尔下士指挥座车在路上转向。"费迪南德"开下公路,一侧履带陷进了一条沟里,卡住了。施泰因中尉试图用他的"虎"式帮助"费迪南德"脱困。而两车的装填手们都因敌迫击炮和重炮弹幕的威胁而不愿下车。海因里希·沙费尔因此自告奋勇下车把"费迪南德"和"虎"式连在一起。第2个负重轮已经损坏了。

在回收过程中,2个S形牵引钩被弄坏。而由于下部履带和整个上部履带之间斜对角的诱导轮轴曲臂都弯掉了,之后所有的回收尝试也成了徒劳……无论把战车向前还是向后拖都拖不动。这是波尔舍"虎"式的典型毛病。

累得够呛的海因里希·沙费尔幸运地得以再次回到战斗室,精疲力竭地瘫倒在战斗室后部。就在这时,一发炮弹击穿了战斗室侧装甲。屈尔下士和一名装填手被小弹片打中受伤。屈尔下士下令弃车,所有人赶紧回到了己方战线。

这是在意大利损失的第一辆"费迪南德"。赖因霍尔德·施拉布斯下士也是施泰因战斗群的一名乘员,他的"费迪南德"在碎石加固的路面上。当晚又进行了一次回收尝试,但也只是一场闹剧。

维尔纳·屈尔在回收行动中肩膀受了重伤,次日不治身亡。他被追晋为上士。

此时,我只得用一大块原木做成一个负重轮替代品。我们在韦莱特里进行过这样的试验。损坏的负重轮必须拆掉,将轮毂嵌入原木上的一个槽里。夜间行动时将有大约30名战斗工兵作为步兵支援我们。位于伊索拉贝拉的那座毁坏的桥要事先突袭拿

297

下，但夺桥行动在漫天的弹雨下失败。我们无法接近那辆"费迪南德"。行动只得取消。最后，第508重装甲营遭受了多人阵亡和失踪。那辆"费迪南德"位于双方战线之间，所以一开始没被上报成彻底损失。

古斯塔夫·科斯上士（Feldwebel Gustav Koss）的"费迪南德"遭遇了同样的情况。科斯上士行驶在与碎石加固的主路平行的约200米外一条未加固的道路上，当他碾上一颗地雷时，他又往后开了一小段。当时我和戈林斯基下士（Unteroffizier Golinski）在维利·洛夫勒（Willi Löffler）驾驶的装甲回收车里，试图去拖它。我坐在车前部驾驶员旁边的无线电操作员位置上。炮弹在我们前后左右炸开，仿佛身处地狱。维修排一个弟兄的尸体躺在驾驶员旁边的履带挡泥板上。这次回收尝试也不得不作罢。连长赫尔穆特·乌布利希中尉和他的轮式指挥车驾驶员奥托·魏勒（Otto Weiler）乘着夜色炸掉了这辆"费迪南德"。参加爆破行动的第三个人是我。

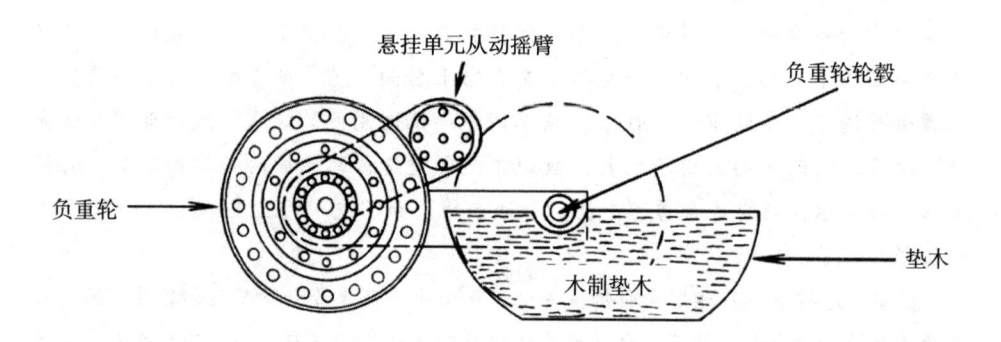

直到1944年5月中旬，第653重装甲歼击营第1连的官兵都待在他们那相对平静的集结区里，在锡斯滕那和韦莱特里附近扎营。1944年5月1日，元首大本营下令将所有波尔舍Sd.Kfz.184坦克歼击车的"费迪南德"绰号从所有报告中删除，改称为"象"式（Elephant）。1944年5月19日，敌炮击强度增加，预示着盟军将从滩头出击。1944年5月24日，美军以极其雄厚的兵力对德军阵地发起了一场声势浩大的进攻。第653重装甲歼击营第1连的9辆"象"式在前线后方2公里处沿着7号国道，即阿皮亚古道（Via Appia）设立的预备阵地里等候攻击波的到来。

战时担任无线电操作员的上等列兵赫伯特·斯特罗（Oberschütze Herbert Stroll）在几封信和几篇笔记中这样描述盟军进攻之前的平静日子：

第四章　第653重装甲歼击营第1连在意大利的行动

1944年4月26日，意大利：昨天，也就是4月25日，我奉命从我们位于托尔萨皮恩扎的补给队出发向前。之前的战车驾驶员，也是我的好朋友和好兄弟，来自卢森堡，不幸必须留在补给队里，因此我们分开了。我和我们连的士官长一起前往驻扎在齐亚诺伯爵庄园（Count Ciano's estate）里的补给点，那里有两个装甲兵在休息。他们友好地和我们打了招呼，问我的第一个问题是："那么，赫伯特，你要留下来和我们一起听些音乐么？"

我回答道："真不巧，只能到明天再说了。我要到前线一个已经就位的坦克车组里去当无线电员。"

第二天下午，我搭乘炊事卡车从补给点向前线进发。我们驶过了韦莱特里，那是阿尔巴诺山脉脚下的一座漂亮的小城。然后我们又经过了锡斯滕那，她已只剩残垣断壁。我们刚驶过第一排房子，一个哨兵就对我们喊："停车，美军正在炮击路口！"我们还是继续向前。司机在离路口20米时开始加速，刚刚通过路口就有一发重炮炮弹在身后落下。又走了900~1000米，我们到了。我立即向我的车长，一位军士长报到。他说："嗯，我希望一切顺利。我们合作愉快。"

德根哈特（Degenhardt）和切亚内（Ceczane）也是车组成员。这是个欢乐的组合。我们的"费迪南德"画满了迷彩，所以伪装得连最优秀的侦察机飞行员也发现不了它。离坦克歼击车2米远的地方是我们住的地堡。我被里面井井有条的一切所震撼。空间大得足以舒适地站立和走动，墙上铺着明快的毯子和布块，中间是一张桌子、一张软垫椅和两张长凳。桌上全天24小时摆着满满一瓶酒，人人都可任意享用。右角有一个木柜，里面装着口粮、6个盘子、餐具和几瓶酒。墙上招贴画里的美女凝视着我们。这个地堡看起来真的就是个小酒吧。

离我们50米远是一门步兵榴弹炮炮位，每天都要开火多次。不幸的是，我们不能在开阔地频繁活动，因为敌军每次都会发现我们，并对我们发起炮击。有时敌人会打来一阵弹幕，炮弹在榴弹炮阵地四周和离我们地堡极近的地方落下。在一次突如其来的弹幕中，就像昨晚发生的那样，我们快速冲向地堡并钻进去，桌子、玻璃和其他杂物纷纷散落。感谢上帝，我们那时躲进了我们的"酒吧"。就在我写下这些的当下，轻重炮弹也正在此地落下。不过这并未打扰我们，因为我们已经习惯了这些咆哮与震荡。

今天我测试了无线电设备和机枪，因此它们也做好了应变准备。前线就在900米外，再往前的1000~1200米是无人地带，然后就是敌人的阵地了。我军的轻重火炮又开火了，敌人也毫不示弱地还击。车长、炮手和两名装填手在下跳棋。他们正在为赢得冠军而争夺，而炮击将整张桌子震得一直在晃。每当敌人暂停炮击一小时之时,我们都会坐在地堡前晒太阳。我们的地堡被称作"佳酿之别墅",原因是我们总是有酒。我们还在地堡前面放了块写有这绰号的牌子,这样每个前往前线的步兵都可以看到它。很多路过的士兵都收到过"佳酿之别墅"的一杯酒。我过些天会把地堡和伪装的战车拍下来,让家里的你们看看前线士兵是怎么生活的。

1944年4月27日:上午10点,阳光灿烂。10分钟前哈伯兰少尉和罗斯上士拜访了我们。罗斯是离我们约1500米远的一辆"费迪南德"的车长。他对我们的地堡大为惊奇。我们讲了各种笑话,引起阵阵欢笑。酒水让我们的兴致更高。哈伯兰少尉通知我们说有半袋子家信正在送往我们连的路上。每个人都高兴地说:"希望有些信是寄给我的。"我们营的第2和第3连在伦贝格地区。我们的信件总是先送到伦贝格然后才到我们连。因此我们很少收到信件。

1944年4月28日:今天没什么新闻,除了炮击!上午9点我们正玩着跳棋的时候,一阵敌军弹幕突然而至。地堡周围的炮弹爆炸声震耳欲聋。炮弹正好落在我们"酒吧"旁。蜡烛灭掉了,烟雾从门缝里涌入。我们全都疯狂地挤在桌子下面找掩护。不过,最后一切都还好。我们战战兢兢,脸色苍白地站了起来。"又是好运气",我们的车长说道。之后我们马上用更多的横梁、石头和泥土堆在地堡上,使其更显坚固。炮弹呼啸着来袭之时,我们唯一能做的只是听到声音之后快速去找掩护。家里的人们只怕无法想象某发重炮炮弹落在身旁的感受。那时你的全身都会发抖。我希望今晚可以安静点!

1944年5月1日:我们早晨8点起床,采集花朵,擦亮鞋子,为今天的庆典做准备。我们为"五一"节装满了酒,还做了吐司。然后我们吃了早饭。中午我们吃的是红烩牛肉和蘸橘子酱的布丁。下午我们可以晒晒太阳了,之后,我和炮手还有一个装填手去锡斯滕那搜寻粮食。美军突然炮击了城市,我们只得离开。现在是21点,英国人又朝我们这边进行猛烈炮击。不过总的来说,今天还算相对平静。我们又喝起了酒并玩起了跳棋,还玩了摔跤和杂技。

1944年5月5日:对我们车组而言是非常糟糕的一天。中午,驾驶员、炮手和一名装填手外出去找椰菜花。他们必须穿过锡斯滕那镇。而当他们进入一座已经被完全毁坏的房子里去找寻有用的东西时,三颗炮弹呼啸而至,第三发正好在房前落地。驾驶员的后脑勺受了重伤,炮手因此认为他已经死了。装填手的脚负伤。炮手跑回来惊叫:"弗里茨中弹……他死了!"这对我们来说是个极坏的消息,因为弗里茨总是那么充满活力。

当我们找到弗里茨之后,发现他还活着。他在主救护站里甚至张开了眼睛,但无

第四章　第653重装甲歼击营第1连在意大利的行动

法说话。站在旁边的我们非常高兴。装填手也许几周后就能回归我们。我们希望弗里茨也能很快好起来。我们新的驾驶员和装填手已经到了。

1944年5月7日：今天我们收到坏消息，我们的弗里茨死了。他被葬在了韦莱特里的军人公墓。我们的车长为此悲痛万分，不知道怎么写信通知弗里茨的妻子。是的，这是为祖国做出的巨大牺牲。

1944年5月9日：16点整，我的战友叫我到地堡里吃饭。我们刚坐下开吃，一颗炮弹就落到了地堡前面。很走运，地堡的石头墙挡住了所有的破片。在此之后，有人喊道："快出去！"几秒之内我们全窜出了地堡，钻进我们"费迪南德"下面的坑里。紧接着，爆炸声在战车周围此起彼伏足足炸了15分钟。太难熬了。我放在车前面的包被弹片撕成了碎片。毛巾和领带也全被撕碎，太阳镜也破了。另外一位弟兄的毯子和连体工作服也碎成了布条。我们的咖啡壶被两块大弹片击中，咖啡都泼了出来。我们驾驶员包里的文稿也被炸成一堆纸片。

1944年5月10日：我们已经把战车下面的坑扩建成了一个不错的地堡。外边垒了一圈泥土用以防御弹片。这让我们感到安全。22点又开始了"焰火表演"。23点我们才刚躺下想睡觉，命令就来了："警报！"我们跳出坑外，以最快速度将地堡里所有我们的东西收拾好装上车，我立即把我负责操作的机枪准备好，并打开战斗室内所有的听筒和话筒。10分钟内我们准备完毕。然后我们就在"费迪南德"里再次躺下休息，等待出发命令。俘虏招供说明天英国人会进攻。大小口径火炮齐鸣，不过敌军却没有进攻。

1944年5月11日：傍晚6点。今天比较平静。15点，我和两个装填手一起去找些豌豆。我们离开战车朝向锡斯滕那方向走了1500米。我们才刚开始摘豆子，就听到一声非常响亮的呼啸。我只来得及喊了一声："小心！"瞬时间一颗炮弹就在我们身后25米远处炸开。万幸的是，那是一颗烟雾弹，没多少破片。我喊道："我们离开这里……快！"我们跑了约60米躲进一条小沟。又有两发炮弹在我们刚才站的地方爆炸。我们拼命把自己的身子伏在沟里，弹片在我们上方飞过。

我们有4个车组将在明天换防，回到齐亚诺庄园。即将前来换防的4个车组昨天已经在齐亚诺庄园举行了饯行仪式。我希望今晚万事顺利，这样明天我们也能庆祝一番。

1943年5月13日：今天我们终于被换防。我们在齐亚诺庄园里分到一间漂亮的房间。挂上我们从锡斯滕那带来的收音机。驻意德军电台播放着最好听的音乐。

1943年5月19日：昨天的国防军每日战报声称，"敌炮击强度的增加预示着一场大规模攻势将至。"听到这条广播，我们意识到恐怕不会再有幸待在这个庄园里太久了。刚过24点，就在我们还睡得像婴儿一样香甜之时，动身的命令到来了。我们从床上跳起来，迅速打包与装载装备。3点，我们驱车以行军队列穿过了韦莱特里。这天晚上8点到次日早上7点英国人一枪未发：暴风雨前的平静预示着他们将要发起进攻。不过，敌人还是没有进攻。

我们现在离前线还有4公里，随时准备开上公路投入战斗。我们又在"费迪南德"下面挖一个用来睡觉的洞。我们的战车停在一幢老房子旁。弄到2个箱子，又在上面铺上一扇门板，可以用来写字和吃饭。热了很多天之后，一小时前下了雨。真是久旱逢甘霖。我们领到了热带制服，但只有战斗车组有此待遇。

1944年5月22日：昨晚21点我们出发前往我们的战斗阵地，在那里我们可以发挥反击进攻的火力。我们又在我们的"费迪南德"下面挖了个洞，用来睡觉和防弹。

1944年5月25日：敌人在昨天上午9点发动了进攻。我们10点钟就在战车里就位，寻找敌人的踪迹。但我们什么都没发现，只有敌人的重磅炮弹在周围不停落下。罗斯上士突然通过无线电发来消息："履带被打断，装填手托比亚斯（Tobias）阵亡！"敌军步兵已经从我们右侧绕了过去。尽管如此，我们还是在我们的战位待到23点。然后我们后撤1.5公里，补充了燃料和弹药。1点钟我爬进我那狭小的无线电室，一直睡到3点10分。3点30分我们再次前进。被敌人发现之后，我们就很难再进入战位，炮弹也开始落在车前25米处。伪装完炮管的切卡内才刚刚跳进驾驶室，前所未见的炮火就笼罩了我们。车长和炮手才刚爬出车外，无法在这种火力之下返回。我们觉得他们恐怕性命难保了。装填手在对讲机里大叫："倒车，倒车！"我对驾驶员吼道："快，踩油门倒车！"我们在车长和炮手不在的情况下后撤了约1公里。我们在前线这片小区域的炮火覆盖中是孑然一车。德国步兵已经撤退了。幸运的是，我们的车长和炮手成功步行撤退。

过了一会儿，我们又在没有步兵支援之下前进。我们借助一栋房子作为一侧掩护。前方20米突然发生一次爆炸。我在观察镜里看见了敌坦克，它们在离我们1200米外的树林里。我看见一辆炮口火光一闪，随即对驾驶员喊道："敌军炮弹……小心！"三秒钟后，驾驶员和无线电操作员之间部位中弹，不过前部倾斜装甲板把炮弹弹向地面。我们朝它还击，不过它逃走了。我们22点撤退。

1944年5月26日：凌晨4点，新行动。我们部署在通往锡斯滕那的主干道中间。突然无线电里传来讯息："敌军坦克！"我把机枪子弹上膛，并用观察镜不断地侦察。热汗从我脸上滴落。我们仍未发现任何坦克。它们从我们左侧驶过，试图包围我们。突然，车长大叫："坦克，快……开火，开火！"一辆美军坦克从左边的小路开上了

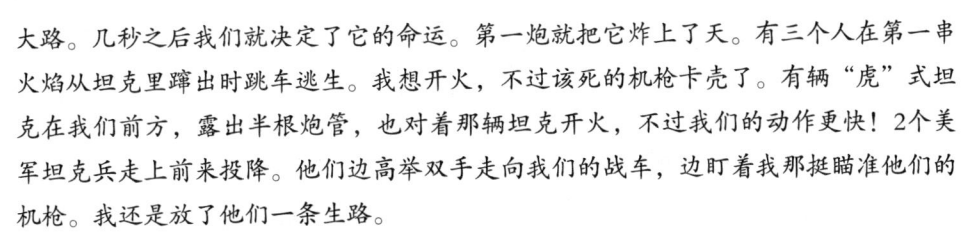

大路。几秒之后我们就决定了它的命运。第一炮就把它炸上了天。有三个人在第一串火焰从坦克里蹿出时跳车逃生。我想开火,不过该死的机枪卡壳了。有辆"虎"式坦克在我们前方,露出半根炮管,也对着那辆坦克开火,不过我们的动作更快!2个美军坦克兵走上前来投降。他们边高举双手走向我们的战车,边盯着我那挺瞄准他们的机枪。我还是放了他们一条生路。

不久后,我们的发动机出了点小毛病,因此穿越敌火后撤前往修理站。我们在那里待了2天。今天又到了前线。现在我们在战线之后5公里占据了一个阵地待命。敌军还在进攻,刚到达韦莱特里郊外。

以上就是赫伯特·斯特罗的记录。

格鲁佩少尉的车组(炮手阿尔贝特·里克尔)成功击毁4辆"谢尔曼",但立即被友军误伤。被打断履带的埃德蒙·罗斯上士(Feldwebel Edmund Roos)的113号"象"式最终也只得放弃,装填手托比亚斯在弃车之时阵亡。5月24日,乌布利希上尉的102号"象"式则在锡斯滕那和科里(Cori)之间因发动机起火而烧毁,只得丢弃。盟军对德军阵地的压力越来越强,战线于5月25日后撤。持续不断的防御战过后,第653重装甲歼击营第1连的剩余"象"式经韦莱特里、拉卢维奥(La Nuvio)和切克奇纳(Checchina)撤往罗马。

1944年6月2日,盟军的轰炸机对该连在罗马的修车场进行了空袭,几辆轮式车辆被完全炸毁。祸不单行,一辆三号坦克底盘弹药运输车也被击中,驾驶员赫尔曼·莫尔克(Hermann Mörke)和无线电操作员费利克斯·帕夫洛维斯基(Felix Pawlowski)阵亡。

该连的补给和维修部队于1944年6月3—4日撤离罗马,此时离盟军占领罗马仅有2天。美军的俯冲轰炸机对"象"式进行了残酷的追击,这种战车速度太慢,完全不适合急迫的撤退。1944年6月5日在奥蕾莉亚古道(Via Aurelia)上,一架美军俯冲轰炸机击毁了123号"象"式,车长一等兵拉西希(Obergefreiter Lässig)在空袭中阵亡。由于撤退路线经由弯弯曲曲的山路,因此对这种巨型战车的损耗很大。1944年6月7日在来到蒙特菲亚斯科内(Monte Fiascone)与奥尔维耶托(Orvieto)之间路段时又发生了一个悲剧。格鲁佩少尉的121号"象"式将一座古罗马时期的桥梁压垮,坠入沟中,车长格鲁佩少尉被从支架上松脱的主炮压死。驾驶员二等兵赫尔曼·卢夫特(Gefreiter Hermann Looft)奇迹般地没有受伤。赫尔曼·卢夫特回忆了这次事故:

653重装甲歼击营战史

1944年6月上旬：我们的战车发动机出了毛病，我只得以一台发动机的功率驾驶。在前往维修队的路上，我们遇上了一座桥。它不是钢桥，只是一座跨越小溪的沙石桥，两边的桥帮有8~10米高。我在桥前停车。似乎桥的承重能力是12吨……或更多？我问站在车长座椅上的格鲁佩少尉："现在怎么办？"他回答说："我看见桥上有我们连战车的履带印，看来我们也能过去。"后来我们发现，那些履带印是更轻的"费迪南德"回收车留下的。

"出发。"

我驱车前进，但才开到桥中间它就塌了，我们的"费迪南德"连同桥帮及碎石一起从右边滚了下去。落地时我们几乎是底朝天。我立即关掉发动机，等待援救。我在坠落时放低了座椅，不过舱盖还是开着的。我从那个舱口被救了出来。

格鲁佩少尉低头躲进了战斗室，但被主炮砸到。无论我们怎么大喊大叫都没用，他已经没有生命迹象了。3名坐在车顶的车组成员在坠落时向左边跳下，因此留在了桥上，而且没有负伤。有个装填手向右跳，落在了战车前面，所以受了轻伤。乌布利希上尉下令，稍后给格鲁佩少尉收尸并炸掉"费迪南德"。我在那天也受了伤，被送到救护站，后来又被送回德国的上阿默高（Oberammergau）。这就是我的意大利之旅的句号。

1944年6月10日，施拉布斯上士的122号"象"式在奥尔维耶托休息时也遭到俯冲轰炸机攻击。多发子弹穿过打开的后部舱门击中车内，整车完全烧毁。同日，安德烈亚斯·施密特上士（Feldwebel Andreas Schmitt）的112号"象"式由于机械故障也只得留在了菲库莱（Ficulle），车组将其炸毁。此时全连只剩3辆坦克歼击车。因为履带和发动机损耗过度，必须不断修理，所以它们也很难投入战斗。而维修零件又难以获得，因为它们要从德国本土的零部件仓库用卡车运过来。1944年6月13日之后，这个连的实力只能算得上是一个战斗群。尽管乌布利希上尉强烈要求把他的连队从意大利战区撤走，直属上级也支持这个要求，但德国陆军总司令部却予以否决。

第14集团军的日志中也记录了第653重装甲歼击营第1连从1944年2月24日到7月1日的战车状态。（摘录自联邦档案馆之弗莱堡军事档案馆RH 20-14/36号文件）

第四章　第653重装甲歼击营第1连在意大利的行动

第653重装甲歼击营第1连

日期	可用数量	在修数量
1944年2月24日	2	—
1944年2月25日	2	—
1944年2月26日	2	—
1944年2月27日	8	—
1944年2月28日	8	—
1944年2月29日	—	11
1944年3月1日	—	10
1944年3月5日	6	4
1944年3月7日	6	4
1944年3月10日	6	—
1944年3月15日	6	—
1944年3月20日	6	—
1944年3月25日	8	—
1944年3月31日	9	3月份有2辆全损
1944年4月1日—5月18日	9	—
1944年5月19—23日	9★	—
1944年5月24—27日	无报告★★	—
1944年5月28—30日	5	—
1944年5月31日	3	—
1944年6月1日	2	—
1944年6月2日	3	—
1944年6月3—13日	无报告	—
1944年6月14日	—	3
1944年6月18日	1	—
1944年6月19—20日	无报告	—
1944年6月21日	3	—
1944年6月22日	无报告	—
1944年6月23日	2	—
1944年6月24日	无报告	—
1944年6月25日	2	—
1944年6月29日★★★	无报告	—
1944年7月1日	1	—

★ "费迪南德"从这时起在报告中改名为"象"式。
★★ 盟军在这个阶段从安齐奥和内图诺的桥头堡攻入内陆地区。
★★★ 6月份有4辆全损。

653重装甲歼击营战史

1944年6月26日的一道命令要求所有可以作战的"象"式留在意大利作战，而第653重装甲营第1连没有战车可用的官兵则调往圣珀尔滕的陆军补充支队。不过这道命令没有被执行。

第14集团军日志节选（摘录自联邦档案馆/弗莱堡军事档案馆RH 20-14/35号文件）

自：集团军司令部，1944年6月13日

致：加强有第653重装甲歼击营第1连（"象"式）的第508重装甲营

1944年6月14日，拉波拉诺（Rapolano）以南地区（在锡耶纳以东/东南25公里处）的部队实力为：12辆无法作战的"虎"式和3辆无法作战的"象"式，以及一个维修排。其中，估计到1944年6月16日有5辆"虎"式和2辆"象"式可以恢复作战能力，它们可编成一个混成装甲排。修理其余战车还要多花10天时间。

第14集团军日志的另外一段节选（摘录自联邦档案馆/弗莱堡军事档案馆RH 20-14/35号文件）

自：第14集团军司令部

致：装甲兵总监/作战处

机密第4570/44号

1944年6月16日

第1伞兵军

1944年6月17日夜间起，欣茨装甲连（Panzer-Kompanie Hintz）将配属给第1伞兵军。该连下辖第508重装甲营的一个排（6辆"虎"式），以及第4装甲团第1营的一个排（5辆"豹"式），还有第653重装甲歼击营第1连的1辆"象"式。

这个装甲连将部署在408/11地点东南面4公里处的镇北缘。连长将在1944年6月16日向第1伞兵军军部报到。如果战术形势允许，"豹"式排必须在出发前更换机油。

在该连到达后，目前配属给第4伞兵师的3辆"豹"式坦克应撤出战斗，如有可能，送到第4装甲团第1营去维修。

第653重装甲歼击营第1连继续撤退，1944年6月中旬在索里亚诺（Soriano）又因故障遗弃了一辆"象"式。之后途经锡耶纳、圣卡夏诺（San Casciano，1944年6月26日）和因普鲁内塔（Impruneta，1944年7月1日），又经过佛罗伦萨（1944年7月9日）和博洛尼亚/莫德纳（1944年7月18日）。于1944年7月22日到达曼托瓦

第四章　第653重装甲歼击营第1连在意大利的行动

（Mantua），之后于1944年8月2日到达皮亚代纳（Piadena），此时该连的剩余兵力终于得以装上特种平板列车。1944年8月11日，全连到达维也纳。剩余的2辆"象"式坦克歼击车和"象"式回收车被交到维也纳陆军军工厂修理。1944年8月7—10日该连官兵住在利辛（Leising）一家啤酒厂里。8月11日出发命令到来，8月13日该连来到了波兰的米劳（Mielau）训练场，8月18日起全连官兵离营休假。

意大利战役：第653重装甲歼击营第1连的车辆统计（逐月）

车辆种类	2月	3月	4月	5月	6月	7月	8月
"费迪南德"/"象"	11	9	9	—	3	—	—
回收车	1	1	1	—	1	—	—
弹药运输车	2	2	2	—	3	—	—
牵引车	—	—	—	—	5	—	—
1~3吨半履带车	2	2	2	—	—	—	—
8~18吨半履带车	4	4	4	—	—	—	—
挎斗摩托车	5	5	5	—	5	—	—
其他车辆	8	8	8	—	8	—	—
越野指挥车	2	2	2	—	1	—	—
支援车辆	11	11	11	—	8	—	—
越野卡车	11	11	11	—	3	—	—
支援车辆	37	37	37	—	26	—	—
"骡"式半履带车	—	—	—	—	7	—	—
总计	94	93	93	—	93	—	—

第653重装甲歼击营第1连在意大利时的人员统计：登记兵力

月份	军官	士官	士兵	总计
2月	4	67	130	201
3月	4	67	137	208
4月	4	67	137	208
5月★	不明	不明	不明	不明
6月	3	49	152	206★★
7月★★★	不明	不明	不明	不明
8月★★★★	不明	不明	不明	不明

★没有1944年5月的报告。　★★包括2名辅助志愿人员（为德军工作的苏联战俘）。另外还有报告记录了维修连和补给队的情况：无军官/1名文职官员/10名士官/76名士兵/4个辅助志愿人员，共计91人。如果把这些数字也统计到连队兵力里，那么总人数是297人。　★★★没有1944年7月的报告。　★★★★没有1944年8月的报告。

653重装甲歼击营战史

第653重装甲歼击营第1连在意大利时的人员统计：
损失

月份★	军官 阵亡 / 负伤 / 失踪 / 生病 / 其他	士官与士兵 阵亡 / 负伤 / 失踪 / 生病 / 其他
2月	0 / 0 / 0 / 0 / 0	0 / 7 / 0 / 3 / 1
3月	0 / 0 / 0 / 0 / 0	3 / 4 / 0 / 3 / 0
4月	0 / 0 / 0 / 0 / 0	0 / 2 / 0 / 1 / 0
6月	1 / 0 / 0 / 0 / 0	3 / 9 / 3 / 5 / 2

★此处仅有已上报的月份报告。

一等兵埃米尔·比尔京（Obergefreiter Emil Bürgin）的随身日记记录了该连在意大利的集结区、行动路线和一些战车的损失。比尔京是该连的"象"式驾驶员，但其中个别日期的内容只是比尔京个人的作战和休息记录，不能视为全连的总体行动。

日期	活动
1944年1月1日（星期六）	在伦贝格，在普热梅希尔穿越边境。
1944年1月5日（星期三）	到达尼伯龙根工厂。
1944年1月6日	坐车前往圣珀尔滕。
1944年1月7日	休假。
1944年1月28日	休假结束。
1944年1月29日	6点到达圣珀尔滕。
1944年2月1日	在恩斯多夫休假。
1944年2月5日	7点休假返回，14点前往尼伯龙根工厂。住在施特伦多夫的一个旅馆里。
1944年2月6日	在尼伯龙根工厂轮值。
1944年2月9日（星期三）	在尼伯龙根工厂将车辆装上火车，0时30分出发。
1944年2月11日	在下奥地利的珀希拉恩，在那里待到周日。
1944年2月13日（星期日）	2点从珀希拉恩出发。
1944年2月16日（星期三）	再次在尼伯龙根工厂将车装上火车。
1944年2月17日（星期日）	2点离开工厂。
1944年2月18日（星期五）	在珀希拉恩拖延了。
1944年2月19日（星期六）	到达布鲁克和帕恩多夫，公路行驶至新锡德尔。
1944年2月21日（星期一）	又在帕恩多夫装上火车，20点出发，夜间穿过布伦纳山口。
1944年2月24日（星期四）	10点在罗马卸车，前往皇家赛马场。
1944年2月25日	前往集结区。
1944年2月27日	集结区。
1944年2月28日	韦莱特里。
1944年2月29日（星期二）	某个时间到达F高地。

第四章　第653重装甲歼击营第1连在意大利的行动

续表

日期	活动
1944年3月1日（星期三）	一辆战车发生故障。
1944年3月2日	无法在作战中再前进一步，我们离内图诺的地中海海岸线只有15公里。
1944年3月3日	作战中没有什么新情况，第一次空袭。
1944年3月4日	肃清锡斯滕那。
1944年3月5日	回到韦莱特里附近的一个村子里休息。
1944年3月6日	修理车辆，和车长在一起。
1944年3月7日	修理车辆，晚上放哨。
1944年3月8日	在车上忙活。
1944年3月11日	去了罗马，游览了城市。
1944年3月12日（星期天）	在齐亚诺庄园。
1944年3月13日	在齐亚诺庄园。
1944年3月14日	在齐亚诺庄园。
1944年3月15日	在齐亚诺庄园。
1944年3月16日	22点前往集结区。
1944年3月17日（星期五）	前往驻罗马的维修队。
1944年3月18日	和轻型补给队一起（驻托尔萨皮恩扎）。
1944年3月19日	和轻型补给队一起。
1944年3月20日	14点又动身去罗马的真扎诺附近的集结区。
1944年3月21日	在齐亚诺庄园住宿，在坦克歼击车上忙活。
1944年3月22日	在意大利前外交部长齐亚诺伯爵的庄园里。
1944年3月23日	维护工作。
1944年3月24日	维护和警戒工作。
1944年3月25日	警戒工作。
1944年3月26日	散步前往罗马的真扎诺。
1944年3月27日	维护工作。
1944年3月28日	维护和警戒工作。
1944年3月29日	站岗。
1944年3月30日	维护工作。
1944年3月31日	维护工作。
1944年4月1日	在锡斯滕那附近修筑阵地，连长被提升为上尉。收到邮件，共19封信。
1944年4月6日	站岗。
1944年4月7日	站岗。
1944年4月8日	烤了个蛋糕：用了1公斤面粉，4个鸡蛋，2个柠檬，1磅糖，一些盐和少许威士忌。
1944年4月9日	10点至11点举行一小时的庆典。17点在连长面前列队，获得了坦克突击章。
1944年4月10日	站岗。

653重装甲歼击营战史

续表

日期	活动
1944年4月11日	站岗。
1944年4月12日	我们的集结区遭到迫击炮轰击。
1944年4月14日	休息,不错的日光浴。
1944年4月18日	前往锡斯滕那前线,换下一个受伤的驾驶员。
1944年4月19日	遭到炮击。
1944年4月25日	收到6个100克的包裹。
1944年4月26日	从锡斯滕那返回,来到真扎诺附近的齐亚诺庄园。
1944年4月28日	从涅米(海上)散步到真扎诺,再回到庄园。
1944年4月29日	收到一个100克的包裹。
1944年4月30日	在真扎诺散步。
1944年5月1日(星期一)	晋升至一等兵。
1944年5月4日	运输汽油。
1944年5月5日	战地邮编号码改为07965。
1944年5月9日	在罗马游览各个景点。
1944年5月11日	收到信件和一些杂物,共4个包裹。
1944年5月12日	换防,前往锡斯滕那,前线之后2公里。
1944年5月24日(星期三)	英国佬进攻,撤到锡斯滕那后面。
1944年5月25日(星期四)	我们的车辆在锡斯滕那和科里之间起火了,我们只得把它留给英国佬。
1944年5月26日	回到韦莱特里的战斗队列里。
1944年5月27日	回到托尔萨皮恩扎的补给队(行政士官斯拉纳茨)。
1944年6月2日(星期五)	在马里诺附近接收我原来用的坦克歼击车。
1944年6月3日(星期六)	返回维修队。
1944年6月4日(星期日)	22点匆忙从托尔萨皮恩扎出发,英国佬就在我们身后2公里。
1944年6月5日(星期一)	一辆"费迪南德"在行军途中被飞机摧毁。
1944年6月6日(星期二)	穿过罗马。
1944年6月7日(星期三)	美军占领了罗马。
1944年6月8日(星期四)	穿过奥尔维耶托(Orvieto)。
1944年6月10日(星期六)	一辆战车被战斗轰炸机摧毁。
1944年6月11日(星期日)	菲库莱附近,我们的战车不用再走,全连共剩3辆坦克歼击车。
1944年6月13日	在一个农场集结组成一个战斗群。
1944年6月16日	10点出发前往前线。
1944年6月17日	在蒙特普尔恰诺(Montepulciano)修理。
1944年6月18日	前往集结区,烤了2只鹅。
1944年6月20日	宰了一头猪,收到信件。
1944年6月21日	参加战斗。在做饭时遇到炮击。
1944年6月22日(星期四)	在战车里待了一整天。
1944年6月23日(星期五)	待在战车里,写东西、睡觉和吃饭。
1944年6月24日	在战车里。

第四章　第 653 重装甲歼击营第 1 连在意大利的行动

续表

日期	活动
1944 年 6 月 25 日	在战车里。
1944 年 6 月 26 日	向圣卡夏诺撤退。
1944 年 6 月 27 日	在圣卡夏诺修理战车。
1944 年 6 月 28 日	24 点回到切尔巴伊亚（Cerbaia）的集结区。
1944 年 6 月 30 日	履带损坏，得到 2 瓶啤酒。
1944 年 7 月 1 日（星期六）	在因普鲁内塔，收到 3 升啤酒。
1944 年 7 月 2 日（星期日）	在高速公路附近占据了新的阵地，我们的坦克歼击车是唯一一辆可以作战的。
1944 年 7 月 3 日（星期一）	回到佛罗伦萨的郊外。
1944 年 7 月 5 日（星期三）	在佛罗伦萨郊外。
1944 年 7 月 6 日	在一座磨坊里扎营。
1944 年 7 月 8 日	又向佛罗伦萨前进。
1944 年 7 月 9 日（星期日）	经佛罗伦萨前往皮斯托亚，7 点经过皮斯托亚山口。
1944 年 7 月 17 日（星期一）	20 点离开皮斯托亚。
1944 年 7 月 18 日	7 点来到博洛尼亚，12 点来到摩德纳。
1944 年 7 月 19 日	19 点在博戈福泰渡过波河。
1944 年 7 月 20 日	我们因为枯水而过不了河。
1944 年 7 月 21 日（星期五）	22 点渡过波河。
1944 年 7 月 22 日	在曼托瓦附近米尼科河边的一个村子里。
1944 年 7 月 23 日	在村子里。
1944 年 7 月 28 日（星期五）	22 点前往火车站。
1944 年 7 月 29 日	战车在马尔卡里亚和圣马利诺之间的公路上抛锚。
1944 年 7 月 30 日	在一个农场里。
1944 年 8 月 1 日（星期二）	在农场里。
1944 年 8 月 2 日	继续前进，经博佐洛前往皮亚代纳。
1944 年 8 月 3 日（星期二）	在皮亚代纳上火车，24 点发车。
1944 年 8 月 4 日（星期五）	从皮亚代纳经过布雷西亚。
1944 年 8 月 5 日（星期六）	到达维罗纳。
1944 年 8 月 6 日（星期日）	11 点到达西梅林（Simmering），15 点到达维也纳。
1944 年 8 月 7 日	来到利辛，在一家啤酒厂里住下。
1944 年 8 月 8 日	在利辛。
1944 年 8 月 10 日	准备火车装运。
1944 年 8 月 11 日	14 点装车，18 点出发前往维也纳军工厂。
1944 年 8 月 13 日（星期日）	到达米劳，前往训练区。
1944 年 8 月 15 日	获得二级铁十字勋章。
1944 年 8 月 17 日	得到休假批准。
1944 年 8 月 18 日（星期五）	5 点离开米劳，13 点 30 分离开艾劳（Eylau）。
1944 年 8 月 19 日	20 点到家。

以上就是一等兵比尔京的日记本中所记录的内容。

653重装甲歼击营战史

第653重装甲歼击营第1连作战车辆编制（1944年2月意大利）

第1连

101　102
111　112　113　114
121　122　123　124
131

第四章　第653重装甲歼击营第1连在意大利的行动

◎ 上图是尼伯龙根工厂赶工翻新改造之后的一辆"费迪南德"在工厂试车时的照片，该车随即被第653营第1连带往意大利。可见该车已经增加了车体前部的机枪、车长指挥塔以及防磁涂层，但由于意大利战局紧迫，弯曲的挡泥板和炮盾上的跳弹痕迹都没来得及修补，而且战斗室左前方还带有第656重装甲歼击团的"潘帕斯"团徽，这个团徽在前往意大利之前才被抹去。

◎ 下图是乘火车前往意大利途中的第653营第1连部分官兵。从左至右的站立者：霍普纳下士，库尔特·阿尔比纽斯上士，戈特沙尔克行政士官，海因茨·亨宁下士。从左至右的坐者：莫尔肯廷下士，阿尔贝特·里克尔下士，维尔纳·哈伯兰少尉和军需官奥托·彼得斯。

653重装甲歼击营战史

◎ 右图是第653重装甲歼击营第1连连长赫尔穆特·乌布利希中尉的一张肖像照。他后于1944年4月1日被提升为上尉。在第653营接收了"猎虎"坦克歼击车后，他转任新成立的支援连连长。他于1941年7月13日获得二级铁十字勋章，1941年9月26日获得一级铁十字勋章，1944年12月3日获得金质德意志十字奖章。

◎ 下图是1944年2月25日列车在布伦纳山口暂停时所摄。平板车上可见有残雪。2名车组成员正在"费迪南德"前面合影，右边是赫尔曼·卡恩茨。

第四章　第653重装甲歼击营第1连在意大利的行动

◎ 上图也是摄于前往意大利的途中，这辆"费迪南德"在尼伯龙根工厂改装时涂上的防磁涂层清晰可见。站在平板车下的从左到右分别为莫尔肯廷下士、里克尔下士、容克尔行政士官和彼得斯下士。

◎ 下图同样摄于前往意大利战区途中，这是122号车，戴墨镜者为车长施拉布斯上士。

653重装甲歼击营战史

◎ 上图是在罗马的奥斯蒂亚火车站卸车之后，洛克少尉的"费迪南德"就停在一堵古老的城墙边。整个车组都坐在战车顶部。坐在无线电操作员舱盖旁的是炮手库尔特·蒂图斯。

◎ 左图是无线电操作员汉斯·迪斯特勒在古城墙下留影。旁边可以看到很多油桶，当时第653营第1连刚从火车上卸下，正在补充燃油，之后便驶向位于锡斯滕那和韦莱特里附近的集结区。

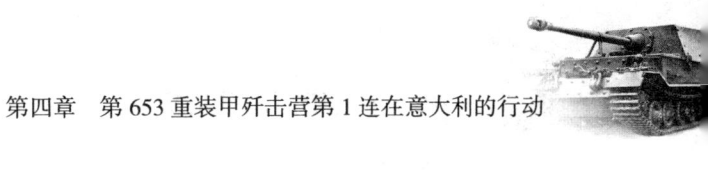

第四章　第653重装甲歼击营第1连在意大利的行动

◎ 此图摄于前往集结区途中，从一辆"费迪南德"的驾驶员舱盖上向前方拍摄。

653重装甲歼击营战史

◎ 一些车组乘员，以及第653重装甲歼击营第1连的军官，住在前意大利外交部长齐亚诺伯爵的别墅里。上图就是这栋别墅的外景。

◎ 右图是来到意大利之后，维修排成员在一辆"费迪南德"前面集合，拍下了这张纪念照。

第四章　第653重装甲歼击营第1连在意大利的行动

◎ 上图是维修排的一辆比辛-纳格4500系列重型卡车。车组为其安装了雪地防滑链，以便在松软潮湿的地面上行驶。

◎ 第653营第1连的"费迪南德"被加强给第508重装甲营投入作战，而该营又被配属给"赫尔曼·戈林"伞兵装甲师。下图就是第653营第1连正在为1944年2月29日的进攻做最后准备的情景。

653重装甲歼击营战史

◎ 上图这辆"费迪南德"在一片橄榄树林里伪装得很好。车组把大大小小的树枝环绕战车摆放，使其和环境融为一体。

◎ 下图这辆伪装完善的"费迪南德"正在锡斯滕那附近的集结区等待进攻命令。盟军的空中优势使得德军不得不时刻把所有战车的伪装工作做得十全十美。

第四章　第 653 重装甲歼击营第 1 连在意大利的行动

◎ 1944 年 2 月 29 日 4 点 30 分，德军对盟军占据的安齐奥 – 内图诺滩头发起了第二次进攻。持续的坏天气迫使装甲部队只能沿着路面坚实的道路前进，这极大地限制了他们的机动性。

◎ 下列装甲部队被用于进攻：第 4 装甲团第 1 营、第 508 重装甲营、第 653 重装甲歼击营第 1 连、第 26 装甲掷弹兵团第 2 营、第 216 突击坦克营、第 301（遥控爆破）装甲营和"赫尔曼·戈林"伞兵装甲师的装甲营。下图走在车队最前面是第 301（遥控爆破）装甲营的一辆"博格瓦德四号"爆破车。该营于 2 月 5 日到达罗马南部的集结区，额定实力为 30 辆三号"G"型突击炮和 108 辆"博格瓦德四号"遥控爆破车。

321

653重装甲歼击营战史

◎ 上图是第4装甲团第1营和第26装甲团的部队正从皮亚韦村地区（拉蒂纳西边）出发，前往墨索里尼运河。

◎ 下图是同一条公路上行进的某装甲掷弹兵部队的一队Sd.Kfz.251/1"C"型半履带装甲人员输送车。

第四章　第653重装甲歼击营第1连在意大利的行动

◎ 上图可见第653重装甲歼击营第1连一辆伪装严密的"费迪南德"，它正跟着一支装甲掷弹兵的车队前进，这些装甲掷弹兵可能来自第26装甲师第67装甲掷弹兵团或者第9装甲掷弹兵团第1营。

◎ 下图是1944年2月29日进攻时所摄，第653营第1连一辆"费迪南德"在掷弹兵的伴随下正在逼近敌阵，可以在该车右后侧清晰地看到一名匍匐着的掷弹兵。

653重装甲歼击营战史

◎ 德军原本计划1944年2月27日进攻，但是因为暴雨推迟。重型战车苦于松软的地面无法部署到相应的位置。对于巨大的"费迪南德"来说，离开坚实的路面简直是致命的。这组摄于2月29日的照片表现的是"赫尔曼·戈林"伞兵装甲师的士兵正从卡在路边沟里的131号"费迪南德"身旁经过，该车车长为古斯塔夫·科斯上士，它碾上了一颗地雷，德军无法将其回收，只得在3月2日将其炸毁。

第四章　第653重装甲歼击营第1连在意大利的行动

◎ 上图是美军士兵在检查古斯塔夫·科斯上士的131号"费迪南德"残骸。散落在周围的各种零件表明德军曾努力回收它，战斗室和车体后部的焦黑是回收失败后将其爆破的烧灼痕迹。

◎ 下图是1944年2月29日，第4装甲团第1营的一辆"豹"式坦克从维尔纳·哈伯兰少尉的111号"费迪南德"附近经过，这辆"费迪南德"也是在路边碾上了一颗地雷后动弹不得，此时还是损坏状态。

◎ 上图是111号"费迪南德"的近景，可以清楚地看到被炸飞的右侧第一个负重轮，其上方的挡泥板也被炸得翘起。同时可以注意的是，第653营第1连到这个时候还没在"费迪南德"上描绘战术编号。

◎ 下图是一个"赫尔曼·戈林"伞兵装甲师的伞兵从111号"费迪南德"身旁经过。远处可以辨认出一辆"豹"式坦克和Sd.Kfz.250装甲车。

第四章　第653重装甲歼击营第1连在意大利的行动

◎ 上图是一辆三号坦克经过受损的111号"费迪南德"身边，照片中可以看到德军步兵与坦克行进的方向并不一致。1944年3月1日傍晚，盟军成功地抵御了德军装甲部队向滩头阵地的进攻，于是德军只得取消了所有进攻行动并撤退，照片中的三号坦克可能是正在掩护步兵撤退。

◎ 下图是从另一个角度拍摄的111号"费迪南德"。这几张照片由一个国防军宣传连的战地记者拍摄，现存于德国联邦档案馆。照片左侧可见一支"豹"式坦克队列。111号"费迪南德"后来得以成功回收。

327

653重装甲歼击营战史

◎ 上图及下图是盟军在1944年5月25日成功冲出滩头阵地之后拍摄，这就是在3月1日出事的第653重装甲歼击营第1连的114号"费迪南德"和第508重装甲营的"虎"式。维尔纳·屈尔下士的114号"费迪南德"在担任头车时为了绕过一座桥梁而驶下公路，结果一条履带不慎卡在路边的沟里，一个负重轮及其从动摇臂损坏，第508营的施泰因中尉随即试图用"虎"式帮助其脱困，结果这辆"虎"式也被盟军的炮火击伤，最终两辆车都被德军自行爆破。盟军拍摄这两张照片时，已经用重型回收车将它们推离路面，以清出前进通道。114号"费迪南德"被推了个底朝天，同时在下图中也可以看到，它损坏的是左侧第二个负重轮。

第四章　第 653 重装甲歼击营第 1 连在意大利的行动

◎ 上图及下图为美军拍摄的在试图帮助 114 号"费迪南德"脱困时受损最终也被放弃的"虎"式残骸近景。这辆"虎"式是一辆早期型，原属于"迈尔"重装甲连，该连是 1943 年 7 月组建的，装备 8 辆"虎"式，后被派往意大利协助解除意军武装，向安齐奥－内图诺滩头进攻时被并入第 508 重装甲营第 1 连。下图可见散落在车前的牵引索，说明当时德军曾努力试图回收这两辆车。

653重装甲歼击营战史

◎ 上图及下图摄于1944年3月的锡斯滕那附近，摄影师在同一个地点从两个角度拍摄了这辆"费迪南德"。坐在驾驶员舱口望向镜头的是该车的驾驶员卡尔·格雷施上士。

第四章　第 653 重装甲歼击营第 1 连在意大利的行动

◎ 上图及下图与左页图是同一辆战车，此时车组正在进行维修之后的一次行驶测试，驾驶员格雷施上士坐在驾驶室中叼着烟斗。坐在他身前车体上的可能是该车的车长，但姓名不详，看肩章是一名上士，同时该车的车号也不明。注意该车的右侧前部挡泥板已经不见，它是在之前的进攻行动中被一颗地雷炸飞的。同时可以看到该车的车体前部还放着一桶酒，可能是在行驶测试过程中从当地居民那里搞到的。

331

◎ 上图是 1944 年 3 月，一辆"费迪南德"从位于罗马的维修场驶出。

◎ 下图也是摄于 1944 年 3 月，维利·格鲁佩少尉的 121 号"费迪南德"停在罗马的维修场前。炮手阿尔伯特·里克尔坐在主炮炮管上。该车清晰地展现了德军战车在战争的这个阶段所使用的主流三色迷彩——暗黄色、红棕色和绿色。

第四章　第 653 重装甲歼击营第 1 连在意大利的行动

◎ 上图是停在维修场一个大门口的维修排的一辆 18 吨 Sd.Kfz.9 重型半履带牵引车，它以一个古怪的角度停放，前轮居然开上了台阶。

◎ 第 216 突击坦克营的维修连也紧挨着第 653 营第 1 辆维修排的维修场占据了一个大仓库。下图就是作为维修场的仓库内景，前景是两辆正在维修的"灰熊"，远处可见另外几辆。

653重装甲歼击营战史

◎ 上图是3辆18吨级牵引车正在牵引一辆损坏的"费迪南德"返回维修场，这辆"费迪南德"是被倒过来拖曳的。这种牵引车队在行驶时需要精心协调，如有不慎，就会造成一辆或多辆牵引车损坏。

◎ 下图摄于韦莱特里地区，一个"费迪南德"车组在战斗间隙打牌消磨时间。他们的战车就在身后，用稻草和其他伪装材料遮得严严实实，不注意看根本分辨不出。

第四章　第653重装甲歼击营第1连在意大利的行动

◎ 左边这两张图片截取自德军拍摄的一段纪录片，为一辆"费迪南德"/"象"式正在开炮，这也是唯一一段出现过这种坦克歼击车开火的影像。根据车上带有的防磁涂层和地形地貌来看，我们相信这是在意大利战场所摄。

◎ 下图估计是拍摄于1944年4月或5月。几名高级军官来到了第653重装甲歼击营第1连的防区进行视察，他们爬上了一辆用杂草和树枝重重伪装的"象"式的车体上，头戴M43型野战帽手拿地图的就是该连连长乌布利希上尉，他右手边的可能是第76装甲军军长特劳戈特·赫尔上将。

335

◎ 第653重装甲歼击营第1连连长乌布利希上尉的座车102号于5月24日在锡斯滕那和科里之间的公路上因发动机起火而烧毁，这是该车被美军发现之后拍摄的三张照片。从照片上看，该车是位于一片草地之中，可能是美军为了清空路面而将其拖离的。

第四章　第 653 重装甲歼击营第 1 连在意大利的行动

◎ 上图是 102 号 "象" 式被美军拖到了缴获装备收集点之后所拍摄，车前竖着的牌子上写着："离开界限，危险！爆炸物。"

◎ 下图是 102 号 "象" 式在即将被美军运回国之时所拍摄的一张局部照片，战斗室右前方的文字是一些转运标注。

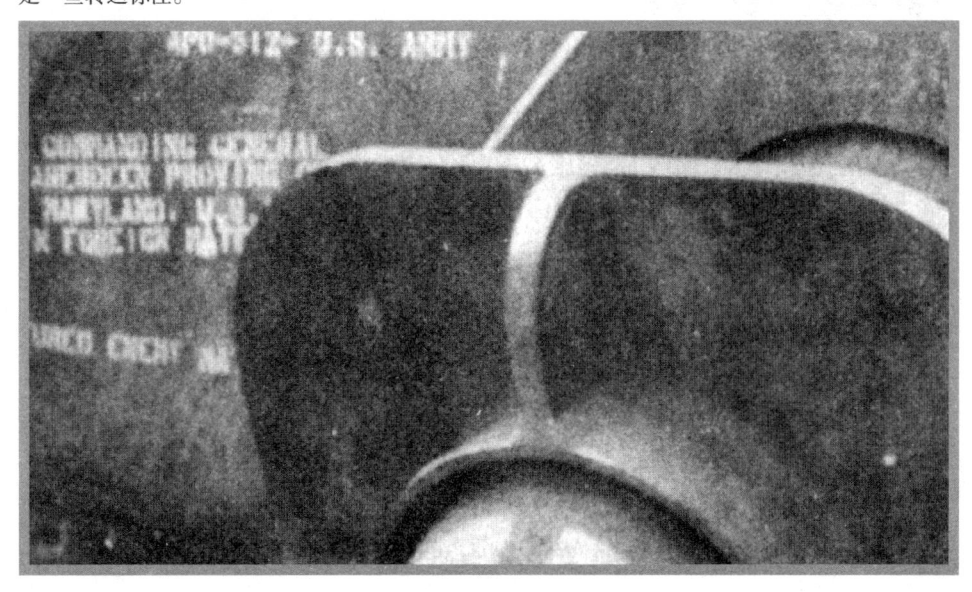

337

653重装甲歼击营战史

◎ 本页三张照片也是在缴获装备收集点拍摄的102号"象"式，可以看到在该车的战斗室后方右上角有一个哥特体字母U，这是乌布利希上尉的姓氏首字母。除了这个字母和车号之外的其他文字都是美军写上去的一些转运标注。此车现在位于美国马里兰州的阿伯丁博物馆展出，曾经很长一段时间被日晒雨淋，锈迹斑斑，如今已经被修葺一新，这也是唯一一辆存世至今的"象"式。

第四章　第653重装甲歼击营第1连在意大利的行动

◎ 上图及下图是102号"象"式被运回美国之前，几名美军士兵与其合影。下图的远处还可以看到一辆第216突击坦克营的"灰熊"。

◎ 下图是已经被运回到美国的102号"象"式，有一组负重轮在运输过程中被拆了下来。

653重装甲歼击营战史

◎ 本页这组照片是埃德蒙·罗斯上士的113号"象"式在1944年5月25日履带被打断而弃车之后，美军发现此车时所拍摄。根据照片中的细节，可以判断该车是左侧履带中弹，这边的前挡泥板已经翘起成一个非常夸张的样子。车体黝黑可能是车组在弃车爆破时引起的大火所致。

◎ 往罗马的撤退途中，连长乌布利希上尉正在和一个意大利平民交谈。背后这辆"象"式是第2排排长格鲁佩少尉的121号车，二等兵赫尔曼·卢夫特从驾驶员舱口探出身子，而霍斯特·莫尔肯廷下士在无线电操作员舱口。

653重装甲歼击营战史

◎ 上图是1944年5月底,一辆"象"式在向罗马撤退途中。

◎ 左图是撤退途中一位"象"式驾驶员在车上留影。他穿着的是1944年5月中旬配发给该连坦克歼击车组的热带制服。

◎ 1944年6月6日,德军从罗马撤退。下图是一队停在路边准备撤退的第3装甲掷弹兵师的Sd.Kfz.250装甲车,车上坐满了士兵。远处有一辆第653营第1连的"象"式正在驶来。同日,盟军占领罗马。

第四章 第653重装甲歼击营第1连在意大利的行动

◎ 上图及下图是1944年6月5日在菲库莱附近的奥蕾莉亚古道上被美军战机空袭所摧毁的123号"象"式，该车的车长一等兵拉西希在空袭中阵亡。这两张照片是后来盟军所拍摄。该车此时呈侧倾状态立在一幢房屋边上，可能是盟军为了清空路面而使用重型机械将其推翻到了路边，在上图中也可以看到该车的车底有一处被炸穿。

343

653重装甲歼击营战史

◎ 123号"象"式残骸的更多角度的照片。

第四章　第653重装甲歼击营第1连在意大利的行动

◎ 上图及右两图是1944年6月7日发生垮桥事故之后，被美军从沟里拖上来的121号"象"式，该车车长为维利·格鲁佩少尉。美军在将这辆"象"式拖起来之后，还以其为背景拍摄了一段颇有情节的纪录片。右两图就是这段影片的截图，可以看到该车脱落的主炮炮管被摆在车前方，而车身大部分都带有黝黑的烧灼痕迹，这是德军确定无法回收之后将其炸毁时燃起的大火所致。

◎ 下图是维利·格鲁佩少尉的坟墓，他在桥梁垮塌事故中被自己"象"式的主炮砸死。墓碑上可以看到他生于1911年7月7日，也就是说他在33岁生日前一个月死去。

345

653重装甲歼击营战史

◎ 上图是第653营第1连第1排排长维尔纳·哈伯兰少尉在1944年6月的一张留影。当全营换装"猎虎"后，他出任第1连连长。

◎ 上图是第1连第1排112号车车长安德烈亚斯·施密特上士。他的座车在撤退途中于6月10日被美军一架对地攻击机击毁。

◎ 下图是112号车整个车组和他们的排长一起拍的纪念照。从左至右的站立者为：格哈德·布施（炮手）、（左二）姓名不详、维尔纳·哈伯兰少尉（排长）、安德烈亚斯·施密特上士（车长）和弗里茨·波伊申（驾驶员）。坐着的两人姓名不详。

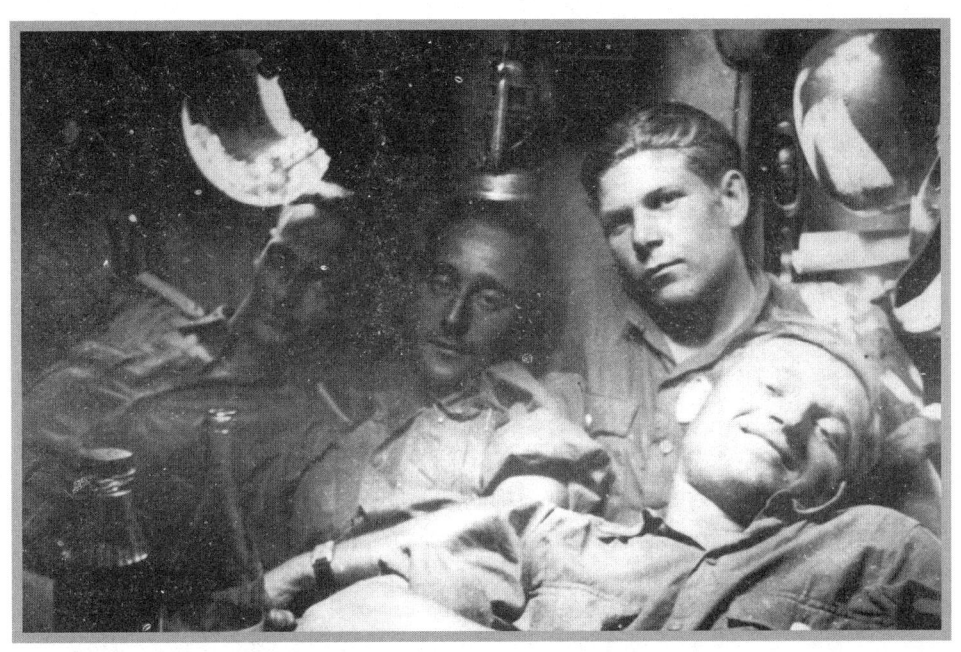

第四章　第653重装甲歼击营第1连在意大利的行动

◎ 上图是112号车部分车组人员在车内的合影，虽然内部空间很大，不过留给车组人员的活动空间不多，战斗室里安装了各种设备，还储存了弹药。

◎ 在不停的撤退过程中，士兵们很少有时间休息，甚至做饭都要在车底下进行，因为战车本身能够提供绝佳的防弹庇护。下图就是112号车车长施密特上士和驾驶员波伊申在车底用餐。

◎ 112号"象"式战斗室左侧的炮手位置照片,炮手座椅前是火炮的方向机手轮,上方是Sfl.Zf.1型瞄准镜,火炮的高低机手轮被座椅靠背挡住了。

第四章 第653重装甲歼击营第1连在意大利的行动

◎ 上图也是摄于1944年6月,伪装完善的112号"象"式在博尔塞纳湖边占据了一个防御阵地。弗里茨·波伊申从驾驶员舱盖中露头。

◎ 1944年6月10日,112号"象"式由于发生机械故障无法立即修复,车组只能将其在菲库莱炸毁。下图是美军发现该车时所摄,从车身下的支撑物来看,该车在最终决定炸毁之前进行了修复尝试,而现场不见所有的负重轮和履带,估计是被拆下当作其他车辆的零备件带走了。

349

653重装甲歼击营战史

◎ 这三张美军拍摄的112号"象"式残骸照片展示了更多的细节。可以注意的是，在这三张照片中，与前页下图相比，该车的主炮上都缺少炮口制退器，估计是被美军当作纪念品拆下。而在此可以看到，该车的右侧诱导轮出现了根本无法修复的结构性断裂，估计这就是造成该车趴窝的原因。

第四章　第653重装甲歼击营第1连在意大利的行动

Besitzeugnis

Dem **Obergefreiten**
(Dienstgrad)

Fritz Poischen
(Vor- und Familienname)

1./Schw. Panzer-Jäger-Abteilung 653
(Truppenteil)

wurde das

Panzerkampfwagenabzeichen

verliehen.　　**Silber**

Abt. Gef. Std, den **15.7.** 194**4**
(Ort)　　　　　　　(Datum)

(Stempel)　　　　　(Unterschrift)

Major u. Abt. Kommandeur
(Dienstgrad und Dienststellung)

Form. 1145. Din A5. Druckerei Gen.Kdo. V Stuttgart.

◎ 授予第653重装甲歼击营第1连一等兵弗里茨·波伊申银质装甲突击勋章的证书。

Besitzzeugnis

Dem __Oberschützen__
(Dienstgrad)

__Herbert Ströll__
(Vor- und Zuname)

__1./Schw. Panzer-Jäger-Abteilung 653__
(Truppenteil)

wurde das

Panzerkampfabzeichen
— Silber —

verliehen.

Abt.Gef.Std.   15.7.44
(Ort und Datum)

(Unterschrift)

Major u. Abt. Commandeur
(Dienstgrad und Dienststellung)

(Stempel)

◎ 授予第653重装甲歼击营第1连上等列兵赫伯特·斯特罗银质装甲突击勋章的证书。

第四章　第 653 重装甲歼击营第 1 连在意大利的行动

BESITZZEUGNIS

DEM

Rainer Statz, Gefreiter
(NAME, DIENSTGRAD)

1./Schw. Panzer-Jäger-Abteilung 653
(TRUPPENTEIL, DIENSTSTELLE)

IST AUF GRUND

SEINER AM 31.5.1944 ERLITTENEN

1 MALIGEN VERWUNDUNG – BESCHÄDIGUNG

DAS

VERWUNDETENABZEICHEN

IN *Schwarz*

VERLIEHEN WORDEN.

Abt. Gef. Std. DEN 19.7. 1944

(UNTERSCHRIFT)

Major u. Abt. Kommandeur.
(DIENSTGRAD UND DIENSTSTELLE)

◎ 授予第 653 重装甲歼击营第 1 连二等兵莱纳·斯塔茨黑色战伤勋章的证书。

653重装甲歼击营战史

```
D./schw.Panzerjäger-Abteilung 653          O.U., den 7.4.1944

                    Bescheinigung.
              (Nur gültig in Verbindung mit dem Soldbuch)

       Der..... Obschtze. L o o f t, Hermann
    wurde auf gepanzerten Vollkettenfahrzeugen über 30 t mit elek-
    trischem Antrieb praktisch und theoretisch ausgebildet. Die
    Ausbildung wurde abgeschlossen. Der Genannte ist berechtigt,
    Fahrzeuge dieser Klasse zu führen.

                                      Hauptmann und Kompanie-Chef
         Hermann Looft
    Eigenhändige Unterschrift
```

◎ 上图是颁发给赫尔曼·卢夫特的证书，证明他通过了理论学习和实践训练，有资格驾驶 30 吨以上的电驱动全履带车辆。卢夫特在意大利是担任第 1 连第 2 排排长格鲁佩少尉的 121 号车的驾驶员。

◎ 下图是 112 号车长安德烈亚斯·施米特上士的军人证上的两页复印件，上面记录了他参加的部分战斗，可见其中包括 1943 年 7 月的库尔斯克战役，以及 1944 年 5 月至 7 月在意大利的战斗。

```
Soldbucheinlage
         Fw. Schmitt

Eins.-  Tag   Ort nach         Bescheinig.      Eins.-  Tag   Ort nach         Bescheinig.
Tage          Rgt.-Bef.        d. Kp.-Fü.       Tage          Rgt.-Bef.        d. Kp.-Fü.

 1. 18. 9. Leonovo-Gromosdowo                    19.  6.  Abw. südostw. Brecciano-See
 2.  5. 7. Durchbr. Bahn Orel-Kursk              20.  7.  Abw. im Raum Monterosi
 3.  8. 7. Abw. i. Polewaja-Bachbogen                              Oberleutnant u. Komp. Chef
 4.  9. 7. Angr.     "
 5. 18.11. Angr. nördl. Nesabudina
 6. 19.11. Kampf um Höhe 195,1
 7. 20.11. Verteidig. d. Dorf. Marjewka
 8. 21.11. Angr. auf Höhe 185,1
 9. 22.11. Angr. auf Höhe 185,8
10. 23.11. Verteidig. d. Dorf. Kateriniowka
11. 27.11. Pz.-Schlacht b. Koschasowka
12. 28.11. Abw. eines Pz.-Angr. bei Miropol
1944 13. 23. 5. Abw. südl. Cisterna
14. 24. 5. Abw. zw. Velletri-Cisterna
15. 28. 5. Abw. südwestl. La Nuvio
16. 29. 5.     "
17.  3. 6. Abw. ostw. T.chintschina
18.  8. 6. Abw. Via Aurelia, nördl. Rom
```

354

第四章　第 653 重装甲歼击营第 1 连在意大利的行动

◎ 左图是赖因霍尔德·施拉布斯上士的一张肖像照。可见此时他还是穿着原野灰色突击炮兵制服，第 653 重装甲歼击营官兵直到换装"猎虎"之时才得以配发黑色装甲兵制服。

◎ 1944 年 6 月 10 日，施拉布斯上士的 122 号"象"式在奥尔维耶托附近被美军的战斗轰炸机发现并攻击，发动机舱和战斗室被击穿导致全车起火烧毁。第 715 步兵师的一名中尉带领自己一个装备意大利突击炮的连队从附近经过，拍下了下面这张照片，此时 122 号"象"式仍在燃烧着。

653重装甲歼击营战史

◎ 左图和下图是仍在燃烧中的122号"象"式的背面和正面照，也是由第715步兵师的那名中尉所摄。战斗室后部的大舱门不知道是被战斗轰炸机打掉的还是车组拆掉的。

第四章　第653重装甲歼击营第1连在意大利的行动

◎ 上图及下图是在维泰博附近的索里亚诺被遗弃的124号"象"式。从车体前部斜面上放着的被拆掉的负重轮及动摇臂来看,德军似乎曾想将其修复,但由于缺少重型抢修设备,最终只得弃车。移位的发动机舱盖板似乎表明该车的发动机也出了故障,要不然就是德军自爆所致。

◎ 这是另外三张124号"象"式残骸照片。从右侧可以看到其第三和第四个负重轮及其从动摇臂已经被拆掉。

第四章　第653重装甲歼击营第1连在意大利的行动

◎ 上图及下图是英军在检查124号"象"式的残骸。

653重装甲歼击营战史

◎ 上图、下图及右页图都是摄于撤退过程中接近莫德纳之时。这辆"象"式是弗里茨·克莱因下士担任车长的 101 号,该车与哈伯兰少尉的 111 号是该连此时仅存的两辆"象"式。上图中站在车前的就是车长克莱因下士,他后来在 131 号"猎虎"上担任炮手,1945 年 3 月 30 日在施韦青根阵亡。下图可见 101 号车的车体机枪口用一块标牌给遮住,牌子上写着一个字母 U 和数字 653,U 是该连连长乌布利希姓氏的首字母。右页图中,车组正在修理履带,由于备件无法运抵,该连车组和维修人员只能想尽各种办法维持战车的运转。

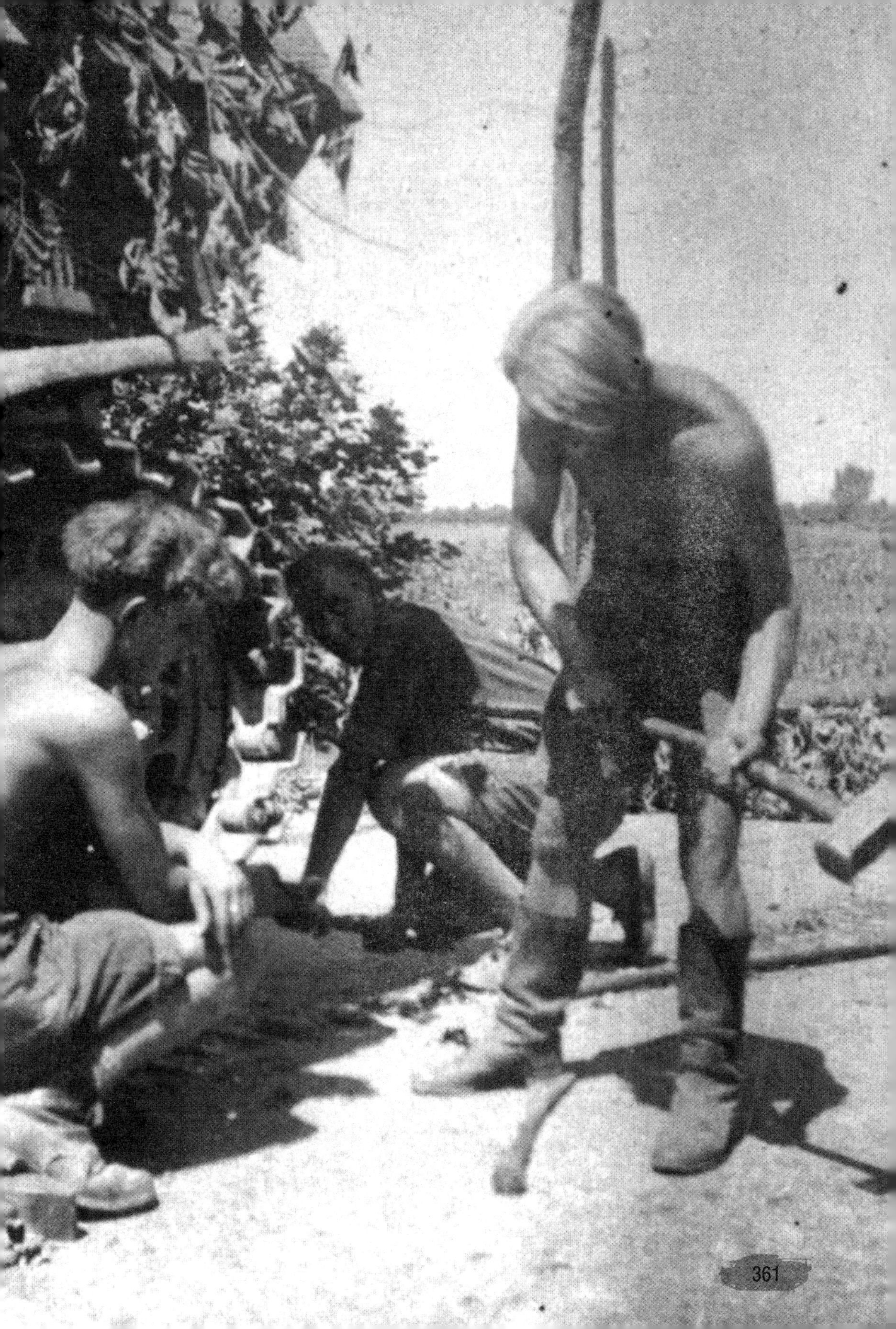

653重装甲歼击营战史

◎ 上图是第1连维修排的"象"式回收车的车组在撤往摩德纳途中休息,该车底盘号为150005。可以看到此时该车正拖着一辆受损的"象"式,可能是101号。

◎ 下图同样是第1连维修排的"象"式回收车,这张照片展示了"象"式的宽大履带,但是这种履带被证明在战车如此巨大的重量之下十分脆弱,极易损坏。由于省略了战斗室和主炮,因此"象"式回收车要比"象"式坦克歼击车的重量轻很多,灵活性也因此变得更好,很受车组欢迎。第653营不仅将其用于回收行动,也用来运输补给和撤退伤员。从破碎的挡泥板可以看出,这辆车执行过很多行动。在意大利作战期间,它的车长是埃德加·谢勒下士(左胸戴一级铁十字勋章者)。

第四章　第653重装甲歼击营第1连在意大利的行动

◎ 在机械状况濒临崩溃的最后一刻，第1连的剩余车辆于1944年8月2日在皮亚代纳装上了火车。上图可见"象"式回收车也只剩一半履带，其余的都已耗损。

◎ 下图摄于1944年8月5日，运载着第653重装甲歼击营第1连的火车此时已经跨过边境，进入了奥地利版图。火车上只能看见2辆"象"式坦克歼击车、1辆"象"式回收车、1辆三号坦克底盘弹药运输车和一些轮式车辆，第1连其余的战车都在意大利损失掉了。

第五章

第653重装甲歼击营第2和第3连在苏联的征战历程
（1944年4月至8月）

653重装甲歼击营战史

第653重装甲歼击营派至东线作战车辆编制（1944年7月）

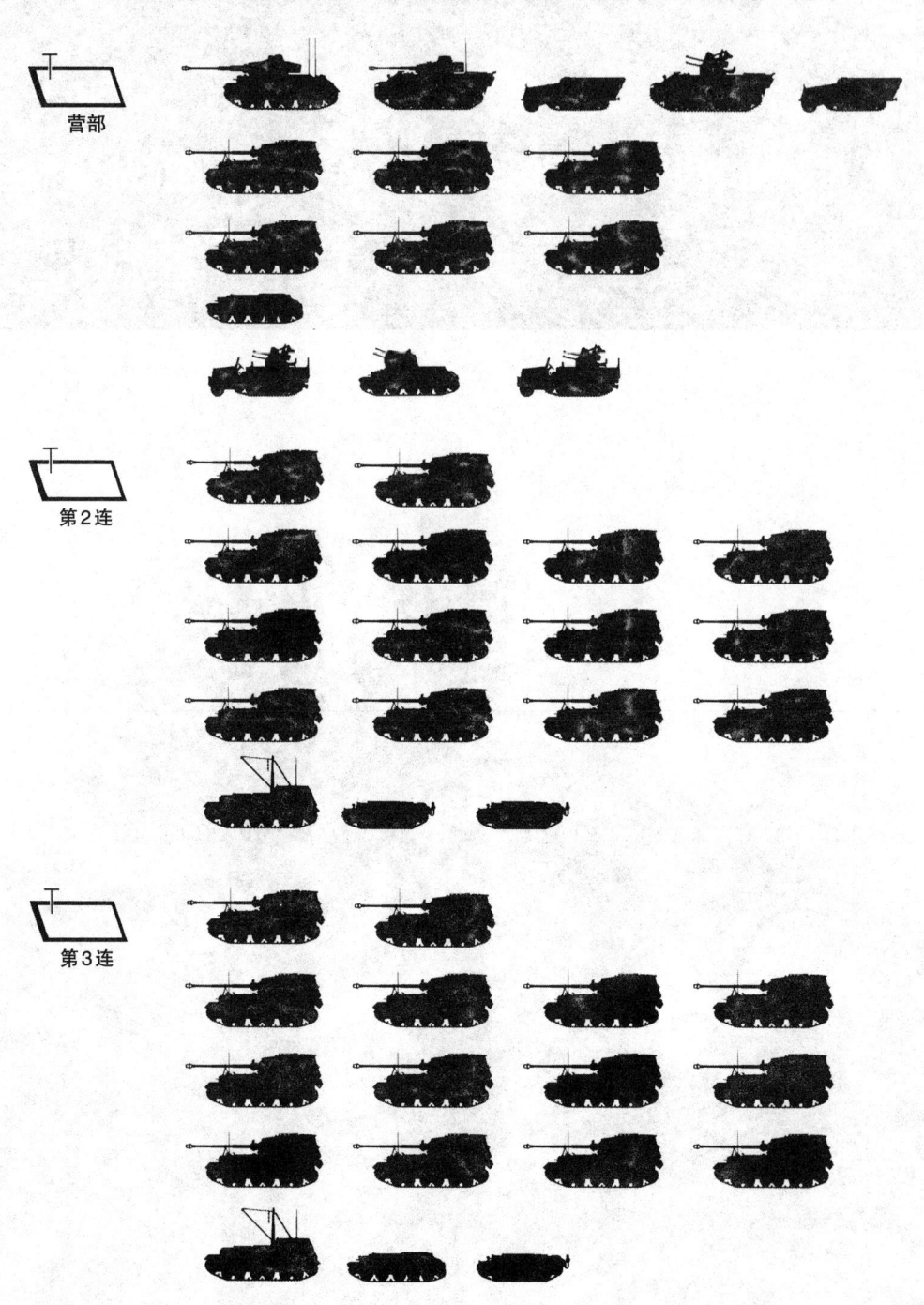

营部

第2连

第3连

第五章　第653重装甲歼击营第2和第3连在苏联的征战历程

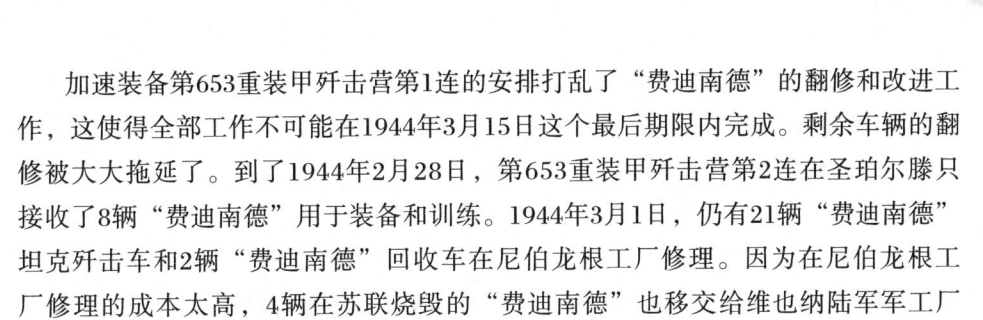

加速装备第653重装甲歼击营第1连的安排打乱了"费迪南德"的翻修和改进工作，这使得全部工作不可能在1944年3月15日这个最后期限内完成。剩余车辆的翻修被大大拖延了。到了1944年2月28日，第653重装甲歼击营第2连在圣珀尔滕只接收了8辆"费迪南德"用于装备和训练。1944年3月1日，仍有21辆"费迪南德"坦克歼击车和2辆"费迪南德"回收车在尼伯龙根工厂修理。因为在尼伯龙根工厂修理的成本太高，4辆在苏联烧毁的"费迪南德"也移交给维也纳陆军军工厂修理。

1944年3月31日，"费迪南德"此时的大修进展已经达到只差一辆就可恢复第653营的额定战斗编制。1944年4月2日，第653重装甲歼击营第2和第3连在奥地利的圣珀尔滕装上了火车，前往苏联。新任营长是鲁道夫·格里伦贝格尔上尉（Hauptmann Rudolf Grillenberger）。

第653重装甲歼击营指挥序列（自1944年4月1日起）
营长：鲁道夫·格里伦贝格尔上尉
营副官：库尔特·舍雷尔中尉（Oberleutnant Kurt Scherer）
营总医官：沃尔夫冈·普雷尔维茨博士
营军需官：卡尔·科赫中尉
营部连连长：弗里茨·克洛斯少尉（Leutnant Fritz Klos）
第2连连长：维尔纳·萨拉蒙中尉
第3连连长：伯恩哈德·康纳克中尉
维修连连长：比特纳少尉

1943年12月底，苏联红军开始在基辅西面发起进攻。乌克兰第1方面军不停地进攻德军南方集团军群，到了1944年2月初，已经把战线推进到舍佩托夫卡（Schepetovka）、罗夫诺（Rovno）和卢茨克（Lutzk）。苏军在南方集团军群和中央集团军群之间成功地打入了一个宽度和纵深都达到数百公里的楔子。由此，喀尔巴阡山脉北面最后那条从敖德萨（Odessa）至伦贝格的铁路线对德军指挥层来说就显得至关重要。换句话说，该线对苏军而言也是普罗斯库罗夫（Proskurov）和捷尔诺波尔（Tarnopol）之间一个非常划算的短期目标。

1944年3月25日，苏军包围了捷尔诺波尔这个重要的交通枢纽。希特勒随后将其宣布为"要塞区"。1944年3月30日，莫德尔元帅接替了曼施坦因元帅的职务，而南方集团军群也改名为北乌克兰集团军群。

653重装甲歼击营战史

德军也在以最快的速度调遣部队前往这个危机地区,包括:第100猎兵师、第349步兵师、第367步兵师、党卫军第9"霍恩施陶芬"装甲师、党卫军第10"弗伦茨贝格"装甲师和第653重装甲歼击营(欠已派往意大利的第1连)。

1944年4月6日,第653重装甲歼击营到达贝尔扎尼(Brzezany),划至第24装甲军麾下。4月7日该营在科佐瓦(Kozova)占据一个集结区,营部、维修连、战斗工兵排和防空排驻扎在波德海克(Podhayce)。4月8日,第653重装甲歼击营的两个"费迪南德"连划至党卫军第9"霍恩施陶芬"装甲师麾下,与其主力一起开始前进,为捷尔诺波尔解围。这支部队向东南方向前进,经乌夫斯耶(Uvsye)来到兹洛特尼基(Zlotniki),在此强渡斯特雷帕河(Strypa),并扩大了一个由第100猎兵师在4月6日建立的桥头堡。

泥泞的路面使得德军无法快速前进。党卫军掷弹兵只得在乌夫斯耶下车,所以再也无法跟上"费迪南德",而齐膝深的泥浆也严重阻碍了身躯庞大的"费迪南德"。有些甚至整个车体都陷入泥浆中,救援难度可想而知。还有很多由于发动机过热导致无法参战。尚能参战的"费迪南德"于4月8日参加了夺取马罗沃迪(Malovody)和哈特基(Chatki)的战斗。当天下午,第653重装甲歼击营第2连所剩4辆还能战斗的"费迪南德"又到达了兹洛特尼基以北斯特雷帕河的西岸,朝着东岸开火,消灭了一门反坦克炮和2辆坦克。

1944年4月9日,第653营两个连所剩战斗部队在兹洛特尼基的浅滩渡过了斯特雷帕河。随即这些重型战车被迫进入沼泽地区,在布尔坎诺夫(Burkanov,1944年4月11日)和哈罗兰卡(Havoranka,1944年4月16日)占据防御阵地。4月15日下午德军撤出桥头堡之后,强大的苏军对该营一路追击,也在兹洛特尼基渡过了斯特雷帕河。于是该营又被派回东岸激战。第653重装甲歼击营第2连在这次行动中损失了2辆"费迪南德",一辆侧面中弹被击毁,另外一辆后部被重创,2辆都得以回收,但是维修连无法修复它们。

第653重装甲歼击营人员状况统计(1944年4月1日,欠在意大利的第1连和维修连第1排)

人员种类	应有	实有	缺员
军官	23	23	—
平民官员	8	6	2
士官	235	201	34
士兵	731	776	
外籍志愿辅助人员	—	20	

第五章　第653重装甲歼击营第2和第3连在苏联的征战历程

第653重装甲歼击营武器状况统计（1944年4月1日，欠在意大利的第1连和维修连第1排）

武器种类	应有	实有	缺量
步枪	630	620	10
手枪	375	354	21
冲锋枪	128	118	10
信号枪	54	37	17
MG 34	60	51	9
四联装20毫米高射炮	4	4	—
Pak 43/2型71倍径88毫米反坦克炮	31	30	1

第653重装甲歼击营车辆状况统计（1944年4月1日，欠在意大利的第1连和维修连第1排）

车辆种类	应有	实有	缺量
两轮摩托车	24	23	1
挎斗摩托车	6	6	—
指挥车	41	38	3
卡车	71	56	15
"骡子"半履带车	11	25	—
牵引车	29	22	7
拖车	11	9	2
"费迪南德"	31	30	1
"费迪南德"回收车	2	2	—
"回收豹"	2	1	1
三号坦克底盘弹药运输车	4	2	2
装甲救护车	1	1	—

前线局势趋于稳定，天气的短暂好转也使得地面变得坚硬起来。第100猎兵师在第653营第2连的支援下，成功将哈特基和索科洛夫之间普洛特什恰（Plotycza）南面沿着一条注入斯特雷帕河的小溪驻防的苏军赶跑。这场激战将苏军逼回了斯特雷帕河东岸，第100猎兵师因此也得以把全师战线再次沿着河西岸布置。苏军在战斗中只投入了很少量的坦克，因为它们无法和"费迪南德"匹敌，取而代之的是85毫米和122毫米重型反坦克炮，以及难以探测的木制地雷，这些都给"费迪南德"造成了较大损伤，特别是对它们的悬挂系统和履带。

一辆战车的炮口制退器严重受损，致使炮管在再度开火时从炮架脱离，车组里的炮手因此被砸死，车长格伦德少尉的手臂受伤。1944年4月18日，旨在为捷尔诺波尔解围的"食指行动"最终被取消。

653重装甲歼击营战史

占据宽广的贝尔扎尼地区之后，该营开始度过一段相对平静的时光。全营所有部队均展开训练课目，旨在提高士兵的专业技能，并磨合新到的补充兵。军官、候补军官和其他带队人员还进行了演习规划和沙盘推演。而由于燃料短缺，无法利用战车进行实兵演练。1944年5月初，元首大本营下令将"费迪南德"改名为"象"式。

在格里伦贝格尔少校（1944年7月1日晋衔）的领导下，该营制造、测试并部署了很多"特种车辆"。5月底该营还接收了一辆液压传动装备56倍径Kwk 36型88毫米炮的"虎"（P）坦克。维修连还改装了许多有趣的车辆：

一辆安装了无法转动的四号坦克炮塔的"回收豹"。

一辆安装了四联装20毫米高炮的"回收豹"。

一辆安装了四联装20毫米高炮的T-34坦克。

两辆T-34坦克底盘弹药运输车。

这些改装都是在营里的修护高手——行政士官安东·布伦塔尔——主导下进行的。1944年6月，该营又收到了4辆额外的"象"式，它们的整体分离式后部舱门都由尼伯龙根工厂换成了改进过的铰链式舱门，这让主炮在修理时的安装和拆卸工作变得相当便利。

1944年7月1日的第653重装甲歼击营编制（欠第1连和维修连第1排）

营部和营部连

营长：鲁道夫·格里伦贝格尔少校

营副官：库尔特·舍雷尔中尉

重型补给队：1辆装甲救护车，1辆安装了四联装20毫米高炮的"回收豹"，1辆半履带通讯车，1辆"虎"（P）指挥坦克。

营部连（连长：弗里茨·克洛斯少尉）：通讯排、战斗工兵排。

防空排（排长：福格特参谋军士）：1门四联装20毫米高炮，1辆T-34底盘四联装20毫米高炮，1辆牵引车底盘四联装20毫米高炮。

侦察与坦克歼击排（排长：罗伯特·维森法特少尉Leutnant Robert Wiesenfarth）：1辆半履带车，6辆"象"式坦克歼击车，1辆T-34底盘弹药运输车。

补给队

炊事队

行政与支援队

医护队

轻型补给队

维修分队

第653重装甲歼击营第2连

连长：维尔纳·萨拉蒙中尉

连部：2辆"象"式

第1排：4辆"象"式

第2排：4辆"象"式

第3排：4辆"象"式

第1重型补给队：2辆三号坦克底盘弹药运输车，1辆"象"式回收车。

第2重型补给队

轻型补给队

维修队

第653重装甲歼击营第3连

连长：弗朗茨·克雷奇默中尉

连部：2辆"象"式

第1排：4辆"象"式

第2排：4辆"象"式

第3排：4辆"象"式

第1重型补给队：1辆三号坦克底盘弹药运输车，1辆"象"式回收车。

第2重型补给队

轻型补给队

维修队

维修连

连长：汉斯·德姆莱特纳少尉

通讯设备维修队

武器维修队

第2维修排

第3排（回收）

轻型补给队

1944年7月13日，两个苏联方面军——乌克兰第1方面军和乌克兰第4方面军——开始向北乌克兰集团军群发起进攻。他们将第1装甲集团军和第4装甲集团军分割之后，在布罗迪（Brody）包围了第59军。第1装甲集团军只得向南退却，经伦贝格前往

653重装甲歼击营战史

贝斯基德（Beskids）。第4装甲集团军则向维斯瓦河撤退，不过它未能消灭苏军在巴拉诺夫（Baranov）建立的桥头堡。

1944年8月14日，苏军的进攻大潮在波米兰尼亚（Pomeryany）和罗哈廷（Rohatyn）追上了第653重装甲歼击营，它只得在撤往伦贝格的路上进行一连串的后卫战斗。库罗维采（Kurowice）和耶杰尔赞卡（Yeziezanka）是撤退途中的必争之地。"象"式的弱点在这一路上的战斗中暴露无遗。即使是最轻微的故障都会让这种沉重无比又结构复杂的战车退出战斗，并且又无法在撤退过程中回收它们。燃料的短缺也迫使德军将其大量自毁。承重能力不足的桥梁也成为了"象"式所无法逾越的障碍，只得将它们遗弃在桥边。到了1944年7月底，该营已经失去了22辆"象"式，总数的60%！

全营兵力损失（1944年7月1日至31日）

人员	阵亡	负伤	生病	调动	失踪
军官	—	1	1	1	—
士官与士兵	5	19	2	—	11
总计	5	20	3	1	11

全营车辆损失（1944年7月1日至31日）

"象"式回收车	2
三号坦克/T-34底盘弹药运输车	4
"象"式坦克歼击车	19
"虎"（P）坦克	1
牵引车	6

原第653重装甲歼击营第3连的"象"式车长阿尔宾·海尼克尔军士长如此描述他在撤退中的经历：

那是1944年7月21日在兹洛比-乌哈尔拉（Zloby-Uharla）附近。

我跟我的"象"式躲在一个高地上俯瞰一个苏联村庄。我得到的命令是保护沿大路撤退的德军部队免受侧翼攻击。当时我们还不知道，村子里已经有一门苏军重型反坦克炮就位。我用我的潜望镜观察村子，才刚看见炮口焰，反坦克炮弹就击中"象"式的车长指挥塔。

第五章　第653重装甲歼击营第2和第3连在苏联的征战历程

第653重装甲歼击营第2和第3连的车辆状况

日期	可投入作战	在修	备注
1944年4月8日	31		运往北乌克兰集团军群。
1944年4月10日			在战线后的一个集结区内。
1944年4月12日			突破敌人阵地。
1944年4月13日			配属给党卫军第9"霍恩施陶芬"装甲师(第1装甲集团军)。
1944年4月17日	12		
1944年4月18日	18		4月份接收一辆"象"式。
1944年4月21日	20		
1944年4月30日	13		上报3辆完全损失。
1944年5月1日	16	14	伴随第24装甲军。
1944年5月10日	21		
1944年5月11日	21		
1944年5月20日	27		
1944年5月21日	27		
1944年5月30日	25		
1944年5月31日	25		
1944年6月1日	28	2	在第24装甲军麾下有30辆"象"式可用。
1944年6月2日	25		
1944年6月10日	27		
1944年6月11日	28		
1944年6月20日	23		
1944年6月21日	23		
1944年6月30日	29		6月份之内接收了4辆"象"式。
1944年7月1日	28	6	伴随第24装甲军。
1944年7月2日	29		
1944年7月10日	29		
1944年7月11日	33		
1944年7月18日	33		苏军突破战线。
1944年7月20日	14		
1944年7月21日	14		
1944年7月22日	12		
1944年7月23—24日			无报告。
1944年7月25日—8月1日		0	7月份上报损失总数：23辆。
1944年8月2日	0	12	配属给北乌克兰集团军群的装甲教导指挥部。
1944年8月3—4日			战地重整。
1944年8月5—6日			在克拉科夫。
1944年8月7—31日			无报告。8月份上报损失总数：2辆。

653重装甲歼击营战史

潜望镜、观察窗和金属舱盖环炸飞到我脸上。扶在潜望镜上的右手手指断了，头部和眼睛也受了重伤，鼻子砸破了，胸部和大腿也扎进了弹片。我昏迷了一天半。我的弟兄们把我救出来，放在友军的卡车上，按重伤员处理。弟兄们后来告诉我，我们的"象"式在当天也被己方爆破。它在试图绕过一座承重能力薄弱的桥梁时陷在了河床里，无法回收。

第653营继续经由普热梅希尔和塔尔努夫撤往巴特拉布卡（Bad Rabka）。在那里休息了几天，然后被配属给北乌克兰装甲训练指挥部。在损失了大部分重型战车之后，德军高层考虑给该营换装"猎虎"坦克歼击车。经过一次战地重整之后，该营大部回到"帝国本土"（维也纳和德勒斯海姆）。剩余的"象"式由维尔纳·萨拉蒙中尉统一指挥。他们起初被配属给A集团军群的第17集团军，之后又被配属给第4集团军的第48装甲军。

曾在第653重装甲歼击营营部连和第2连服役的彼得·科恩斯下士（Unteroffizier Peter Kohns）的日记中从一名"费迪南德"车组成员的角度记录了1944年4月4日至9月1日该营所在地和行动：

1944年4月4日：我们于4月4日离开尼伯龙根工厂前往圣珀尔滕将坦克歼击车装上火车。17点离开圣珀尔滕，经波滕布鲁恩（Pottenbrunn）前往维也纳。

1944年4月5日：摩拉维亚的维森基兴（Weißenkirchen）、斯陶丁（Stauding，今捷克斯图登卡）、舍恩布鲁恩（Schönnbrunn）、奥得河畔维特科维茨（Witkowitz）、马林堡（Marienburg）、摩拉维亚奥斯特劳火车站、奥得贝格（Oderberg）、莱伯斯多夫（Leibersdorf）、瓦尔德湖（Waldsee）、普鲁赫那（Pruchna）、奥斯威辛（Auschwitz）、克拉科夫、塔尔努夫。

1944年4月6日：热舒夫、弗雷奇塔克（Frycztak）、莫德罗夫卡（Moderovka）、亚萨罗（Yasslo）、萨诺克（Sanok）。

1944年4月7日：西斯科（Sisko）、黑罗夫（Chyrov）、桑博尔（Sambor）、伦贝格。

1944年4月8日：希霍夫（Sichov）、济杜佐夫（Ziduczov）、罗哈廷（Rohatin）、波图托里（Potutory）、贝尔扎尼。卸车，此时"费迪南德"回收车在斜坡旁陷住了。另外一辆第653重装甲歼击营第3连的"费迪南德"也遇上了同样的问题。

1944年4月9日：终于让"费迪南德"回收车和"费迪南德"脱困。17点出发前往捷尔诺波尔。行驶20公里后在科佐瓦郊外过夜。

1944年4月10日：行驶5公里后在乌夫斯耶郊外陷入泥浆。晚上用一辆半履带车进行了回收。

第五章　第653重装甲歼击营第2和第3连在苏联的征战历程

1944年4月11日：早晨继续穿过乌夫斯耶-哈特基并沿着前线前进。行驶10公里后在瓦加集体农庄停留。

1944年4月12日：在向兹洛特尼基行驶了5公里后停下。

1944年4月13日：在面向兹洛特尼基的射击阵地里。晚上变换阵地，行驶3公里后来到面向海沃龙卡（Hayvoronka）的山上编入第653重装甲歼击营第3连。右手受伤。

1944年4月14日：还在那个射击阵地里。击伤了T-34坦克。晚上换防。在兹洛特尼基前方的树林里休息。

1944年4月15日：早上继续前往瓦加集体农庄。行驶8公里后占据了一个奶牛场。

1944年4月19日：晚上行驶2公里前往位于哈特基的第653重装甲歼击营第2连。发动机故障。

1944年4月24日：下午继续前往位于马洛瓦迪（Malovady）的萨拉蒙战斗群。

1944年4月25日：行驶4公里来到谢米科夫切（Siemikovcze）正面。炮击。

1944年4月26日：进攻谢米科夫切。碾上一颗地雷。排除了46颗地雷。回到集体农庄。

1944年4月27日：行驶5公里返回马罗沃迪修理。

1944年5月3日：行驶10公里经乌夫斯耶前往斯洛博达兹洛塔（Sloboda Zlota）。

1944年5月15日：车辆被转给第653重装甲歼击营第2连（车号234）。

1944年5月21日：获得银质战伤勋章。

1944年5月28日：与车组一起转至第653重装甲歼击营第2连（战地邮编25056D）。车组包括：

车长：彼得·科恩斯下士

炮手：莱奥·科赫下士（Unteroffizier Leo Koch）

装填手：二等兵伯恩哈德·格雷唐（Gefreiter Bernhard Grethen）

装填手：一等兵沃尔夫冈·豪普特（Obergefreiter Wolfgang Haupt）

无线电操作员：姓名无法想起了

驾驶员：二等兵费利克斯·霍夫曼（Gefreiter Felix Hoffmann）

1944年6月7日：沿着铁路线试射（……4辆战车，行驶了7公里）。

1944年6月18日：我营乐队举办了3小时的音乐会。

1944年6月27日：进行了8公里的训练演习。

1944年7月9日：夜间转移阵地，行驶8公里穿过普洛斯卡集体农庄的铁路线前往哈特基。

1944年7月14日：转移阵地，行驶3公里来到德尼尔索夫集体农庄。

1944年7月15日：动身穿过泰奥菲波尔卡（Teofipolka）。

653重装甲歼击营战史

1944年7月16日：和格兰泰少尉（Leutnant Grunter）的排以及科博尔德上校（Oberst Kobold）的战斗群一起于清晨进攻卡巴拉夫采（Kabarovce）。击毁一辆KV-1坦克、2辆弹药运输卡车和3辆弹药运输马车。

1944年7月18日：我、科赫下士、二等兵霍夫曼和二等兵格雷唐在一起回收格兰泰少尉的战车时受伤。弹片打中我的背部，震聋了我的右耳。格兰泰的战车在被炮弹打进一个开着的舱口和发动机格栅之后烧毁。埃韦斯在回收一辆弹药运输车时受了重伤。连长的座车被击毁。泰里特少尉、哈贝克下士、海因里希下士、二等兵穆勒和二等兵克莱因格受伤。索夫特下士阵亡，汉森上士受伤。回到驻通往普雷索夫采铁路线的维修队。霍夫曼和鲍尔在救护站。

1944年7月19日：乘卡车经波莫尔扎尼（Pomorzany）前往驻韦尔博夫（Verbov）的重型补给队，然后前往贝尔扎尼。尧赫下士（Unteroffizier Jauch）在一次事故中头部受重伤。二等兵亚格（Gefreiter Jäger）失踪。

1944年7月20日：在贝尔扎尼上了火车。晚上继续前往波图托里。

1944年7月21日：2点到达罗哈廷。晚上继续前往霍多罗夫（Chodorov）。

1944年7月22日：早上已到霍多罗夫，之后又去了霍多罗夫以南4.5公里处的医务室。

1944年7月24日：经霍多罗夫-斯特雷继续前进。在斯特雷和德罗霍贝泽（Drohobyze）之间的森林里落脚。回到我的连队。上级宣布我部将前往匈牙利休整。

1944年7月25日：收到开拔命令。

1944年7月26日：2点经德罗霍贝泽出发。在离开城市后拖车的链接装置松脱了，很快修好了。移交了拖车。经博亚斯拉夫（Boyslav）继续前进。在乔拉那（Czorna）过夜。

1944年7月27日：3点继续前进，途经西斯科、萨卡索夫、亚诺克、萨卡赞和克罗斯那。在那座城里抛锚，过夜。

1944年7月28日：10点出发。往回走了7公里，然后继续经由兹米格罗德（Zmigrod）前往戈尔利采（Gorlice）。在南边数公里外的树林里宿营。

1944年8月1日：14点出发，途经戈尔利采、罗帕卡、格里博夫、新桑德斯（杜纳耶夫）、锡马诺夫。24点到达巴特拉布卡。在一所寄宿学校里宿营。

1944年8月5日：我在一个地窖里第一次参加了第653重装甲歼击营第2连的士官联谊会。一开始很不错，之后陷入令人不快的斗殴。

1944年8月6日：把科赫下士带到维也纳。

1944年8月9日：法尔图斯下士（Unteroffizier Faltus）在擦拭手枪时走火，打伤自己的腿，右腿骨折。

1944年8月18日：与彼得森和克莱宁一起经哈博夫卡-苏哈（Chabovka-Sucha）前往克拉科夫去体检。诊断结果：右耳因爆炸失聪。耳膜损坏，无康复可能。

第五章　第653重装甲歼击营第2和第3连在苏联的征战历程

1944年8月19日：回到巴特拉布卡。

1944年8月21日：调到驻伯根（Bergen）的营部连，那个地方在策勒（Celle）附近。19点21分离开哈博夫卡去了克拉科夫。施梅尔第尔下士（Unteroffizier Schmelzer）与我同行。他也调过来了。

1944年8月23日：22点从克拉科夫出发，途经卡托维兹（Kattowitz）、奥珀伦（Oppeln）、布雷斯劳和柏林。下午继续向马格德堡前进。第二天18点到达。

1944年8月25日：5点41分继续出发，途经布伦瑞克、汉诺威和策勒前往伯根。坐卡车来到法灵博斯特尔营地，住在第65幢26室。营部连依然没有到达。

1944年8月26日：营部连终于在下午抵达。

1944年9月1日：军事假期，16天。

1944年9月17日：6小时后回到连队。

1944年9月18日：12天的特别假期。

1944年9月29日：接到一封电报，说连队已经前往德勒斯海姆。

1944年10月1日：14点30分到达圣珀尔滕。15点继续前往拉德贝格（Radlberg）。步行前往波滕布鲁恩，在我原来的宿舍里过夜。

1944年10月3日：5点11分继续出发，途经图尔恩（Tulln）、戈需夫里茨（Göpfritz）和德勒斯海姆。步行5公里通过马基布雷希茨（Markebrechts）前往诺因采恩营地的新建营房。11点30分到达。

1944年10月1日：转至重建的第653重装甲歼击营第2连，装备"猎虎"。

下面是第653重装甲歼击营第3连的一辆三号坦克底盘弹药输送车无线电操作员弗朗茨·库雷尔（Franz Kurrer）的记录，提供了1944年2月2日到4月26日期间该部所活动的一些地点。

1944年2月2日	圣珀尔滕。
1944年2月3—24日	休假。
1944年2月25日	休假归来，在圣珀尔滕一直待到1944年3月30日。
1944年4月2日	在圣珀尔滕登上火车。
1944年4月5日	在贝尔扎尼卸车。
1944年4月6日	贝尔扎尼－科佐瓦。
1944年4月7日	科佐瓦－索罗尼克，作战行动。
1944年4月14日	贝尔扎尼－波佐霍策尔。
1944年4月15日	波佐霍策尔－卡特。
1944年4月18—21日	格涅洛沃迪。
1944年4月22—25日	佩洛夫卡，作战行动。
1944年4月26日	佩洛夫卡－格涅洛沃迪。

653重装甲歼击营战史

◎ 1944年1月中旬，奥地利圣瓦伦丁的尼伯龙根工厂开始对所有的"费迪南德"进行一次全面大修。它们都要被全部拆解，接着进行翻修，最后再重新组装起来，这个过程中还进行了必要的改装。上图及下图就是在尼伯龙根工厂中一辆正被整个吊起的"费迪南德"，根据其战斗室右上角的识别板来看，可能是第653营第2连第4排的车辆，同时可以看到它只剩下了右侧的履带。

第五章　第653重装甲歼击营第2和第3连在苏联的征战历程

◎ 上图是弗里茨·施瓦茨上士捧着一辆"费迪南德"的缩比模型，这个模型是第653重装甲歼击营第3连官兵煞费苦心做出来的。此照摄于1944年2月，地点是奥地利的圣珀尔滕。

◎ 为第653营第1连赶工翻修出了11辆"象"式之后，尼伯龙根工厂又在1944年2月26日翻修完毕8辆"象"式，交给了第653营第2连。下图即为8辆中的一辆交付第653营第2连之时。

◎ 上图是一批翻修改造完毕的"象"式，停在尼伯龙根工厂的场地上准备交付。

◎ 下图是上图的局部放大，左侧挡泥板上写着数字 019，这是该车底盘号 150019 的后三位数字。

第五章　第653重装甲歼击营第2和第3连在苏联的征战历程

Besitzeugnis

Dem　　　　　**Gefreiten**
　　　　　　　Dienstgrad

　　　　Mathias Carpentier
　　　　　Vor- und Familienname

　　　　3./I./Panzerjäger-Rgt.656
　　　　　　　Truppenteil

verleihe ich für tapfere Teilnahme an　3　Einsatztagen

die　1.　Stufe zum

Panzerkampfabzeichen

in

Silber

O.U., den 25.3.44
Ort und Datum

Unterschrift

Oberst und Rgt.-Kdr.

Dienstgrad und Dienststellung

◎ 授予第656重装甲歼击团第1营第3连（第653营第3连）的二等兵马蒂亚斯·卡彭铁尔银质装甲突击勋章的证书。

653重装甲歼击营战史

◎ 上图是1944年3月停在圣珀尔滕的一辆第653营第2连的炊事卡车。左侧挡泥板上还可以看到第656重装甲歼击团的"潘帕斯"团徽,不久后,该营就启用了"尼伯龙根之剑"营徽。

◎ 右图及下图是一辆翻修过的"象"式的前部和后部照片,"象"式这个名称在1944年2月就已经出现,但到5月才正式改名。这里也可以看到第653营新的"尼伯龙根之剑"营徽,分别出现在战斗室前部的主炮左侧和后部左上角。

第五章　第653重装甲歼击营第2和第3连在苏联的征战历程

◎ 上图是1944年3月下旬在圣珀尔滕展示的一辆"费迪南德"回收车改进型——"象"式回收车，它们就是用原来的"费迪南德"回收车改造而成，敷设了防磁涂层，安装了一挺可以在车内遥控射击的"MG34"机枪，机枪座跟"追猎者"坦克歼击车以及三号突击炮和四号突击炮上的一样。因此这种回收车也具备了一定的全向自卫能力。

◎ 下图是同一辆"象"式回收车的另一个角度，它采用暗黄色底色，然后涂上红棕色和绿色迷彩斑纹，车内则涂上了明亮的颜色，从打开的舱盖上可以看得很清楚。

383

653重装甲歼击营战史

◎ 上图是1944年4月2日，第653重装甲歼击营维修连战地回收排的18吨半履带车已经装上了火车，启程前往苏联。

◎ 下图是已经装上火车的第653重装甲歼击营的一辆"象"式，平板车后边的车厢是用来装人员和其他装备的。

第五章 第653重装甲歼击营第2和第3连在苏联的征战历程

◎ 上图也是第653重装甲歼击营一辆已经装上火车准备出发前往东线的"象"式，车体和战斗室下半部分的阴影是不反光的防磁涂层。

◎ 下图是第653重装甲歼击营第2连的部队在铁路运输中。该营此行的终点站是加利西亚的贝尔扎尼。

653重装甲歼击营战史

◎ 上图是1944年4月8日,第一列火车到达贝尔扎尼。这辆"象"式属于营部连,在卸车后拍了这张照片。

◎ 下图是第2连第3排的233号"象"式车组在熟悉地形。

第五章 第653重装甲歼击营第2和第3连在苏联的征战历程

◎ 上图及下图拍摄于一次进攻行动前，各车车长们首先听取最后的简报，接着回到各自的车上准备出发。

◎ 在一望无际的松软平原上，第653重装甲歼击营第3连的"象"式在补充燃料，之后再想办法脱离这片"苦海"。

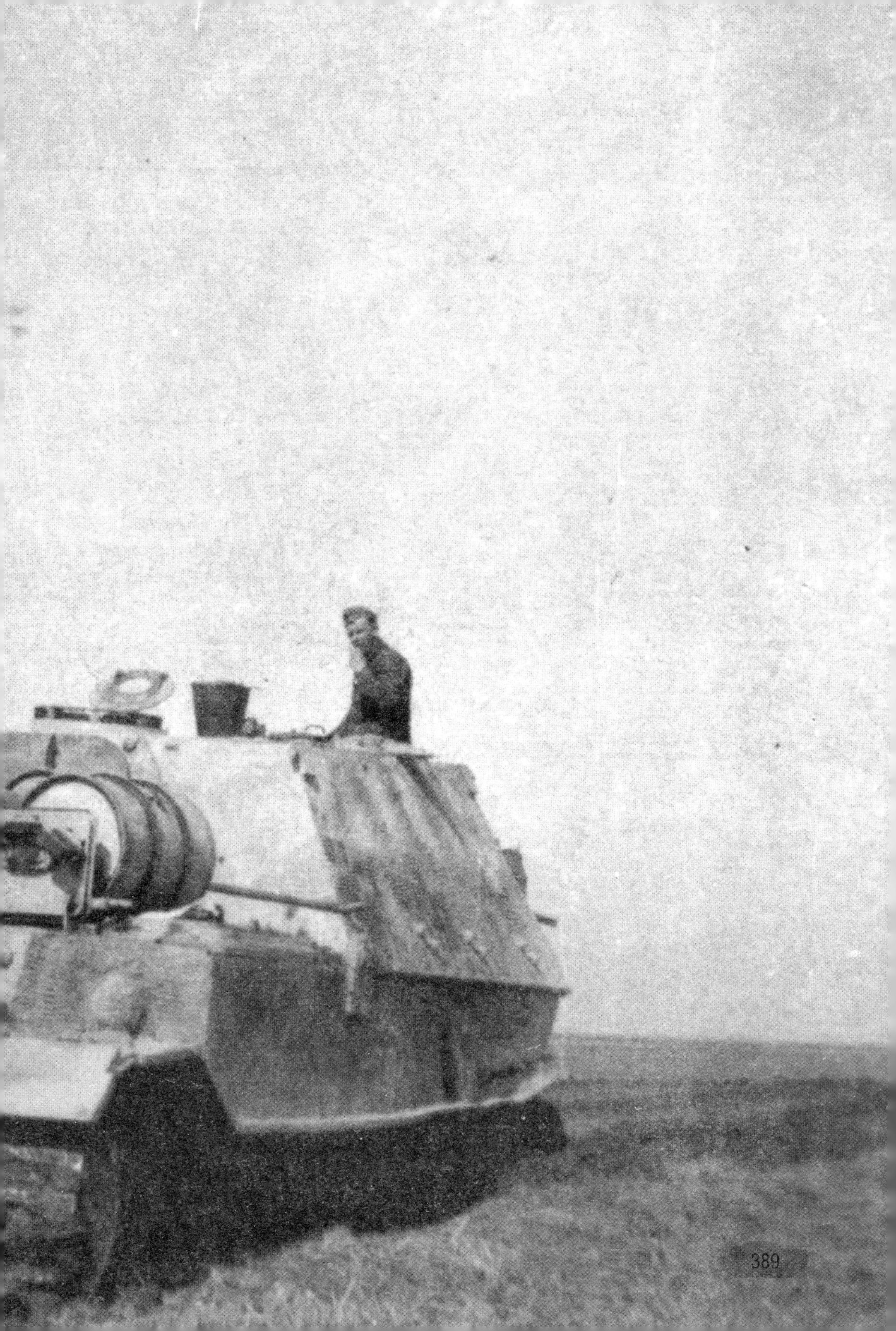

653重装甲歼击营战史

◎ 上图是几辆"象"式鱼贯开向计划好的进攻发起阵地。

◎ 由于天气恶劣,攻势进展缓慢。下图这辆"象"式就被深不见底的泥沼给陷住了,只得在其他车辆的帮助下脱困。

第五章　第653重装甲歼击营第2和第3连在苏联的征战历程

◎ 上图是第653重装甲歼击营第3连的一辆"象"式回收车正在把本连一辆受损的"象"式坦克歼击车拖到维修部队去。

◎ 下图是第2连的排长奥托·黑克尔军士长（左起第3人）和他的车组的合影。这辆"象"式被地雷炸得动弹不得，只得让回收排拖回去。

653重装甲歼击营战史

◎ 上图是第3连的一辆"象"式在一个村子的主路上陷入了困境，几乎只有战斗室还露出地面。为了将战车解救出来，车组只得全部下车操起锹镐共同努力，其中一名车组成员跑到一旁用相机记录下了这一幕。

◎ 下图与上图为同期拍摄，车组跑到了战车前方合影。近处可见一道深沟已经用石块给填上，远处是一辆轮式车辆。

第五章　第653重装甲歼击营第2和第3连在苏联的征战历程

◎ 上图摄于1944年4月9日，第653营的"象"式正在兹洛特尼基的浅滩由西向东涉过斯特雷帕河，可见正在爬上东岸的两辆车靠得非常近，应该是前车正在牵引着后车奋力攀爬。

◎ 下图摄于涉过斯特雷帕河之后，前进道路依然被泛滥的河水所淹没，"象"式只能继续小心翼翼地在泥沼中前进。

◎ 上图及下图是第3连的一个"象"式排，两张照片摄于一次苏军俯冲轰炸机空袭之后。曳光弹点燃了茅草房顶，不过战车毫发无损。

第五章　第 653 重装甲歼击营第 2 和第 3 连在苏联的征战历程

◎ 第 3 连一辆"象"式的驾驶员埃马努埃尔·岑特格拉夫站在自己战车的发动机舱上拍下了这张照片。背景还可以看到熊熊燃烧的茅草屋顶。前景是党卫军第 9 "霍恩施陶芬"装甲师的一辆水陆两栖车。

◎ 下图是第 3 连的一个车组在清洁主炮炮管，同时可以注意的是，清洁杆并不是一根硬杆，而是多节拼成的，可以有一定的弯曲度。

653重装甲歼击营战史

◎ 清洁长长的"象"式主炮炮管不是件容易的工作，332号"象"式出动了三名车组成员来共同完成。

第五章 第653重装甲歼击营第2和第3连在苏联的征战历程

◎ 上图是维修人员把这辆"象"式上受损的行走装置拆掉。一枚反坦克炮弹打断了它的履带,并打烂了右边的诱导轮,看起来这个诱导轮已经无法修复了。

◎ 下图是战场回收排的人员正把一辆缴获的T-34坦克带回营里维修连。该营使用了很多改装过的T-34,这些坦克被改装成弹药运输车、牵引车和自行高炮。

第五章 第653重装甲歼击营第2和第3连在苏联的征战历程

◎ 上图是回收排的一辆18吨半履带车拖曳着一辆装着燃油的低底盘拖车。第653营的燃油消耗巨大。

◎ 下图是第653重装甲歼击营第3连的一个车组在接收燃油。

653重装甲歼击营战史

◎ 上图是第3连一些官兵在一辆"象"式前合影,中间戴一级铁十字勋章的是候补军官威廉·奥皮茨,埃马努埃尔·岑特格拉夫在最右边。

◎ 下图是第653重装甲歼击营第2连的士兵设法获得了额外的口粮——一只鸡。

第五章　第653重装甲歼击营第2和第3连在苏联的征战历程

◎ 上图及下图是被拖回维修队的一辆第653营营部连的"象"式，营部连里的装甲歼击排所装备的"象"式没有使用战术编号，只画有十字徽和"尼伯龙根之剑"营徽。

◎ 这三张"象"式在维修连进行维修的照片摄于1944年4月,地点是波德哈伊采。

第五章 第653重装甲歼击营第2和第3连在苏联的征战历程

◎ 右图和下图为334号"象"式正在战地维修点更换迈巴赫HL120发动机。可以看到火炮葫芦形炮盾上的附加防盾已被拆除，这样更方便打开发动机舱。

◎ 然后，334号"象"式进行了一次驾驶试验来测试新发动机的性能。

第五章　第653重装甲歼击营第2和第3连在苏联的征战历程

◎ 上图是334号"象"式在行驶测试时拍摄，该车驾驶员埃马努埃尔·岑特格拉夫从驾驶舱中探出头来。

◎ 下图是第653重装甲歼击营第3连的一辆"象"式，可以清楚地看到在尼伯龙根工厂增加的防磁涂层，以及战斗室前部左上角的营徽。从无线电操作员舱门中站起来的是该车的无线电操作员赫尔穆特·克赖恩哈根，此照也是由他提供的。

653重装甲歼击营战史

◎ 上图及下图是第653重装甲歼击营所拥有的两辆T-34坦克底盘弹药运输车中的一辆，此时该车正在维修连进行一些改造。

第五章　第653重装甲歼击营第2和第3连在苏联的征战历程

◎ 右图是医护二等兵约翰·施莱斯在一辆伪装重重的"象"式旁留影。注意那架小梯子，它可以使车组更容易爬上车。施莱斯也为本书的编撰提供了大量第一手资料。

◎ 下图是334号"象"式正在进行战地维修，维修队的一辆轮式卡车底盘起重机正在把发动机舱盖吊起来。这种起重机的起重能力只有3吨，因此只能进行小修工作。

407

653重装甲歼击营战史

◎ 上图这辆第653重装甲歼击营第3连的"象"式已经用稻草盖得严严实实。装填手马蒂亚斯·卡彭铁尔站在车前留影。

◎ 下图是另一辆第653重装甲歼击营第3连的"象"式,也被用稻草伪装了起来,它部署在加利西亚乡间的那些小农舍之间。

第五章　第653重装甲歼击营第2和第3连在苏联的征战历程

◎ 每次作战行动之后，"象"式车组都要把爱车的炮管清理干净，这样才能保证在下一次作战中继续发挥其威力。上图是332号"象"式的车组成员在进行此项工作。

◎ 每一辆"象"式都配备了两名装填手，他们也负责在战斗之前或战斗之后补充弹药。下图就是332号车的一名装填手在通过战斗室后部大舱门上的那个小抛壳窗来补充新的炮弹，另一名装填手是在车内负责将车外递进来的炮弹码放到炮弹架上去。

409

653重装甲歼击营战史

◎ 上图及下图是332号"象"式在补充弹药时的另外两张照片。照片拍摄时这辆"象"式的车长是埃米尔·伊斯勒军士长，驾驶员是马努埃尔·岑特格拉夫。

◎ 右页图为在"象"式上应用的第653重装甲歼击营营徽特写。图案整体的主要元素是尼伯龙根之剑和多瑙河的波涛，这都是中世纪日耳曼的叙事史诗《尼伯龙根之歌》中的象征物。小数字3表明此车隶属于第3连，而在营徽下面可以清楚地看到一个被苏军反坦克枪击中的弹孔，这种武器的最大击穿可达40毫米。

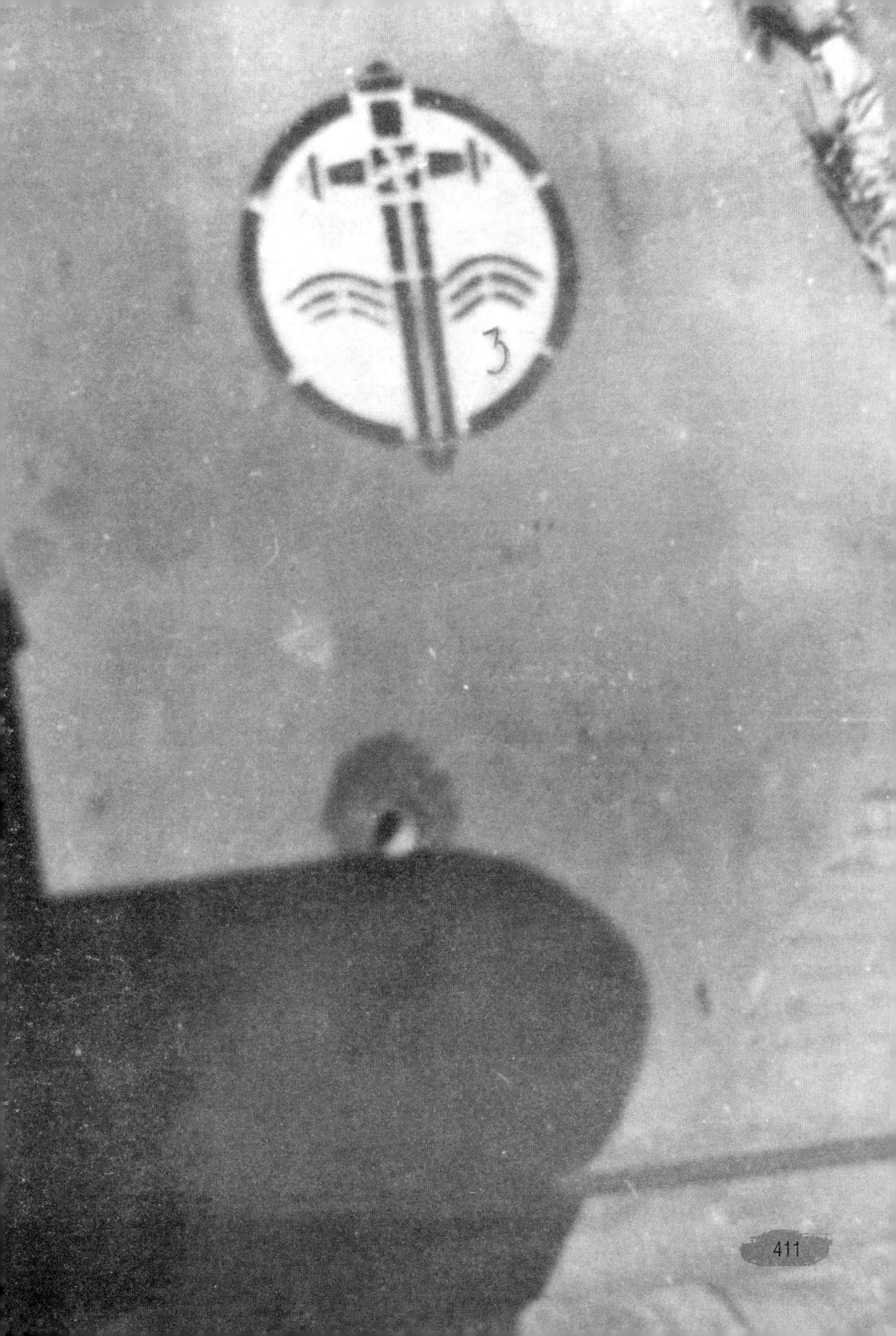
3

653重装甲歼击营战史

◎ 左图是正在接受维修的334号"象"式。其整个前车体的盖板都已经拆下，地上摆放的就是发动机通风格栅和驾驶员及无线电操作员舱板。

◎ 下图是第653重装甲歼击营的一辆"象"式，注意其葫芦形炮盾上的附加防盾缺失。而战斗室侧面没有描绘车辆的战术编号，因此该车可能是属于营部连。

第五章 第653重装甲歼击营第2和第3连在苏联的征战历程

◎ 上图是在贝尔扎尼的集结区所摄,一辆"象"式此时正在进行新的迷彩喷涂,喷涂所需的空气压缩机就在旁边这辆"骡子"半履带卡车上。所有在捷尔诺波尔地区作战的"象"式都刷上了暗黄、绿和红棕三色迷彩。

◎ 下图是334号"象"式的车组成员在他们宿舍的花园里用石块拼出的营徽和战车编号。

653重装甲歼击营战史

◎ 应第653营的请求，1944年春季他们得到了一辆"虎"（P）作为指挥坦克。上图及下图摄于1944年7月底，此时该营已经处于撤退途中，上图中SSyms式铁路平板车上停着的就是该营接收的那辆"虎"（P）以及一辆安装了四号坦克炮塔的"回收豹"。下图是上图的局部放大，展示了这辆"回收豹"的细节，这辆特殊的车辆是由该营的维修连自行改造的。

第五章　第 653 重装甲歼击营第 2 和第 3 连在苏联的征战历程

◎ 上图及下图摄于列车在伦贝格停留期间，第 653 营这辆"虎"（P）坦克的车组与他们的战车拍下了几张照片。根据现存的资料，该车的车长为哈格尔施泰因下士，驾驶员为二等兵格贝勒，装填手为二等兵施泰因穆勒，无线电操作员和炮手姓名不详。

415

653重装甲歼击营战史

◎ 上图及下图是从后部拍摄的"虎"（P），可见其发动机舱通风格栅板上附加了一层额外的金属线网。

第五章 第653重装甲歼击营第2和第3连在苏联的征战历程

◎ 维修连在"虎"(P)投入作战之前还对其做了几处改装:车体前方的"MG34"机枪座周围加装了一圈矩形装甲板,另外还在驾驶员观察窗的顶部焊接了一块像屋檐一样的跳弹板,防止炮弹破片直接打入观察缝。

653重装甲歼击营战史

◎ 为发挥指挥坦克的作用，这辆"虎"（P）还安装了其他必要的设备并进行改装，调拨给第653营之后，它得到的编号是003。

◎ 下图是第653营维修连自行装上一个炮塔的"回收豹"作战时的情形。它装有一个无法转动的四号坦克的炮塔，必须通过车体转向才能对准开火方向，不过这对于已经很熟悉这种射击方式的坦克歼击车部队和突击炮部队官兵而言不是什么难事。

第五章　第 653 重装甲歼击营第 2 和第 3 连在苏联的征战历程

◎ 第 653 营接收的这辆"虎"(P)指挥坦克本来是分给计划中的新任营长汉斯·韦格林上尉使用，但由于韦格林后来另任他职，于是该车由哈格尔·施泰因下士担任车长。上图及下图都是该车在作战时拍摄的。炮塔指向车后六点钟方向，而所有车组成员都坐在坦克顶部。这辆"虎"(P)后来上报在 1944 年 7 月到 8 月的撤退中彻底损失。

653重装甲歼击营战史

◎ 1944年6月4日，原第654重装甲歼击营维修连连长，现为第656重装甲歼击团总工程师的沃尔夫冈·罗默中尉（Oberleutnant Wolfgang Römer）由于之前在修理"费迪南德"坦克歼击车和"灰熊"突击坦克的工作中表现出色，在圣珀尔滕被授予骑士级佩剑战功十字勋章。本页及右页这些照片就是在授勋现场所拍摄。下图是授予罗默中尉骑士级佩剑战功十字勋章的证书，这是一种颁发数量很少的勋章。

VORLÄUFIGES BESITZZEUGNIS

IM NAMEN
DES DEUTSCHEN VOLKES
HABE ICH
DEM
OBERLEUTNANT
WOLFGANG RÖMER
DAS RITTERKREUZ
DES KRIEGSVERDIENSTKREUZES
MIT SCHWERTERN
VERLIEHEN.
DIE BESITZURKUNDE FOLGT NACH.

FÜHRER-HAUPTQUARTIER, DEN 4. JUNI 1944

DER FÜHRER

第五章　第653重装甲歼击营第2和第3连在苏联的征战历程

◎ 值得注意的是，在罗默中尉的授勋现场出现了此时已被称为"象"式的"费迪南德"坦克歼击车的身影，而此时装备这种车辆的只有第653重装甲歼击营，但这个时期该营是在意大利和东线作战，根据记录，有两辆"象"式被送到圣珀尔滕用于训练新兵，这应该是其中一辆。

653重装甲歼击营战史

◎ 1944年春第653营再次前往东线作战之后，一些再次在战斗中遭遇严重损坏的"象"式又被陆续送回维也纳陆军军工厂进行维修，上图就是这期间正在该厂进行大修的一辆"象"式。

◎ 下图是第653重装甲歼击营在一个火车站设立的战损车辆收集点。一辆"回收豹"正停在装车坡道上，这是一辆极初期型号，没有安装推土铲。该营维修连后于1944年6月在这种车辆上安装了一座四联装20毫米高炮。

第五章　第 653 重装甲歼击营第 2 和第 3 连在苏联的征战历程

◎ 上图是 2 辆 18 吨半履带车正奋力把一辆无法行驶的"象"式倒着拖上一辆 SSyms 式平板车，准备运往维也纳陆军军工厂进行大修。

◎ 下图这辆已经装上 SSyms 式平板车准备运往维也纳陆军军工厂进行维修的"象"式来自第 653 重装甲歼击营第 2 连。照片中可以清楚看到主炮右侧有一个被苏军 152 毫米炮弹击中的痕迹，不过战斗室并没有被击穿。

653重装甲歼击营战史

◎ 为了训练候补驾驶员，第653营于1944年5月到6月的战事平静期开设了驾驶课程。本页及右页照片就是他们在用重量相对较轻的"象"式回收车进行初级驾驶训练，站在无线电操作员舱口上的是教官，学员们坐满了车身。

425

653重装甲歼击营战史

◎ 上图摄于候补驾驶员使用"象"式进行行驶测试时。坐在车外的车组成员以及罩住的 MG 34 机枪（这么做是为了防尘），表明这只是一次平淡无奇的行驶而已。

◎ 下图是第 653 重装甲歼击营第 3 连的一辆"象"式将一座小桥压垮，好在还有一半车体露在地面上，回收不算太费劲，但后面跟着的车队就无法前进了。

第五章　第653重装甲歼击营第2和第3连在苏联的征战历程

◎ 上图是两辆"象"式在护送一个轮式车辆组成的车队免受苏军坦克部队的突袭。路边的步兵被这些巨大的战车吸引住了视线。

◎ 下图是在傍晚的暮色中，两辆"象"式被部署在一个小山顶执行警戒任务。在没有步兵支援的情况下，这类任务特别艰巨。

◎ 下图是从驾驶员位置拍摄的无线电操作员作战状态，无线电操作员也兼作航向机枪手，此时他正通过潜望镜来为他操纵的MG 34机枪进行瞄准。

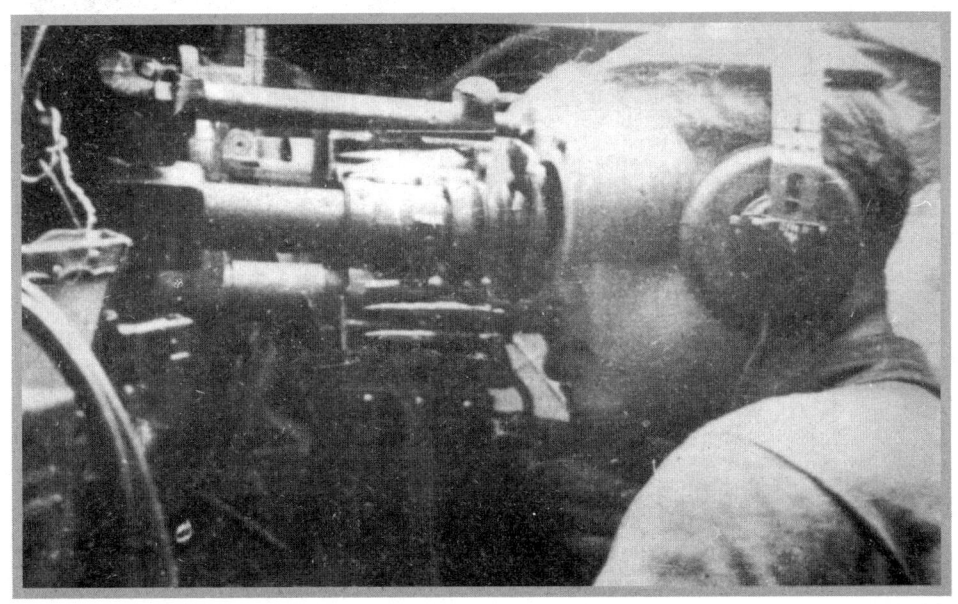

427

653重装甲歼击营战史

◎ 暴雨使地面变得松软起来，就算是通常机动性很强的T-34坦克也会陷住。上图及下图就是第653营所属的一辆T-34坦克底盘弹药运输车被陷住，一名车组成员在下车查看之后，用大锤猛烈敲击它被旁边的泥墙顶住的履带，试图让它再次开动起来。

第五章　第653重装甲歼击营第2和第3连在苏联的征战历程

◎ 上图摄于1944年夏季，和左页那辆T-34坦克底盘弹药运输车是同一辆，在这张照片中看到了它的编号是305，表明它属于第653重装甲歼击营第3连，而另一辆同型车辆归于营部。

◎ 下图是第2连的一个车组在等待弹药运输车前来补充弹药时的合影，照片中可见后面不远处，正有一辆三号坦克底盘弹药运输车开来。

429

653重装甲歼击营战史

◎ 上图是第653重装甲歼击营第3连的一辆三号坦克底盘弹药运输车，它的底盘编号是70208。

◎ 第653重装甲歼击营第3连的二等兵弗朗茨·库拉尔，时任三号坦克底盘弹药运输车的无线电操作员。

◎ 1944年夏，第653重装甲歼击营第3连的二等兵马蒂亚斯·卡彭铁尔在苏联的一张肖像照。注意他肩章上的字母P，这是装甲歼击单词的首字母，而营番号653出现在滑套上。

第五章 第653重装甲歼击营第2和第3连在苏联的征战历程

◎ 上图是一辆刚刚在维修连修理完毕的"象"式,右边不远处还可以看到一辆装有3吨起重机的轮式卡车。

◎ 下图是第653重装甲歼击营第2连的221号"象"式正在维修连进行悬挂系统的维修,一个负重轮已经被拆下摆在一旁。

81952

第五章　第 653 重装甲歼击营第 2 和第 3 连在苏联的征战历程

◎ 上图是被第 653 重装甲歼击营的"象"式击毁的一辆苏军 SU-152 自行火炮，德军士兵正在对其进行检查，在其 152 毫米主炮防盾左侧的战斗室正面装甲上，可以清晰地看到一发 88 毫米炮弹的击穿孔。这种大口径自行火炮有着"动物杀手"的称号，也就是说在对付德军那些以动物名称命名的坦克装甲车辆时相当具有威力。

◎ 左页是第 653 营营部连的一辆大众桶车，左前轮挡泥板上的营徽也清晰可见。

◎ 下图是第 653 营营部连的一辆水陆两栖车，不带阿拉伯数字的营徽也清晰可见。

653重装甲歼击营战史

◎ 在1944年5月到7月中旬的平静期，第653营维修连改装了很多缴获的车辆。上图即为其中的一辆——使用苏军T-34坦克底盘，加装一个可转动的炮塔，配备一门德制四联装20毫米高射炮。它有4名车组成员，根据营部武器修造师的说法，它在战斗中表现优秀。下图中，这辆T-34坦克底盘高炮坦克的前方停放着一辆第322突击炮旅的三号突击炮，该旅此时也在同一地段作战。

第五章　第653重装甲歼击营第2和第3连在苏联的征战历程

◎ 上图及下图是这辆 T-34 坦克底盘高炮坦克的另外两张照片。它的炮塔护墙是用一辆被击毁的 Sd.Kfz. 251 装甲车的装甲板切割拼成，车体侧面还焊接了 20 毫米炮弹箱的支架，从照片上来看，它的迷彩涂装似乎是最通用的样式，也就是暗黄色、绿色和红棕色的组合。这辆高炮坦克被交给第 653 营营部连防空排使用，它的表现和其他量产型的防空战车一样优秀。遗憾的是，它的最终命运如何并不知晓。

435

653重装甲歼击营战史

◎ 上图是第653重装甲歼击营第3连连长弗朗茨·克雷奇默中尉的座车301号"象"式，该车的驾驶员是海因里希·阿佩尔下士。

◎ 下图是在第100猎兵师主办的一次武器展览上，克雷奇默中尉站在"象"式的挡泥板上，为大家解说这种车辆。

第五章 第653重装甲歼击营第2和第3连在苏联的征战历程

◎ 上图是展示会上的第653重装甲歼击营第3连的一辆"象"式全景。

◎ 下图中,第653营的"象"式回收车也向第100猎兵师的官兵展示了其行动能力。

653重装甲歼击营战史

◎ 本页及右页的照片都摄于营部连的装甲歼击排一次全排集合演习期间，这个排一共装备了6辆"象"式，且都没有车号。

第五章　第653重装甲歼击营第2和第3连在苏联的征战历程

653重装甲歼击营战史

◎ 上图及下图是维修连回收排的人员正在对他们的 18 吨重型半履带车进行维护和修理。

第五章　第653重装甲歼击营第2和第3连在苏联的征战历程

◎ 上图是维修连的维修工场一景，图中至少可见3辆"象"式正在进行维修。

◎ 下图同样摄于维修工场，一批刚刚从德国送抵的新履带正在准备装到"象"式上。

653重装甲歼击营战史

◎ 上图是334号"象"式在维修工场中的留影,从这张照片中也可以感受一下巨大的"象"式与士兵的尺寸对比。

◎ 下图是第653营维修连配备的一台16吨龙门吊。

第五章　第 653 重装甲歼击营第 2 和第 3 连在苏联的征战历程

◎ 上图是 1944 年 7 月在贝尔扎尼附近拍摄，这辆 "象" 式属于营部连装甲歼击排，同时注意其战斗室后部的大舱门是对开式的，此类改装是在尼伯龙根工厂完成的，但总共只改装了 4 辆。

◎ 下图是第 653 营第 3 连第 3 排排长泰里特少尉的 331 号车，它于 1944 年 7 月 18 日被直接命中后烧毁，回收排成功地将其带回了己方战线，此时它正身处维修连的维修工场中。

653重装甲歼击营战史

◎ 上图是一辆在林线上设伏的"象"式，等着苏军坦克进入射程。阳光透过树枝照射下来形成的斑驳光影，使其伪装的效果非常出色。

◎ 左图这辆"象"式的照片摄于圣珀尔滕，时间是1944年7月。尼伯龙根工厂把4辆"象"式的战斗室后部大舱门改成了对开式，这是其中的一辆。

第五章　第 653 重装甲歼击营第 2 和第 3 连在苏联的征战历程

◎ 右图是左页下图那辆"象"式的另一个角度照片。共有 2 辆"象"式坦克歼击车被送到了圣珀尔滕用于训练。第 7 装甲歼击补充营调来的人员在此地用它们进行训练。

◎ 下图是在圣珀尔滕的同一辆"象"式，可以看到其战斗室后部左右对开的大舱门。

445

653重装甲歼击营战史

◎ 1944年7月22日,苏军发起的大规模进攻迫使德军迅速撤退,以避免被全歼。"象"式坦克歼击车在这样的撤退中暴露出车辆过重的缺陷。山路、小径、桥梁和河床都是艰难的障碍,致使很多战车损失掉了。上图及下图这辆第3连的"象"式就在路上抛锚了,被第507重装甲营的一辆"虎"式超过。

第五章　第653重装甲歼击营第2和第3连在苏联的征战历程

◎ 上图及下图是第653重装甲歼击营第2连的224号"象"式在撤往伦贝格（利沃夫）的途中压垮了一座桥梁。

653重装甲歼击营战史

◎ 在对塌陷的区域进行加固防止进一步塌陷之后,德军准备使224号"象"式脱困。上图可见两条牵引索已经连接到了车体前的牵引环上。

第五章　第 653 重装甲歼击营第 2 和第 3 连在苏联的征战历程

◎ 这场事故几乎导致整个维修连的人员都投入到抢救作业当中，而在人们一边奋力抢救的同时，其他"象"式也小心翼翼地从未坍塌的桥面驶过。上左图可见，224 号"象"式是向右侧倾，只有一半车体还露在桥面上，还有几条牵引索被套在车身上，看来是准备将其扶正之后再拖出坑。下图中，几辆已经过桥的"象"式正在倒车，准备充当牵引车帮助 224 号"象"式脱困。

653重装甲歼击营战史

◎ 脱困后的224号"象"式的另外一张照片。在1944年8月的撤退过程中,第653重装甲歼击营损失了60%的坦克歼击车!这其中只有极少数是在战斗中损失,大多数是在遇上无法逾越的河流或不堪重负的桥梁时被遗弃,其他一些则是耗尽燃油之后被车组自行炸毁。

第五章　第 653 重装甲歼击营第 2 和第 3 连在苏联的征战历程

653重装甲歼击营战史

◎ 上图是牵引作业准备开始，232号"象"式靠近了坑边，维修人员正在将牵引索装到其车尾的牵引环上。

◎ 下图是被成功拖出坑的224号"象"式。

第五章 第653重装甲歼击营第2和第3连在苏联的征战历程

◎ 上图是第653重装甲歼击营维修连连长约翰·德姆莱特纳少尉坐在他的大众桶车里。

◎ 第653重装甲歼击营维修连是该营第一支撤退到喀尔巴阡山脉中巴特拉布卡附近撤退集结区的成建制单位，下图为该连的车队在集结区内。

653重装甲歼击营战史

◎ 右图和下图是也撤退到巴特拉布卡的一辆"象"式，此时它正在维修连驻地里。注意其天线上有2面三角旗，其中一面是红底加白圈和黑色"卐"字徽。

第五章　第 653 重装甲歼击营第 2 和第 3 连在苏联的征战历程

◎ 上图是 332 号"象"式，它是从加里西亚那惨烈的撤退中少数几辆相对损伤轻微的战车之一。只有 12 辆"象"式走完了全程，撤到了巴特拉布卡。

◎ 左图是第 653 重装甲歼击营第 2 连连长海因里希·泰里特少尉的一张肖像照，他也是后来独立出去的第 614 陆军重装甲歼击连的副连长。

653重装甲歼击营战史

Besitzeugnis

Dem _____ Leutnant _____
(Dienstgrad)

_____ Heinrich Teriete _____
(Vor- und Zuname)

_____ s. Pz.Jg.Abt. 653 _____
(Truppenteil)

wurde das

Panzerkampfabzeichen
— Silber —
III. Stufe

verliehen.

O.U., den 21. Sept. 1944
(Ort und Datum)

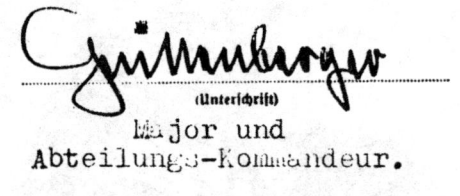

(Unterschrift)
Major und
Abteilungs-Kommandeur.
(Dienstgrad und Dienststellung)

◎ 海因里希·泰里特少尉的三级银质装甲突击章证书，这种勋章用来表彰参加过75次坦克战的装甲兵。

第五章 第653重装甲歼击营第2和第3连在苏联的征战历程

Besitzeugnis

Dem ──Unteroffizier──
  Dienstgrad

──Heinrich Appel──
  Vor- und Zuname

──3. Komp. /schw.Panzerjäger Abt. 653──
  Truppenteil

wurde das

Kraftfahrbewährungsabzeichen

in ──Silber── verliehen.

Abt.Gef.St., d. 1.9.44
  Ort und Tag

  Unterschrift

Hauptmann u. stellv. Abt. Kdr.
  Dienstgrad und Dienststellung

◎ 海因里希·阿佩尔下士的银质驾驶员勋章证书。

Besitzzeugnis

Dem **Obergefreiten**
(Dienstgrad)

Peter Schade
(Vor- und Zuname)

3. Komp./schw.Panzerjäger Abt. 653
(Truppenteil)

für tapfere Teilnahme an 5o Einsatztagen

wurde das

Panzerkampfabzeichen

— Silber — III. Stufe —

verliehen.

Abt.Gef.St., den 6.1o.44
(Ort und Datum)

Guttenberger
(Unterschrift)

Major u. Abteilungskommandeur
(Dienstgrad und Dienststellung)

(Stempel)

◎ 一等兵彼得·沙德的三级银质装甲突击章证书。

第六章

第653重装甲歼击营第2连和第614陆军重装甲歼击连的机动和作战

(1944年9月—1945年5月)

第六章　第653重装甲歼击营第2连和第614陆军重装甲歼击连的机动和作战

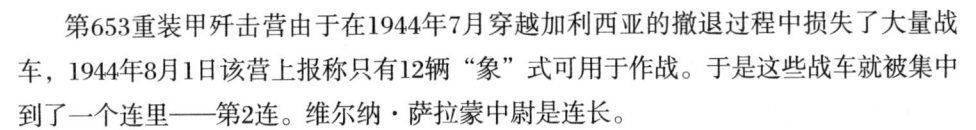

第653重装甲歼击营由于在1944年7月穿越加利西亚的撤退过程中损失了大量战车，1944年8月1日该营上报称只有12辆"象"式可用于作战。于是这些战车就被集中到了一个连里——第2连。维尔纳·萨拉蒙中尉是连长。

在克拉科夫进行了一次战场休整之后，该连在此接收了从圣珀尔滕运来的2辆额外的"象"式。到了1944年9月19日，第653重装甲歼击营第2连被配属给A集团军群的第17集团军。而第3连和从意大利撤出的第653重装甲歼击营第1连一起来到法灵博斯特尔训练场，之后又转到德勒斯海姆训练场。第2连则留在克拉科夫/塔尔努夫地区，根据11月和12月的官方记录，第653重装甲歼击营第2连也被称作"象"式连。1944年11月24日，维尔纳·萨拉蒙中尉交出指挥权，由伯恩哈德·康纳克中尉接任至1944年12月中旬。1944年12月15日，这个连被改名叫做第614陆军重装甲歼击连（Schwere Heeres Panzerjäger-Kompanie 614）。

第614陆军重装甲歼击连于1944年12月被配属给第4装甲集团军。它在凯尔采（Kielce）地区占据了阵地。1945年1月12日，苏军的乌克兰第1方面军从巴拉诺夫（Baranov）桥头堡发起进攻，而白俄罗斯方面军的总攻也开始了。德军根本无力面对如此强大的突击。连里的一名"象"式车长埃马努埃尔·施伦茨卡（Emanuel Schlenzka）在1989年7月26日的一封信中这样描述了他最后的战斗经历：

因为我属于第653重装甲歼击营第2连，所以还与剩余的"象"式一起留在东线。从那以后，我们便不停地奔波于各个摇摇欲坠的地段。我们总是在解救那些由希特勒青年团或类似组织组成的毫无经验的年轻部队。

"象"式在前线几乎刀枪不入。我们的前装甲就算被苏军的"约瑟夫·斯大林"式重型坦克多次命中，也毫发无损。1945年1月12日，苏军发动了声势浩大的钳形攻势。我们的任务是掩护从凯尔采包围圈突围的车队的侧翼。我们的连长命令我掩护撤退。地形对苏军有利，他们还布下了一个陷阱，等着把每辆"象"式都干掉。1945年1月15日，走在我前面的卡尔·巴施下士（Unteroffizier Karl Baasch）的"象"式被击毁。我们救起了巴施下士和他的部分车组——莱奥·科赫下士和霍斯特·彼得斯下士。他们三人都负伤了。1945年1月15日中午左右，我们的"象"式也遭到了同样的命运。那时它才刚补充满弹药和燃料，所以中弹后立即烧毁。车组之中只有我们三人成功逃出，其他弟兄全都和战车一起毁灭。

我在三天后被苏军俘虏。1945年6月我成功越狱，在经历了很多无法形容的苦难之后，于1945年8月逃到了巴伐利亚。

653重装甲歼击营战史

第614重装甲歼击连在随后的防御战和撤退行动中损失了所有的"象"式。在1945年1月31日、1945年2月6日、1945年2月15日、1945年2月20日和1945年2月22日上报装甲兵总监的报告中可以看到已经没有"象"式可用。而在1945年1月底，当时接任连长职务的里特尔上尉（Hauptmann Ritter），手写了一份报告汇报了该连的状况，当时该连只剩最后4辆"象"式（出处：联邦档案馆之弗莱堡军事档案馆）：

兵力：1名军官，12名士官，39名士兵（5个车组在铁路运输中）。

装备：4辆"象"式坦克歼击车，1辆"回收豹"，1辆DKW通讯用摩托车，1辆轻型指挥车，2辆施泰尔中型指挥车，1辆欧宝中型燃料运输卡车，1辆欧宝中型炊事卡车，1辆欧宝"骡子"中型弹药运输车，2辆比辛重型卡车和3辆拖车。

第614重装甲歼击连余部途经奥珀伦、布雷斯劳、索拉乌（Sorau，1945年1月30日）和斯普罗陶地区（Sprottau，1945年2月15日）撤退，又经过奥得河畔法兰克福来到了大柏林地区。

1945年1月31日发给装甲兵总监的电报（出处：联邦档案馆之弗莱堡军事档案馆）

致：装甲兵总监（柏林）

——机密——

第614重装甲歼击连状况：位置：索拉乌。1945年1月28日实力：20名士官、75名士兵（包含5个车组和6名外籍志愿辅助人员）。4辆摩托车、6辆指挥车、9辆卡车、5辆"骡子"、2辆18吨牵引车。
中央参谋联络处/施特拉赫维茨少校
1/45，1945年1月30日

1945年2月6日发给装甲兵总监的电报（出处：联邦档案馆之弗莱堡军事档案馆）

致：装甲兵总监（柏林）

——机密——

致：中央集团军群、后备军参谋部、后备军第六处（情报）、第三军区、魏克塞尔集团军群（党卫队全国领袖）、装甲兵总监驻中央集团军群联络办公室、德国武装力量交通运输线（Wehrmacht Transportleitung，简称WTL）

第六章　第653重装甲歼击营第2连和第614陆军重装甲歼击连的机动和作战

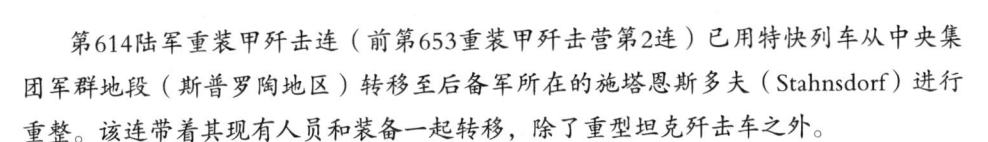

第614陆军重装甲歼击连（前第653重装甲歼击营第2连）已用特快列车从中央集团军群地段（斯普罗陶地区）转移至后备军所在的施塔恩斯多夫（Stahnsdorf）进行重整。该连带着其现有人员和装备一起转移，除了重型坦克歼击车之外。

陆军总司令部陆军总参谋部作战处（第3室）

2126/45 机密 2月6日

签名/处长黑塞尔中尉

1945年2月15日装甲兵总监发出的电报（出处：联邦档案馆之弗莱堡军事档案馆）

自：装甲兵总监（柏林）

——机密——

通知：根据装甲兵总监的命令，里特尔上尉要收拢第614陆军重装甲歼击连（"象"式）驻索拉乌地区的剩余人员和物资，立即前往驻施塔恩斯多夫的第4装甲侦察训练与补充营进行重建。

所有指挥人员、要塞指挥官和指挥部立即向里特尔上尉返还第614陆军重装甲歼击连的人员和物资。

全力配合里特尔上尉完成其任务。

（签名）参谋长

分发给：里特尔上尉（3份）

副本：日志

1945年2月20日装甲兵总监发出的电报（出处：联邦档案馆之弗莱堡军事档案馆）

自：装甲兵总监（柏林）

主题：第614陆军重装甲歼击连的战地重建

（1）后备军负责利用驻施塔恩斯多夫的第4装甲侦察训练与补充营对第614陆军重装甲歼击连进行一次战地重建。

（2）建制：按照1943年3月31日颁布的1148 c号编制和装备表，该重装甲歼击连装备10辆"象"式，也可能为"猎虎"（波尔舍底盘），并根据AHM 44第488条进行调整，增配"斯塔博"16吨龙门吊。

（3）军官由陆军总司令部人事办公室负责任命。缺员由后备军提供。

（4）装甲兵总监负责提供装甲车辆，摩托化车辆不予提供。其他物资由后备军负责提供。

（5）竭尽全力加快让"象"式为该连所用。

（6）提供行动状态报告给陆军总参谋部作战处、陆军总参谋部部队组织机构处、装甲兵总监。

陆军总司令部/陆军总参谋部/部队组织机构处

装甲兵总监组织机构第2处

（机密）第2454/45号，1945年3月19日签署，参谋长（弗赖尔）

1945年2月22日收到装甲兵总监的电报（出处：联邦档案馆之弗莱堡军事档案馆）

自：装甲兵总监（柏林）

1945年2月25日

机密

（机密）第11459/45号

1945年2月22日

致：第三军区

抄送：陆军总司令部人事办公室、装甲兵总监、陆军总参谋部部队组织机构处

参阅：陆军总司令部、陆军总参谋部部队组织机构处、装甲兵总监组织机构第2处，1945年3月19日签署第2454/45号（机密）。

主题：第614陆军重装甲歼击连的战地重建

（1）第三军区将与陆军总局第6处密切配合，用驻施塔恩斯多夫的第4装甲侦察训练与补充营对第614陆军重装甲歼击连进行一次战地重建。

（2）建制和兵力：按照1943年3月31日颁布的1148 c号编制和装备表（装备10辆"象"式，也可能为波尔舍底盘"猎虎"），并根据AHM 44第488条增配"斯塔博"16吨龙门吊。

（3）不提供轮式车辆。

（4）竭尽全力加快让该连的"象"式恢复作战能力。

（5）其他措施根据装甲兵总监参谋部，作战处于1945年1月1日签署的第1/45号（机密指挥事务）的命令来实施。

陆军总部后备军陆军总局参谋处（1）

1945年2月22日（机密）第11459/45号

签名：利陶少校（科长）

第六章　第653重装甲歼击营第2连和第614陆军重装甲歼击连的机动和作战

1945年2月25日，第614陆军重装甲歼击连进驻温斯多夫以西的施塔恩斯多夫地区（小施塔恩斯多夫）。他们只剩下4辆"象"式，且都需要大修。

以下是1945年3月3日发给装甲兵总监的一份电报的节选（出处：联邦档案馆之弗莱堡军事档案馆）：

（6）第614陆军重装甲歼击连（装甲兵总监）兵力：74名士官与士兵。作战装备：轻武器、通讯设备、光学设备、测距设备、6辆"猎虎"、9辆摩托车、6辆指挥车、21辆卡车、弹药补给、维修设备、"斯塔博"门式起重机及其牵引车。

从林茨发出的4辆需要维修的"象"式所需备件已经在路上。

第三军区，后勤，第01369/45号（机密）

1945年3月3日签署

签名/费特尔中尉

下列文件描述了该连最后的作战行动。节选自署期为1945年4月20日的一份连长报告（出处：联邦档案馆之弗莱堡军事档案馆）。

陆军总部装甲兵总监

1945年4月29日

部队组织机构，第640/45号（机密指挥事务）

1945年4月20日的连长报告

二、温斯多夫地区的战斗部队

1. ……

2. ……

3. 第614陆军重装甲歼击连位于采伦斯多夫（Zehrensdorf）以西的集结区。

机密指挥事务

部队组织机构/指挥科1945年4月21日

第F 619/45号（机密指挥事务）

日志

8份副本中的第一份

一、

1. 下列部队将用于组建莫斯战斗群（Kampfgruppe Möws）：

第36装甲团第2营营部及其所有主力。

第11装甲团第4营（特种装备）。

乌尔采恩装甲连（特种装备）。

库默尔斯多夫装甲连（第1警卫连）。

德累斯顿（摩托化）装甲歼击连。

第614陆军重坦克歼击连。

这个战斗群配属给驻措森（Zossen）南部的凯特尔上校（Oberst Kaether）指挥的战斗群。第36装甲团第2营的主力作战部队将转移至维特施托克（Wittstock），并重组到一支坦克歼击车部队里去。

2. 第33装甲团第2营改编成坦克歼击车部队的编制。多余的车辆和维修单位将转给第7装甲师。

3. 第2装甲团第2营已经接收了如下战车：

（1）第2108装甲营的2辆"豹"式坦克和2辆"回收豹"。

（2）克房伯与德鲁肯米勒公司生产的1辆五号坦克。

（3）马林费尔德的戴姆勒与奔驰公司生产的11辆"豹"式坦克。据报告，到1945年4月22日傍晚，大部分"豹"式处于可用状态。

（4）鉴于生产进度，更多的6辆"豹"式将于1945年4月23日可用。

位于施潘道（Spandau）的陆军辅助装备科将组建一个特种半履带装甲车连：

编制：

连部：1辆Sd.Kfz.251/3，1辆Sd.Kfz.251/9，1辆Sd.Kfz.251/1。

第1排：4辆Sd.Kfz.251/1。

第2排：1辆Sd.Kfz.251/1，3辆Sd.Kfz.251/16。

第3排：3辆Sd.Kfz.251/16。

1945年4月22日，6点。

摘自装甲兵总监关于装甲车辆的统计日志（出处：联邦档案馆之弗莱堡军事档案馆）

1945年4月22日：

1. 将使用驻措森地区的装甲部队组建里特尔战斗群（Kampfgruppe Ritter）。编制：指挥部、第36装甲团第2营、第11装甲团第4连、装甲车连（比瓦-于尔岑）、第614陆军重装甲歼击连。

2辆"象"式由于机械故障及苏军的推进不得不遗弃。

第六章　第653重装甲歼击营第2连和第614陆军重装甲歼击连的机动和作战

关于第614重装甲歼击营最后的4辆"象"式，德累斯顿军事历史博物馆的沃尔夫冈·弗莱舍尔（Wolfgang Fleischer）在1995年有如下考证：

我能提供一些关于"象"式坦克歼击车的最后作战行动细节。托伊皮茨（Teupitz）的一个目击者描述了下列情形：一辆"象"式停在米滕瓦尔德（Mittenwalde）的主路斜坡上，两年后被拆解。连带迈巴赫发动机的油电驾驶系统装置令人印象深刻。第2辆"象"式在小克里斯（Klein Köris）占据了一个射击阵地，位于通往洛普滕（Löpten）的岔路口，在那里一直待到二战结束。

还有2辆进入了柏林内城区的战车，参与了卡尔-奥古斯特广场（Karl-August-Platz）和三位一体教堂的战斗。1945年5月1日，波军和苏军在那里逮住了它们。第614陆军重装甲歼击连大部逃出了柏林包围圈，在基尔（Kiel）被英军俘虏。

这份考证还附带了下列文件：

第653重装甲歼击营第2连和第614陆军重装甲歼击连的"象"式坦克歼击车数量统计

日期	额定	可用	备注
1944年9月20日	14	14	配属给第17集团军（A集团军群）。
1944年9月25日	14	14	
1944年10月1日	14	14	
1944年10月15日	14	14	第4装甲集团军司令部。
1944年10月25日	14	14	
1944年10月31日	14	14	
1944年11月25日	14	14	
1944年12月5日	14	13	作为第653重装甲歼击营的战斗连，配属给第4装甲集团军第48装甲军。
1944年12月10日	14	13	
1944年12月30日	14	14	配属给A集团军群（第4装甲集团军）。
1945年1月15日	14	14	配属给A集团军群。
1945年1月25日			配属给中央集团军群。
1945年2月25日			驻扎在温斯多夫附近的施塔恩斯多夫。
1945年4月1日			
1945年4月20日			第614陆军重装甲歼击连在施塔恩斯多夫进行战地重建。第614陆军重装甲歼击连在采伦斯多夫以西的温斯多夫地区的集结区（装甲兵总监部）。

原第614陆军重装甲歼击连副连长海因里希·泰里特少尉在1988年2月22日的一封信中这样讲述了他在这个连的战斗经历：

653重装甲歼击营战史

……在野战医院待了很长一段时间之后,我被转至萨拉蒙中尉指挥的第653重装甲歼击营第2连,这个连后来由我担任连长。我在加利西亚地区再次负伤,然后康纳克上尉接任连长。我康复之后,又回到了这个连。

我们在柏林地区接收了最后仅存的"费迪南德"/"象"式。我们是一个独立连。我们从未装备过"虎王"或"猎虎"。我们只收到过一辆有5个炮塔的坦克。车组在柏林附近的措森训练场进行了最后的战斗,最终弃车。我的座车被击毁,我和里特尔上尉一起被俘,1949年11月2日回到家里……

据考证,泰里特少尉在这里所说的一辆有5个炮塔的坦克,是从库默尔斯多夫陆军武器试验场拖出来的一辆T-35多炮塔重型坦克。

联邦档案馆之弗莱堡军事档案馆的档案中有一份文件,勾勒了与第614陆军重装甲歼击连密切相关的库默尔斯多夫装甲连最后的实力。

陆军总部装甲兵总监
1945年3月31日
组织机构,第F440/45号机密指挥事务
指挥官报告:1945年3月31日
A)登记在册的装甲部队和装甲掷弹兵部队
　5)库默尔斯多夫装甲连(注:用陆军武器局的库默尔斯多夫补给营编成的一个作战单位)
　　a)编制
　　　3个装甲排(部分战车可动)
　　　1个装甲侦察排
　　　1个掷弹兵警卫排
　　　1个装甲排(战车不可动)
　　b)装备
　　　3个装甲排(部分战车可动)
　　　　1辆"虎王"
　　　　1辆"猎虎"
　　　　4辆"豹"
　　　　2辆四号坦克(长身管主炮)
　　　　1辆三号坦克(60倍径50毫米炮)

第六章　第653重装甲歼击营第2连和第614陆军重装甲歼击连的机动和作战

　　1辆"犀牛"

　　1辆"野蜂"（三联装高射机枪）

　　2辆"谢尔曼"

1个装甲侦察排

　　1辆四轮装甲车（24倍径75毫米炮）

　　1辆四轮装甲车（20毫米机关炮）

　　1辆缴获的装甲车（双管炮）

　　1辆B IV C（20毫米机关炮）

　　1辆B IV C（机关枪）

1个装甲排（战车不可动）

　　1辆波尔舍"虎"（70倍径88毫米炮）

　　1辆施泰尔70倍径88毫米炮载车

　　1辆P 40（I）

◎ 由于第653重装甲歼击营到1944年8月底只剩下12辆"象"式，于是它们被全部集中到一个连中——第2连。在克拉科夫附近进行了一次战地重整之后，该连被送往巴拉诺夫桥头堡。此图摄于在克拉科夫进行战地重整期间。

653重装甲歼击营战史

◎ 上图及下图都摄于在克拉科夫进行战地重整期间，这辆"象"式没有描绘车号，因此应该原属于营部连。

第六章　第653重装甲歼击营第2连和第614陆军重装甲歼击连的机动和作战

◎ 上图及下图也是在克拉科夫进行重整时拍摄，上图近景这辆"象"式的车体前部摆放着一个工具箱，上面写着该车的底盘号150021。

653重装甲歼击营战史

◎ 上图的拍摄时间不明，估计摄于在克拉科夫重整期间的一次演习中。在"象"式的左前方是一辆三号或四号坦克，远处还可见一辆"豹"式坦克的身影，更远处的那辆坦克则型号不明。

◎ 下图应该拍摄于第653营第2连乘火车离开克拉科夫前往凯尔采之时，之前在帮助224号"象"式脱困时出现过的232号"象"式又出现在了镜头中。

第六章　第 653 重装甲歼击营第 2 连和第 614 陆军重装甲歼击连的机动和作战

◎ 上图是 1945 年 4 月在小克里斯被苏军俘获的第 614 陆军重装甲歼击连的一辆"象"式。

◎ 下图这辆模糊的"象"式照片估计是 1945 年初在措森地区拍摄，它停靠在路边，挨着一排铁栅栏，炮口还套着防尘罩。据信这是"象"式在德军手中作战的最后一张照片。

473

第七章

换装"猎虎"坦克歼击车的第 653 重装甲歼击营训练、重组及作战

(1944 年—1945 年)

653重装甲歼击营作战车辆编制（1945年3月）

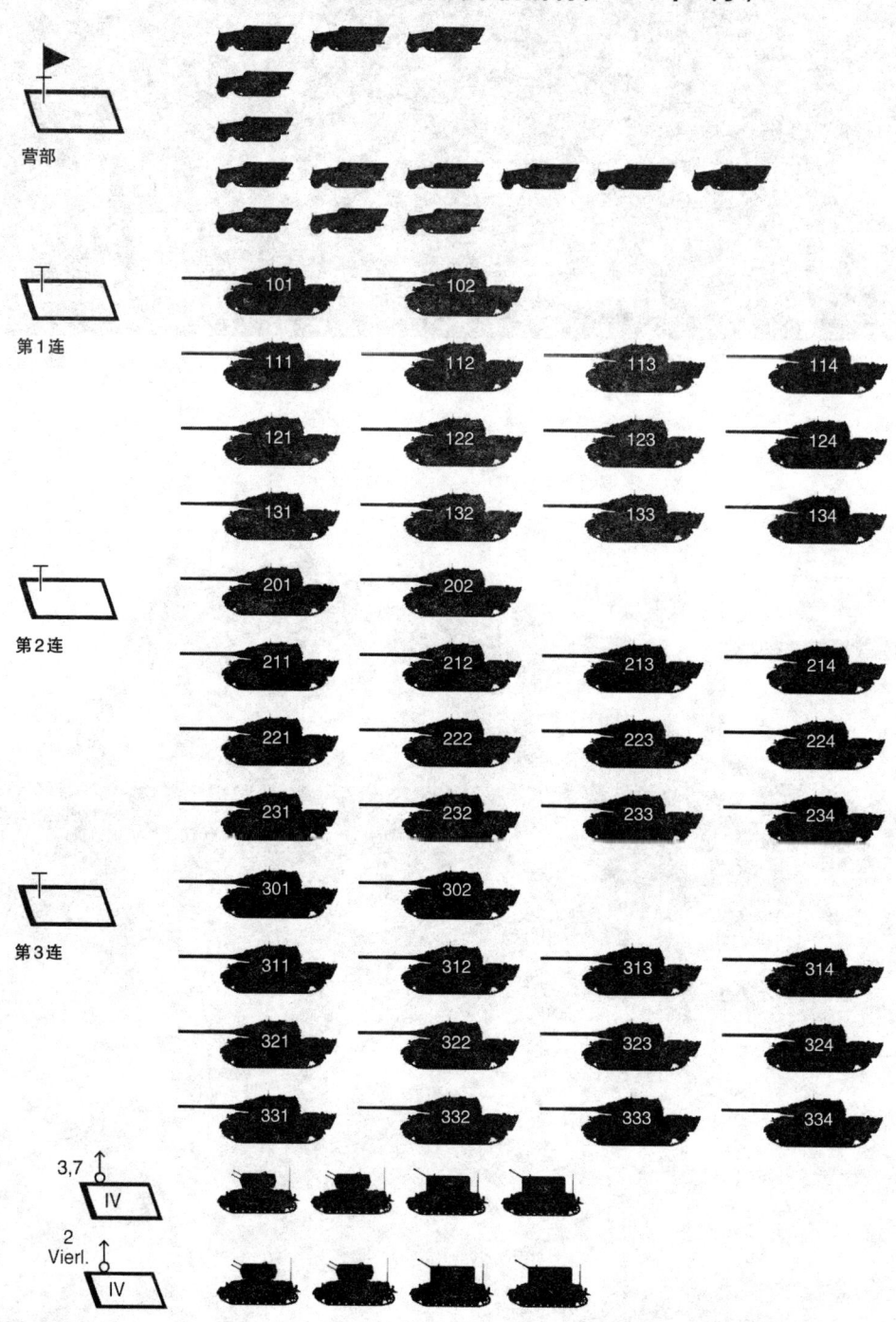

营部

第1连
101 102
111 112 113 114
121 122 123 124
131 132 133 134

第2连
201 202
211 212 213 214
221 222 223 224
231 232 233 234

第3连
301 302
311 312 313 314
321 322 323 324
331 332 333 334

3,7 IV

2 Vierl. IV

第七章　换装"猎虎"坦克歼击车的第 653 重装甲歼击营训练、重组及作战

1943年10月20日，阿道夫·希特勒观看了第一辆"猎虎"坦克歼击车的模型。他对其印象非常深刻，下令尽快投产，并一直对"猎虎"保持着浓厚的个人兴趣，还经常干预它的生产。

1944年6月初，"猎虎"开始从奥地利圣瓦伦丁的尼伯龙根工厂下线。第一批9辆战车——底盘号305001—305010号（不含305002号）——配备的是所谓波尔舍悬挂系统，每侧为4组双排交错负重轮。而底盘号305002号，以及从底盘号305011号往后的所有"猎虎"坦克歼击车，则配备亨舍尔公司研制的带有独立弹簧负重轮的分离式悬挂系统。它们还涂有防磁涂层。

Sd.Kfz.186 "猎虎"坦克歼击车的技术指标

制造商：尼伯龙根工厂
战斗全重：75 吨
发动机：迈巴赫 HL120 P30 型发动机
最高速度：41.5 公里 / 时
行程（公路 / 越野）：170 / 120 公里
油耗（公路 / 越野）：800 升 /1000 升
乘员：6
主炮：1 门 Pak 80 型 55 倍径 128 毫米炮
辅助武器：1 挺 MG 34 型机枪（备弹 600 发）、1 挺 MG 42 型机枪

从1944年6月20日起，驻慕尼黑市弗赖曼区的第7装甲歼击补充与训练营就组建了一个"猎虎"训练连。连长是于1942年8月12日获得骑士十字勋章的康拉德·雷尼茨上尉（Hauptmann Konrad Rehnitz）。训练连的多数人员也成为了1944年10月重建的第653重装甲歼击营第2连骨干。其余人员则来自驻奥地利弗赖施塔特的独立"猎虎"补充与训练连（隶属于第17装甲歼击补充与训练营），该连连长是卡尔·塞茨中尉（Oberleutnant Karl Seitz）。

1944年9月3日，第653重装甲歼击营第1连和第3连官兵开始在法灵博斯特尔的第500装甲补充与训练营进行测试驾驶"猎虎"。这轮初次培训于1944年9月20日结束。1944年9月21日，两个连都被调到奥地利的林茨，进驻位于哈格的兵营。之后，官兵们每天都要前往圣瓦伦丁的尼伯龙根工厂协助"猎虎"的量产工作。不过在1944年10月16日，美军对尼伯龙根工厂发起了一场猛烈空袭，几乎使工厂的生产陷入停顿。因此到1944年12月底时，第653营第1和第3连都没有接收到足够的"猎虎"以达到满编的实力（每个连14辆）。1944年11月1日，两个连都转移到德勒斯海姆训练场，进行128毫米主炮的射击训练，以及驾驶员训练与考核，直至11月17日。

653重装甲歼击营战史

第653重装甲歼击营指挥人员（至1944年12月1日）

营长：鲁道夫·格里伦贝格尔少校
副官：库尔特·舍雷尔中尉
联络官：赫尔曼·克纳克少尉
营部连连长：伯恩哈德·康纳克上尉
通讯官：马滕斯少尉
侦察排排长：卡默勒少尉
装甲防空排排长：阿图尔·阿尔施帕赫少尉
第1连连长：维尔纳·哈伯兰中尉
第2连连长：罗伯特·维森法特中尉
第3连连长：弗朗茨·克雷奇默中尉
支援连连长：赫尔穆特·乌布利希上尉
维修连连长：卡尔·舒尔特中尉
技术总管：工程顾问鲁道夫·沙弗拉内克
技术副总管：工程顾问埃哈德·优格
回收排排长：罗尔夫·施莱歇少尉

1944年12月7日，第653重装甲歼击营第1连带着7辆"猎虎"离开德勒斯海姆训练场前往参加即将发起的阿登攻势（即突出部战役）。铁路出发点是威尔德森林地区戈普夫里茨（Göpfritz an der Wild）。起初目的地是格明德-卡尔-施莱登（Gemünd-Kall-Schleiden），但由于铁路线被盟军的空袭彻底摧毁，所有作战单位以及用于攻势的补给所搭乘的列车只能滞留在莫泽尔河谷或艾费尔高原地区。只有一部分支援连的士兵在乌布利希上尉的指挥下，于1944年12月15日阿登攻势开始时到达了指定行动区。

B集团军群的铁路运输报告清楚地描述了1944年12月12—31日该营面临的运输问题。

1944年12月12日：第653重装甲歼击营。3列火车从科赫姆附近德勒斯海姆发出（目的地：格明德附近地区）。2列火车在文格罗尔（Wengerohr）卸车。1列火车在驶往卸车区域的路上。

1944年12月14日：下午停止运动。所有部队位于文格罗尔地区。

1944年12月19日：中午之前：3列火车在卡利附近地区（目的地）。1列火车离开维特利希（Wittlich）/文格罗尔地区。1列火车在前往科布伦茨（Koblenz）的路上。

1944年12月21日：1列火车在布兰肯海姆（Blankenheim）。运输的是第653重装甲歼击营第3连。

第七章　换装"猎虎"坦克歼击车的第653重装甲歼击营训练、重组及作战

1944年12月23日：新的目的地，G集团军群。目标区域，茨韦布吕肯（Zweibrücken）。

1944年12月25日：文格罗尔遭到猛烈空袭。第653重装甲歼击营损失了一些半履带车和轮式车辆。

1944年12月26日：1列火车计划于1944年12月27日夜间离开魏勒斯维斯特（Weilerswist）。第653重装甲歼击营在维特利希/文格罗尔的部队计划在乌乐齐希（Urzig）上火车。3列在路上的火车中，2列暂停在维特利希/文格罗尔地区，还有1列位于布兰肯海姆地区。因为铁路线被炸断，SSyms式平板车无法前进。

1944年12月28日：人员还没赶来登上已经等在杜伊斯多夫（Duisdorf, 波恩附近）的火车。

1944年12月29日：第653重装甲歼击营人员接到从维特利希/文格罗尔地区越野行军前往博帕德（Boppard）的命令。

1944年12月30日：1列火车前往波恩装车，1列火车目前正在波恩装车，1列火车到达了茨韦布吕肯地区，相当于2列火车运载量的部队（第653重装甲歼击营第1连和第3连）从维特利希地区越野前往博帕德地区，1列火车停在本格尔（Bengel），1列滞留在特里尔/埃拉让（Trier/Ehrang）的一个隧道里。

1944年12月31日：一支"猎虎"部队8点从布兰肯海姆出发。4辆"猎虎"在波恩附近的赖斯多夫装上火车。12点30分，"猎虎"部队指挥部到了明斯特费尔德。其余部分在布兰肯海姆（2辆"猎虎"，2辆装甲回收车，1辆自行高炮），还无法行动。最快的装车日期是1945年1月2日夜。夜里：1列火车到达茨韦布吕肯，相当于2列火车运载量的部队（第653重装甲歼击营第1连和第3连）从维特利希地区越野前往博帕德地区，1列火车停在本格尔，1列火车依然滞留在特里尔/埃拉让。

向行动区断断续续的铁路运输和公路行军——有些长达130多公里——简直是给这些庞大且易损的战车上刑。再加上所有战斗支援单位都不在场，使得这个营在阿登攻势中的表现平淡无奇。

1944年12月25日
致：第1集团军司令部
主题：第653重装甲歼击营
下列"猎虎"行动备忘录包含危急信息：

653重装甲歼击营战史

"猎虎"的武器和机动性只适合坚硬、平坦的开阔地。由于深沟和河床对其底盘和驱动装置造成的负担过大,所以"猎虎"只能从桥梁上跨过以上障碍。

波尔舍悬挂系统依然有相当大的问题(全营仍有7辆波尔舍"猎虎",其余的是亨舍尔悬挂系统)。

(1)两段式履带会产生强烈震荡,导致主炮偏离调节器。悬挂系统的弹簧太紧。

(2)悬挂系统承载面的划分方式,以及简单的负重轮,导致在较差的地形(布满岩石、高低不平、弯曲的道路)上行驶时会对履带产生侧向应力,使得履带板弯曲或履带销损坏。

(3)特种悬挂部件,比如不同的作战履带和铁路运输履带,让补缺和修理变得更困难。

战斗表现:射速太低(原因是采用了弹头和药筒分离的分装式炮弹。而且每次开火之后,为了卸出空药筒还必须把火炮仰角归零)。所以一次进攻必须部署大量"猎虎"。

作战威力:主炮在3500米距离依然具有穿透力,适合在地质坚硬和视野良好的地带发动进攻。机械故障导致的损失约占总损失比例的40%,因此只能将其配置在一支混编部队,或面临敌军反攻时非常虚弱的防御力量中。

G集团军群司令部参谋长

施特贝克少将(签名)

很多"猎虎"坦克歼击车由于非常艰苦的公路行军出了故障。发动机和侧减速器已经证实存在缺陷,构造也太脆弱。很多发动机的润滑油滤清器里发现了金属碎屑,因此怀疑是工厂里的外籍工人蓄意破坏。

维修部门手头的备件太少,而且半个维修连已经前往茨韦布吕肯。这让"猎虎"的维修时间超乎寻常,导致陆军总司令部头疼不已。因此,装甲兵总监调查了所有无法行动的战车。下列文件内容提供了调查行动以及损坏内容的信息(出处:联邦档案馆之弗莱堡军事档案馆)。

西线装甲部队总司令部,地点保密,1945年1月9日

——第371号行动案(机密)——

主题:第653重装甲歼击营("猎虎")

致:西线总司令部、装甲兵总监

博帕德地区有2辆可以行动的"猎虎"。西线装甲部队总司令部和2个车组都交谈

第七章　换装"猎虎"坦克歼击车的第653重装甲歼击营训练、重组及作战

过，已于1945年1月9日傍晚下令装上火车。

在圣戈阿西面12公里处的埃默尔斯豪森（Emmelshausen）有2辆"猎虎"，它们的发动机都已损坏，而且润滑油油压过低。

在圣戈阿西南面15公里处格登罗特（Gödenroth）有2辆"猎虎"，1辆损坏了一个主动轮，1辆的轴冷却管破损。

位于莫泽尔河畔布里德尔（Briedel an der Mosel）的3辆"猎虎"中，1辆发动机损坏且润滑油油压过低；1辆的冷却水泄漏且多处电路故障；1辆的发动机损坏，是因为阀门和连杆问题。

位于文格罗尔的3辆"猎虎"中，有2辆的发动机损坏且润滑油油压过低，还有1辆的驾驶机构损坏。

第653重装甲歼击营维修连有一半的人目前在修理文格罗尔的3辆"猎虎"。由于维修连没有龙门吊可用，使得这项工作变得难上加难。维修连必须使用文格罗尔的铁路吊车。在博帕德修理过的2辆"猎虎"有望在1945年1月12日傍晚到达。

西线装甲部队总司令部
作战副总参谋长（签名）

——机密——

陆军总司令部，1945年1月16日
约翰·尼斯中尉
装甲兵总监处机械化车辆办公室主任
第1.290/45号（机密）调查报告
主题：第653重装甲歼击营的"猎虎"

根据托马勒将军的命令，我与亨舍尔公司和迈巴赫公司派出的2个专家于1943年1月13日和14日走访了第653重装甲歼击营无法作战的"猎虎"，鉴定了它们的故障程度。

经查实：在向莱茵河畔博帕德的运动过程中（公路行军90公里），16辆"猎虎"中有10辆在维特利希地区抛锚。它们包括：

6辆出现严重故障，其中4辆的发动机转轴损坏，2辆的发动机损坏。

4辆为中度故障，其中1辆的电路短路导致发动机起火，1辆的发动机通风扇损坏，1辆的通风扇轴损坏，1辆的发动机机油由于过滤纸破裂泄漏。

故障的详细信息请见附表。

653重装甲歼击营战史

修理事宜

必须立即预订修理需要的零件并运送。西线装甲部队总司令部已经派出1架龙门吊和3套坦克修理车提供支援。1名驾驶机构专家也被派往该营。4辆中度故障的战车将在备件运抵后到1~2天修好。严重故障的则需1~2星期。

故障数量异常高的原因是：

（1）"猎虎"的重量太重（比"虎"Ⅱ还重10吨），使其比"虎"Ⅱ更易损坏，修起来也更棘手。其底盘是超载的，因此也容易损坏。

（2）虽然驾驶员和维修人员在尼伯龙根工厂进行过培训，但熟练程度仍不够。尼伯龙根工厂不但公然藐视亨舍尔底盘，而且也不熟悉。举例来说，他们只让驾驶员在奥尔瓦驾驶系统上进行草草练习，因此出现小差错就导致整台战车抛锚。

因此我建议：

（a）立即命令亨舍尔公司派出一名熟悉包括发动机和驾驶机构在内的整个底盘知识的专家，去培训第653重装甲歼击营的驾驶员和维修人员。

培训时间：约2个星期。

（b）"猎虎"的驾驶员培训在亨舍尔公司进行，此项只适用于在卡塞尔地区组建的"猎虎"部队。

（3）第653重装甲歼击营缺少很多特殊工具，因此很多情况无法自行处理。In.6已经开始调查这些工具的下落。

（4）第653重装甲歼击营的领导（第1连连长哈伯兰中尉及营副总技师优格）和驾驶员们缺乏尽快修复战车，或是最起码做好修理准备的应有热情与动力。大部分战车已经闲置了5天，既没有进行任何故障诊断，也没有进行任何修理准备。这种失职行为一定要查清责任者。西线装甲部队总司令部也必须要负责监督好这个营。

（5）该营的分散部署——一些战车在维特利希地区，其余的在茨韦布吕肯地区——也使得在维修设备短缺的情况之下（此时只有一架龙门吊）无法对所有战车进行修理。因此，全营必须集中行动。

（6）全营所有维修部队都在茨韦布吕肯，维特利希地区没有。维修部队不应该在战斗部队后面运输，或与其分离。

总结

（1）第653重装甲歼击营的连长、技师、维修士官和驾驶员都指出每天行军30~40公里是最佳里程。该营起初预计从文格罗尔到博帕德要走3天（全程约90公里）。结果是，有些"猎虎"只用2天就走完了全程！

显然是深受强调对装备极度保护的尼伯龙根工厂培训的影响。第653重装甲歼击

第七章　换装"猎虎"坦克歼击车的第653重装甲歼击营训练、重组及作战

营并不明白，这种行军速度使得摩托化运动变得毫无意义。

（2）在亨舍尔公司，总经理施蒂勒·冯·海德坎普夫博士（Dr. Eng. Stieler von Heydekampf）、经理佩尔图斯（Pertus）以及其他人告诉我说"猎虎"在前线表现不错，并取得了突出战绩。因此他们要求生产比原计划的150辆更多的"猎虎"。

我解释说，装甲兵总监目前尚未听说"猎虎"的优良表现及成功之处。根据第653重装甲歼击营第1连连长哈伯兰中尉的叙述，只有少量猎虎已经作为火炮部署在茨韦布吕肯。1辆"谢尔曼"被击毁，而1辆"猎虎"则因一次原因未知的爆炸导致全毁。

附件：1张表格
附在调查报告后。
主题：第653重装甲歼击营损坏的"猎虎"
约翰·尼斯中尉
第1.290/45号（机密）调查报告

A. 严重故障

编号	车辆编号	里程数（公里）	发动机号	故障	维修措施
1	305010	207	a a m 832 1373 （德国汽车工业联合会） 曲轴轴承编号 w/8	润滑油无油压，滑油滤清器里有碎屑，6号和12号轴套磨损。	用于更换的发动机备件已经交付。
2	305014	174	228 a a m 832 1728 （德国汽车工业联合会）	润滑油无油压，滑油滤清器里有碎屑，轴套磨损。	用于更换的发动机备件已经交付。
3	305031	210	292 ere 61352 （迈巴赫？）	润滑油无油压，滑油滤清器里有碎屑，轴套磨损。	用于更换的发动机备件在途中。
4	305017	215	a a m 832 1774 （德国汽车工业联合会）	润滑油无油压，滑油滤清器里有碎屑，轴套磨损。	用于更换的发动机备件已经订购。
5	305012	约250		转向装置的行星支撑轴承破损。	用于更换的发动机备件已经订购。
6	305025	223		传动装置无法转动，发动机滑油滤清器里有金属碎屑。	用于更换的发动机备件已经交付。

653重装甲歼击营战史

B. 中度故障

编号	车辆编号	里程数（公里）	发动机号	故障	维修措施
1	305022	175	pye 8322585	7至12号汽缸爆穿，摇臂轴可能也损坏。	从损坏的1至4号发动机上拆下部件进行更换。
2	305011	402（驾驶训练用车）		发动机起火，电路短路，电子点火器损坏。	有备件可用，维修进度取决于手动绞盘和龙门吊的到达时间。
3	305009	329		左通风扇轴的万向接头损坏。	用于更换的发动机备件在途中。
4	305019	406		驱动和转向装置无法工作，因滑油滤清器密封破损，润滑油大量泄漏。	重新密封滑油滤清器，重新装满润滑油。

在1944年与1945年辞旧迎新之际，确切的时间是午夜前一个小时，G集团军群在萨尔-普法尔茨（Saar-Pfalz）地区发动了"北风"行动。其目的是阻止美军和法军从斯特拉斯堡和孚日山脉北部推进到德国边境。第653重装甲歼击营被指定参加这次行动，不过，他们仍在B集团军群行动区的莫泽尔动弹不得。只有第3连的2辆"猎虎"在行动发起时在这个地区。这2辆"猎虎"都被配属给党卫军第17"戈茨·冯·贝利欣根"装甲掷弹兵师，部署在党卫军准将西蒙的党卫军第13军的地段里。

这2辆"猎虎"从梅德尔斯海姆（Medelsheim）越过德国边界，朝着里姆兰（Rimling）进发。1945年1月4日，第653重装甲歼击营第1连又调来4辆坦克歼击车投入这片战区。它们在茨韦布吕肯附近的布鲁赫米尔巴赫（Bruchmühlbach）卸车。连同党卫军第17"戈茨·冯·贝利欣根"装甲掷弹兵师主力，2辆或3辆"猎虎"——一辆由施拉布斯上士指挥，另外一辆的车长是弗里茨·亚斯基拉下士（Unteroffizier Fritz Jaskiela），对在比奇（Bitche）附近占据着里姆兰的美军发起进攻。结果在随后的战斗中，亚斯基拉下士的134号"猎虎"（底盘号305024）被一发"巴祖卡"火箭弹击中，继而诱发弹药殉爆，整个车组人员——弗里茨·亚斯基拉、格哈德·菲舍尔（Gerhard Fischer）、维尔纳·扬松（Werner Janson）、鲁道夫·高贝（Rudolf Gaube）、弗朗茨·施罗德（Franz Schröder）和弗朗茨·博克塔（Franz Boketta）全部

第七章　换装"猎虎"坦克歼击车的第653重装甲歼击营训练、重组及作战

阵亡。赖因霍尔德·施拉布斯后来在1991年1月22日的一封信中回忆了134号"猎虎"损失的情形：

> 我们大约在中午到达里姆兰，整个地区一片静谧。我们在镇子边缘的一个斜坡占据阵地，间距约200~300米，没有和我方部队进行联系，在原地等待了约2个小时。
>
> 突然一发炮弹在我车旁边炸响。驾驶员比尔京以闪电般的速度发动引擎，后撤了一个车位的距离。此时，第二发炮弹就在我们刚才的位置爆炸。我根本没听到这两发炮弹飞来时的呼啸，因此炮弹从哪来的无法确定。过了不久，那边亚斯基拉的战车发生了一次猛烈爆炸，它在我右边约300米外。这次直接命中，将整个车组都炸死了。
>
> 接下来我就只想着里姆兰了，我想着那边肯定有第三辆战车在我们左边某个位置，也许是西边或者西北边……我们要一路冲进美国人的冬季阵地，给他们来点热乎的。

在行动的第二天，党卫军第13军战区内的德军进攻已经开始陷入停顿，而在左翼行动的第89军成功地冲到了万让（Wingen）的莫代河（Moder River）边，并在那里一直坚持到1945年3月中旬。第39装甲军（辖第21装甲师和第25装甲掷弹兵师）在进攻比奇受挫之后，转而在劳特堡（Lauterburg）突出部和维桑堡（Wissembourg）的南面展开行动，此时党卫军第10"弗伦茨贝格"装甲师也开始在阿唐（Hatten）和里泰尔索方（Rittershoffen）采取行动。

1945年1月10日20点45分，G集团军群接到西线总司令的命令。命令转述了一道元首令——将2辆"猎虎"配属给党卫军第10"弗伦茨贝格"装甲师，因为"它们特别适合对付碉堡"。

一小时之后，G集团军群向第39装甲军和第653重装甲歼击营营长转达了2辆"猎虎"的配置令。要求这2辆"猎虎"尽快前往劳特堡西南面地区，备足弹药，做好战斗装备。

致：西线装甲部队总司令部　1945年2月5日
主题：根据党卫军第10"弗伦茨贝格"装甲师报告
在过去的几天里，敌人在装甲部队的支援下在德吕瑟内姆（Drusenheim）森林进行了一次奇袭。确信美军已经缴获了1辆"猎虎"和几辆"豹"式坦克。

（出处：联邦档案馆之弗莱堡军事档案馆）

653重装甲歼击营战史

1945年1月22日，第653重装甲歼击营将不同战车的位置、战斗经验和重要问题报告给了装甲兵总监：

机密指挥事务

装甲兵总监
第335/45号（机密指挥事务）
主题：第653重装甲歼击营（"猎虎"）

（A）车辆状况（1945年1月22日）

（1）5辆"猎虎"在第39装甲军的桥头堡里。4辆可用于作战，1辆在大修。

（2）8辆"猎虎"在比尔地区。4辆可用于作战，2辆在小修，2辆在大修。

（3）5辆"猎虎"从萨尔－普法尔茨运来。

（4）4辆"猎虎"还没有在茨韦布吕肯地区装车。3辆可用于作战，1辆在小修。

（5）10辆"猎虎"在莫泽尔－莱茵河地区。都可用于作战。

（6）8辆四号自行高炮在比尔地区。3辆"回收豹"在茨韦布吕肯登地区，2辆"回收豹"在莫泽尔地区。

（B）战斗经验：

1945年1月17日，2辆"猎虎"被党卫军第14军在奥埃南（Auenheim）作为步兵的支援火力对付碉堡防线。

命中率很高，发射了6发高爆弹。

1945年1月18日：对4座坚固的碉堡发起进攻。在1000米距离的射击精度优秀。1座碉堡的装甲炮塔被2发炮弹打爆，对碉堡的射击孔射击的效果极佳。一次"谢尔曼"发起的反击被击退，用高爆弹将它们打着火。

使用的弹药：46发高爆弹和10发反坦克弹。没有损失。

（C）重要问题

战区需要的龙门吊和牵引车等补给和维修设备，依然没有收到。一整个维修排依然在莫泽尔工作。备件的短缺，尤其是驾驶机构的备件，延误了维修。自1945年12月5日起，指挥车（9辆半履带车）就从施潘道出发了，不过这个编号为2.470.251的车队依然没有赶到。

弹药库仍缺乏弹药。下列车辆和装备仍未到达：

7辆Sd.Kfz.100

19辆轻型卡车

第七章　换装"猎虎"坦克歼击车的第653重装甲歼击营训练、重组及作战

3辆中型卡车

1辆回收坦克

22辆重型卡车

2辆Sd.Kfz.9/1

1台电焊机

"回收豹"即使装备了绞盘也不堪用。1辆"回收豹"和2辆18吨级牵引车（Sd.Kfz.9）可以在宽阔的道路上牵引一辆"猎虎"。

西线总司令部参谋长

韦斯特法尔（签名）

作战/装甲联络办公室

第167/45号（机密指挥事务）

1945年2月1日的第653重装甲歼击营兵力统计（出处：联邦档案馆之弗莱堡军事档案馆）：

军官：29人，加1名平民官员。

士官：271人，加4名平民官员。

士兵：682人，加13名外籍志愿辅助人员。

共计：1000人。

伤亡和其他损失（时间段：1945年1月1—3日）

人员	阵亡	负伤	失踪	生病	其他
军官	—	—	—	1（平民）	—
士官与士兵	11	5	—	6	4
总计	11	5	—	7	4

第653重装甲歼击营车辆状况（1945年2月）

状况	猎虎	维修坦克	高炮坦克
额定	45	5	8
可用	22	4	7
在修	19	—	1

653重装甲歼击营战史

1945年1月10日，根据陆军总司令部和后备军的命令（1944年11月28日签署的AHA第6处（VIIIE）第17654/44号机密命令），一个装甲防空排被调拨给了第653营。这个排有1名军官、10名士官和64名士兵。由于该营现有编制和装备表上不包含一个装甲防空排，于是整个排被算作为满足人数而"必须"增加的支队。

1945年1月23日，第653重装甲歼击营第1连的4辆"猎虎"从第39装甲军战区运往比尔（Bühl）。1945年1月25日到达比尔火车站，随即开始沿公路行军前往穆肯朔普夫镇（Muckenschopf）和莱茵河畔门普雷希茨霍芬镇（Momprechtshofen am Rhein）。那里还有第653重装甲歼击营第1连和第2连的其他"猎虎"也在等待用一艘工兵渡船过河。渡河行动十分顺利，坦克歼击车随后在奥芬多夫（Offendorf）占据阵地。两个连朝着埃尔利塞姆（Herrlisheim）、德吕瑟内姆和塞瑟内姆（Sessenheim）方向展开侦察，不过没有发生战斗。1945年1月29日，"猎虎"被运回了莱茵河东岸。

就在1945年1月29日"猎虎"渡河撤退之时，美军战斗轰炸机对一辆在路德维希斯费尔德（Ludwigsfelde）占据阵地的"旋风"四号高炮坦克发起攻击。车组成功打下一架美军战斗轰炸机，不过高炮坦克也被重创，4名车组成员阵亡。阵亡人员里包括装甲防空排排长阿图尔·阿尔施帕赫少尉（Leutnant Arthur Allspach），其他三人是赫伯特·波佩（Herbert Poppe）、希尔马·屈内（Hilmar Kühne）和费利克斯·沃尔夫斯伯格（Felix Wolfersberger）。

用渡船运回后，"猎虎"又在比尔地区的加姆斯胡斯特（Gamshurst）、哈岑魏尔（Hatzenweier）和布赖特胡斯特（Breithurst）集结。1945年2月5日，这些部队开始装上火车，前往普法尔茨地区兰道（Landau）附近的新集结区。

1945年2月5日发出的电报（出处：联邦档案馆之弗莱堡军事档案馆）：

机密指挥事务

引用：1945年2月2日与韦尔曼少校的电话交谈

主题："猎虎"

（1）第653重装甲歼击营的行动：该营连同G集团军群部署在第1集团军左翼（维桑堡盆地），作为主战区域的一支重型机动装甲预备队，用来阻止装甲部队的突破。

（2）又有25辆"猎虎"到达：西线总司令部和西线装甲部队总司令部一致建议用其中的10辆来帮助第653重装甲歼击营达到满编实力，另外15辆用来给该营组建一个第4连。由于维修、补给和战事方面的原因，不赞成把后者（第4连）配属给第506重装甲营。

把一个"猎虎"连分配给一个"虎"式营将会使后者丧失机动性。由于维护和战事方面的原因，也不赞成将其配属给第559重装甲歼击营或第741装甲歼击营。

第七章　换装"猎虎"坦克歼击车的第653重装甲歼击营训练、重组及作战

西线总司令部

作战/装甲联络办公室

第295/45号（机密指挥事务）

齐默尔曼少将（签名）

1945年2月6日发出的电报（出处：联邦档案馆之弗莱堡军事档案馆）

机密指挥事务

致：装甲兵总监

引用：1945年2月6日与弗里德尔少校的电话交谈

主题：截至1945年2月5日第653重装甲歼击营（"猎虎"）的车辆状况

（1）该营集结于兰道地区。11辆"猎虎"到达集结区（10辆可用，1辆需要小修）。

（2）在博帕德和布里德尔之间的莫泽尔河谷：8辆"猎虎"（1辆可用，4辆需要小修，3辆需要大修）。

（3）圣英贝特地区有1辆可用的"猎虎"。

（4）19辆"猎虎"（9辆可用，4辆需要小修，6辆需要大修）位于比尔地区和集结区之间，前往集结区途中。

（5）2辆"猎虎"在从德勒斯海姆赶来途中。

西线总司令部

作战/装甲联络办公室

第300/45号（机密指挥事务）

齐默尔曼少将（签名）

第653重装甲歼击营营长鲁道夫·格里伦贝格尔少校在给装甲兵总监的月度状况报告（1945年2月）中，对他的部队作出了如下评估（出处：联邦档案馆之弗莱堡军事档案馆）：

训练状况：

第1连和第3连的训练状况可以认为是相当好。两个连都具有东线作战经验，有些人还有意大利战线作战经验。尽管仍非常缺乏使用"猎虎"的战斗经验，但两个连都对这种新武器完全信任。

653重装甲歼击营战史

第2连已经完成了重建工作并于1945年1月23日到达此地。骨干也是由有经验的老兵组成。理论学习和技术训练已经完成且效果良好。

部队士气：

战斗精神和使用新武器因全营的分散布置大打折扣。在这2个月里，无法锻炼领导层，加强训练和官兵间的信任。另外，这些部队在前线后方，没有得到维修部队的支援，只能因陋就简地维修战车，这一点在部署在莫泽尔河谷的部队身上尤甚。

维修连一开始就被分散开来，因为运输困难，已经在茨韦布吕肯登待了3个星期，且没有进行任何重要维修工作。虽然前线部队极度需要维修部队，但是无法将维修连调到前线去。连长一直要求和他的部队待在一起，这也引起了问题。

除了这些部队之外，其他战斗部队都表现出极高的战斗热情，因此我无法清楚地估计部队的士气。

其他问题：

除了上面提到的部队分散部署之外，需要特别强调的是，各部队之间的通讯有时候要花费一个星期，这也是缺乏维修部队造成的大问题。

我们在战斗区域缺少的是：

（1）整个维修连，还有必需的起重和回收设备。

（2）补给部队。

在执行回收和补给任务时，我们只得使用维修班，用应急措施进行维修。由于这是"猎虎"第一次参战，其转向装置、传动装置和侧减速器反复出现故障，且由于上述状况的出现，导致主炮无法发挥其优势，修理日程一再推迟，这削弱了官兵们对优秀战车一贯的信任。因为应急修理措施和更换的零件都只是临时措施，并不能解决故障，驾驶员面对哪怕是最轻微的问题也非常焦虑。

于是后果就是要过度耗费人力和物力。如果G集团军群调遣全营到兰道南面的命令得到彻底执行的话，上述问题就会立即得到缓解。

营长格里伦贝格尔少校

全营各部队缓慢地到达了新的集结地区，这些集结区分别是海钠镇（Hayna，第1连和第2连的部分部队）、埃伦巴赫镇（Erlenbach，第2连）、施泰因魏莱尔镇（Steinweiler）和罗尔巴赫镇（Rohrbach）。这次是全营首次能完整地在一个地区集结，并让"猎虎"保持相当好的机械状况，不过侧减速器还是故障频发的部件。

第七章　换装"猎虎"坦克歼击车的第653重装甲歼击营训练、重组及作战

1945年2月17日发出的电报（出处：联邦档案馆之弗莱堡军事档案馆）

机密指挥事务

致：装甲兵总监，柏林

引用：装甲兵总司令部/陆军总参谋部（部队组织机构）1945年2月15日发出的第3432/45号（机密指挥事务）

主题：第512重装甲歼击营（"猎虎"）的部署准备

（1）第653重装甲歼击营在作战时发现"猎虎"侧减速器有一系列问题（战车结构的缺陷）。

（2）必须对所有"猎虎"做出改进。

（3）应该首先对在后方生产的"猎虎"进行改进。

（a）驻德勒斯海姆的5辆"猎虎"，隶属于第512重装甲歼击营。

（b）位于林茨的陆军车辆站的6辆"猎虎"。

（4）此项措施会推迟第512重装甲歼击营第1连做好战斗准备的时间。确定其做好战斗准备的时间必须将改装工作所花费的时间计算在内。

装甲兵总监/战车主管军官

部队组织机构第2处，1945年2月16日签发第746/45号机密指挥事务

参谋长

托马勒少将（签名）

1945年2月，美军和法军在斯特拉斯堡对边境线上德军的压力日益增强，第653营接到命令前往阻止敌人接近"西墙"。1945年2月17日，全营开始向阿格诺地区（Hagenau）进发。1945年2月28日发出的电报（出处：联邦档案馆之弗莱堡军事档案馆）：

机密指挥事务

主题：第653重装甲歼击营（"猎虎"）

西线总司令部报告：

（1）"猎虎"的作战：地图与每辆战车的射击阵地位置由格里伦贝格尔少校直接发送至国防军最高统帅部。这个营已经勘察了所有地形、道路和桥梁；关键桥梁的加固工作正在进行。

（2）弹药：与营长报告中的情形相反，莫尼卡补给站里尚存有1500发高爆弹，另外营里还有250发。按照弹种和数量进行的准确分类弹药后附。

653重装甲歼击营战史

（3）圣英贝特当地部队指挥官不能保留2辆"猎虎"。不得晚于1945年2月27日装上火车。根据G集团军群联络官的一份报告，该营由他们负责。调查已经开始。

西线总司令部

作战/装甲联络办公室

第505/45号机密指挥事务

齐默尔曼少将（签名）

1945年3月1日第653重装甲歼击营的兵力统计报告（出处：联邦档案馆之弗莱堡军事档案馆）：

军官：29人，加1名平民官员。

士官：272人，加4名平民官员。

士兵：681人。

外籍志愿辅助人员：13人。

共计：1000人。

伤亡和其他损失（时间段：1945年2月1—28日）

人员	阵亡	负伤	失踪	生病	其他（调走）
军官	1	—	—	—	—
士官与士兵	—	2	—	14	26
总计	1	2	—	14	26

第653重装甲歼击营车辆状况（1945年2月）

状况	猎虎	维修坦克	高炮坦克
额定	45	5	8
可用	31	3	6
在修	8	1	2

状况	半履带车	摩托车	军官车（轮式）	军官车（水陆两用）
额定	10	8	39	2
可用	14	15	32	2
在修	—	1	5	—

状况	"骡子"	1~5吨级牵引车	8~18吨级牵引车	中型卡车	重型卡车
额定	6	8	15	32	87
可用	13	6	14	30	53
在修	3	—	3	2	9

第七章　换装"猎虎"坦克歼击车的第653重装甲歼击营训练、重组及作战

第653重装甲歼击营武器状况（1945年2月）

状况	主炮	20毫米高炮	37毫米高炮	机枪
额定	45	7	4	126
可用	31	7	3	119
在修	8	—	1	—

1945年3月初，这个营最后一支部队到达阿格诺森林里的新集结区。这些"猎虎"部署在苏尔茨（Soultz）、叙尔堡（Surbourg）、甘斯泰（Gunstett）和莫尔斯布龙莱班（Morsbronn les Bains）。这些坦克歼击车用它们的128毫米主炮对阿格诺的目标进行间接瞄准射击。一个宣传连拍下了这次行动，作为新闻电影的素材。

第653重装甲歼击营第2连老兵维利·马克斯菲尔姆在1988年3月1日的一封信里这样描述那次间接瞄准射击任务：

我们在阿格诺郊外的树林里，阿格诺的部分地区已经被美军占领了，另外一部分在德军手里。党卫军第17"戈茨·冯·贝利欣根"装甲掷弹兵师和党卫军第10"弗伦茨贝格"装甲师已经从这个地段调走。我军在数量上完全处于劣势。因为天气很好，敌人的战斗轰炸机和侦察机不停地在这个空域里活动，上级严格限制我们开火。一个国民掷弹兵师部署在我们所处的地区里。

这个师只能用75毫米反坦克炮当作轻型支援火炮！美军有声光探测装置，他们的狙击手部署在阿格诺的一座高楼里，可以俯瞰这个地区。由于机动性太差，我军支援型火炮在这个地区的作用不大。

格里伦贝格尔少校记得营里有很多官兵接受过炮兵训练。他建议从附近一个镇子里用间接瞄准火力消灭楼里的美军。营里有个军官——我忘记他的名字和所属连队了，为间接瞄准射击任务进行了准备工作。

我们在地图上确定了位置，那是森林里的一片开阔地。之后在此布置了射击阵地，还有炮兵指挥所。从另外一个马拉105毫米炮兵部队借来了炮兵象限仪。炮兵指挥所的任务和定位点相似，因为修正是通过瞄准镜进行的。那个高耸的目标已经用炮兵象限仪测量过了，正对着炮兵指挥所，距离是我们主炮的最大射程——18000米。

那个熟知榴弹炮兵知识的军官在阿格诺郊外的观察所里指挥炮击，炮击在天一擦黑就开始了。高楼被多次命中。炮击才刚刚开始，美军就对我们的阵地进行了火力覆盖。我们收到了"关舱盖"的命令，继续集中精力射击。

653重装甲歼击营战史

机密指挥事务

主题：第653重装甲歼击营状况报告（截至1945年3月10日）

（a）人员：23名军官，7名平民雇员，217名士官和798名士兵

（b）武器统计（截至1945年3月10日）

41辆"猎虎"

4辆"东风"四号高炮坦克（37毫米炮）

4辆四号高炮坦克（20毫米炮）

1辆"旋风"四号高炮坦克（四联装20毫米炮）

4辆回收坦克

14辆中型半履带车

（出处：联邦档案馆之弗莱堡军事档案馆）

该营在阿格诺森林里相对平静地度过了1945年3月的头两个星期，修建了碉堡和战车阵地。在这段日子里，格里伦贝格尔少校和营部联络官克纳克少尉用一辆拆掉了主炮的"猎虎"作为观测车。

美军成功突破进入洪斯吕克（Hunsrück）山脉的行动，使得德军无法继续在萨尔-普法尔茨地段立足，此处的战线后撤已无可避免。1945年3月14日傍晚，该营接到掩护大部队撤退的命令。1945年3月14—15日的战斗非常激烈，天亮时在福尔斯特海姆（Forstheim）和霍伦霍夫（Höllenhof）也发生了交战。1945年3月15日中午左右，第653重装甲歼击营第3连在遭受了严重损失后，被迫停止从莫尔斯布龙莱班对霍伦霍夫高地的进攻。该连被美军战斗轰炸机击毁了5辆坦克歼击车。

第653重装甲歼击营第2连老兵维利·马克斯海姆下士（Unteroffizier Willi Maxheim）在1988年2月8日的一封信里回忆了该营那次对莫尔斯布龙莱班的攻击：

美军已经占领了附近的村庄。指挥这个地段部队的将军命令"猎虎"去进攻那个村子，或者对其发动炮击。我们的连长计划在黄昏之后立即进攻，此时美军战斗轰炸机已无法起飞，而我军可利用最后的"昼间开火时段"。因为美军掌握着制空权，我们通常采用这样的战术。不过将军的想法更高明！第653重装甲歼击营第3连也要出击。他们离开霍伦霍夫附近的集结区，爬到山上，我当时作为前线观察员和一个无线电操作员待在一个葡萄园里，所以对此记得很清楚。由于第653重装甲歼击营第2连要从伏击位置出发，与进攻部队会合，维森法特中尉要求我不停地向他通报情况。当（第3连）出现在开阔地的道路上时，大批的战斗轰炸机和炮兵观测机出现了。同伴

第七章　换装"猎虎"坦克歼击车的第653重装甲歼击营训练、重组及作战

们瞬间被强大的火力覆盖，他们火速撤退，只对高地发射了几发炮弹。克纳克少尉的"猎虎"遭受了4架战斗轰炸机的攻击，笼罩在一片巨大的烟尘里。我当时在想："安息吧，克纳克！"该车却从烟尘里冲出。他后来告诉我坦克歼击车晃得就像巨浪里的船只。虽然我在望远镜里目睹了这一切，不过我不记得那次我们的战损情况。

1945年3月16日，在霍伦霍夫附近的战斗中，弗朗茨·克雷奇默中尉的301号"猎虎"的无线电操作员舱盖被击中，战车起火燃烧，无线电操作员汉斯·扎格尔被严重烧伤，驾驶员海因里希·阿佩尔下士被弹片打伤。因为侧减速器损坏，314号"猎虎"（波尔舍底盘）的乘员弃车，并在拆掉了光学设备后炸掉了它。海因茨·泰格曼上士的332号"猎虎"也不得不被丢弃。

1945年3月16日下午，第653重装甲歼击营第1连部署在甘斯泰和叙尔堡之间的阵地。哈伯兰中尉在那里成功击毁了一辆"谢尔曼"和一门美军的榴弹炮。以下内容节选自为哈伯兰中尉申请金质德意志十字奖章的文书（出处：联邦档案馆之弗莱堡军事档案馆）：

……哈伯兰因为表现出色一路升到了中尉军衔，并被任命为连长。1945年3月16日，他与第47国民掷弹兵师在阿格诺和维桑堡之间的地区协同作战时接到命令——从他的连队里派出7辆"猎虎"，阻止敌军渡过绍尔河，并掩护友军有序地撤退。敌军集结了超乎寻常强大的坦克和步兵部队，沿劳巴赫（Laubach）-甘斯泰公路发起了进攻，这些坦克歼击车立即全力开火，阻止了他们的进攻势头。在这次作战中，哈伯兰中尉的座车击毁了1辆"谢尔曼"坦克，并趁着1门敌人的榴弹炮在转移阵地时对其进行了直射，将其击毁。敌军纠集了坦克和步兵登上一个高地，从北边和东南面对哈伯兰战斗群重新发起了进攻。这个战斗群从无线电中了解到敌情后，他们把部队部署在两翼，以便阻止敌人从那里横渡绍尔河。这一步棋也使盟军无法从南方攻击撤退中的友军。多亏了哈伯兰中尉及其战斗群表现出不同寻常的进取精神和坚定意志，阻止了敌军极具威胁的突击，让友军能按计划撤退，并在次日夜间也免受敌军的截击。

在从"西墙"防线前沿地区撤退的过程中，只有13辆"猎虎"能用自身动力经由公路撤退。其余21辆"猎虎"只能依靠铁路运输或者依靠大量牵引车到达盖默斯海姆（Germersheim）附近贝尔海姆（Bellheim）的新维修场。在撤退期间，第653重装甲歼击营第2连的赫伯特·舍尔茨在一次炮击中被在树梢高度爆炸的炮弹炸死。这个连还在维桑堡外围损失了奈德尔下士的"猎虎"，它在撤退途中被德军自行炸毁。第

653重装甲歼击营战史

653营的部队在经过维桑堡时还接到命令，在巴特贝格察伯恩（Bad Bergzabern）迟滞追击友军的美军装甲部队前锋。他们击毁了大量美军坦克，成功完成了任务。

当他们继续途经奎希海姆（Queichheim）、奥芬巴赫（Offenbach）和德赖霍夫（Dreihof）撤退时，多次遭到战斗轰炸机的袭击。第653重装甲歼击营第2连的卡尔·赫尔曼下士（Unteroffizier Karl Hermann）和二等兵利奥波德·克罗克尔（Gefreiter Leopold Kroker）阵亡。

鉴于美军从路德维希哈芬（Ludwigshafen）向南攻击的威胁，第653营在1945年3月21日夜组织了三个战斗群来把守"葡萄酒之路"上的诺伊施塔特（Neustadt an der Weinstraße）–伯赫尔（Böhl）–希弗施塔特（Schifferstadt）一线，阻止美军切断该营撤过莱茵河的路线。在诺伊施塔特驻守的战斗群由第3连的贾斯珀·格赫尔少尉指挥，它由2辆第3连和1辆第2连的"猎虎"组成，他们重创了从北面杀来的一支美军坦克纵队，声称击毁了25辆敌坦克。不过在这一战中，格赫尔战斗群也由于机械故障而遗弃了331号"猎虎"（底盘编号305020）和323号"猎虎"。而在最后一辆234号"猎虎"在撤出诺伊施塔特之后又在盖默斯海姆郊外的蔡斯卡姆（Zeiskam）卷入战斗时，右侧履带被命中一弹而打断，最终被自行爆破丢弃。

在伯赫尔镇驻守的战斗群是由第2连的费恩艾森少尉指挥，包括3辆第2连的"猎虎"。3月22日上午8点，美军在坦克的支援下发动了进攻，费恩艾森少尉的"猎虎"击毁了6辆坦克。哈格尔施泰因下士报告他击毁了3辆坦克，而科恩斯下士击毁了2辆半履带车。另外他们还缴获了2辆半履带车，并俘虏了13名美军士兵。

费恩艾森少尉的"猎虎"的发动机受损，只得被友军拖曳回去，不过这辆战车在伊格尔海姆（Iggelheim）附近的树林里被修好了，又投入了战斗。两军在伯尔又爆发了激战，连"猎虎"都卷入了残酷的近战。费恩艾森少尉两次负伤，洛军士长被迫在伯尔丢弃了他的"猎虎"并将其炸毁。哈格尔施泰因下士的224号"猎虎"在撤到伊格尔海姆时，发动机舱被曲射火炮击中，整车烧毁。

同日，维尔纳·哈伯兰中尉指挥的第653重装甲歼击营第1连的战斗群也在伯尔-伊格尔海姆东面的希弗施塔特打了胜仗。军士长古斯塔夫·科斯的"猎虎"仅用一发128毫米穿甲弹横扫整个路面，击毁了2辆美军半履带车。以下内容节选自另外一篇为哈伯兰中尉申请金质德意志十字奖章的文书：

……1945年3月22日，哈伯兰战斗群的3辆坦克歼击车的任务是去施派尔（Speyer）桥头堡和希弗施塔特附近掩护友军，上级下令不惜一切代价阻止敌军达成突破。哈伯

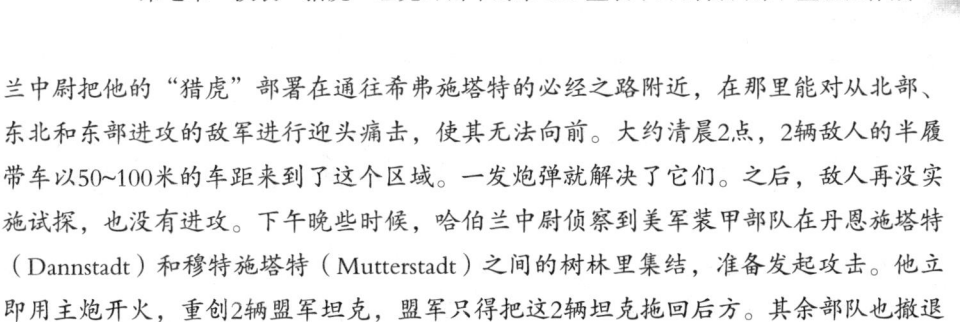

第七章　换装"猎虎"坦克歼击车的第653重装甲歼击营训练、重组及作战

兰中尉把他的"猎虎"部署在通往希弗施塔特的必经之路附近，在那里能对从北部、东北和东部进攻的敌军进行迎头痛击，使其无法向前。大约清晨2点，2辆敌人的半履带车以50~100米的车距来到了这个区域。一发炮弹就解决了它们。之后，敌人再没实施试探，也没有进攻。下午晚些时候，哈伯兰中尉侦察到美军装甲部队在丹恩施塔特（Dannstadt）和穆特施塔特（Mutterstadt）之间的树林里集结，准备发起攻击。他立即用主炮开火，重创2辆盟军坦克，盟军只得把这2辆坦克拖回后方。其余部队也撤退了。多亏了哈伯兰中尉的果断处置，他成功地守住了负责的地段，次日夜间主防线守军的顺利撤退也得益于此。考虑到哈伯兰中尉冒着敌炮兵和航空兵的猛烈火力，仅得到步兵有限的支援，却坚守到友军部队全部撤完，他的胜利更显得来之不易。

1945年3月23日，第653重装甲歼击营第1连连长维尔纳·哈伯兰中尉在战斗轰炸机的空袭中受伤，随即被送到野战医院。他的职务在几天后由马克西米利安·维尔申上尉（Hauptmann Maximilian Wirsching）接替，此人之前服役于第507重装甲营，已在1945年1月7日获得骑士十字勋章。他的任期一直持续到1945年4月中旬。在此之后，哈伯兰又出任了连长。哈伯兰战斗群的"猎虎"与1945年3月22日在施派尔横渡莱茵河。值得一提的是，这个战斗群中有几辆"猎虎"是第1连的，除此之外可能还收编了第2连的战车。

1945年3月22日夜，第653营的受损"猎虎"被送回贝尔海姆地区，装上在此等候的平板车皮，然后在盖默斯海姆跨过了莱茵河大桥。1945年3月24日，全营所有其他车辆也跨过了莱茵河。之后桥被炸掉。

1945年3月23日发出的电报（出处：联邦档案馆之弗莱堡军事档案馆）：

机密指挥事务

致：装甲兵总监，军事行动处，部队组织机构科

主题：第653重装甲歼击营自阿格诺开始的行军

德军西线总司令部派遣了迈尔中校到653重装甲歼击营去视察，他就该营行军问题的报告如下：

（1）在1945年3月18日之前，这个营的作战力量是41辆"猎虎"。在从作战地区撤退期间，由于无法回收战车，他们在"西墙"防线前方地区损失了7辆"猎虎"。到了1945年3月18日，其作战力量是34辆"猎虎"。其中（从1945年3月18—21日）：

（a）将18辆可以作战的战车调往新的作战区域，其中5辆通过铁路运输，13辆通

653重装甲歼击营战史

过公路运输。

（b）16辆受损的战车被送往盖默斯海姆附近的贝尔海姆维修场，运输方式是铁路快速运输或者用牵引车拖曳（1辆"猎虎"在运输途中遭遇敌军，拆掉光学设备和其他有价值的零件之后，在最后一刻自毁）。

（2）3月21日夜间，被运至贝尔海姆的那些受损的坦克歼击车和重型车辆，包括4辆四号自行高炮和2辆18吨牵引车，在贝尔海姆和莱茵扎贝姆装上火车，准备运往格拉本诺伊多夫。铁路运输的器材一应俱全。

（3）在整个运输过程中没有出现燃料短缺的现象，迈尔中校视察期间没有调查那18辆可用于作战的"猎虎"的燃料需求量。每辆"猎虎"的燃料消耗量是1立方米，所以所有可作战"猎虎"的燃料总需求只有18立方米。其原有的90立方米汽油可供4天之需。预计即将运到的汽油有125立方米，足够全营完成其作战任务。

西线总司令部
参谋长
骑兵上将韦斯特法尔（签名）

1945年3月23日发出的电报（出处：联邦档案馆之弗莱堡军事档案馆）：

机密指挥事务

致：装甲兵总监，指挥处，部队组织机构科（策佩林）
参照：G集团军群发自斯托帕的报告
主题：第653重装甲歼击营

装甲车辆的统计数字（截至1945年3月22日20点）：31辆战车可以投入作战，完全做好战斗准备的有2~3辆，正在铁路上快速运输的有9辆（1辆在大修），其余的小修。有些在长期修理。由于1945年3月22日夜间自毁了部分战车，以上数字可能要减去2辆。紧急报告：所有战车需要为期两周的翻修。

西线总司令部
作战/装甲联络办公室
第726/45号机密指挥事务
齐默尔曼少将（签名）

全营把所有能作战的车辆集中在盖默斯海姆东南面的格拉本-诺伊多夫（Graben-Neudorf）。需要大修的受损车辆则运到了斯图加特附近的莱昂贝格（Leonberg），维

第七章　换装"猎虎"坦克歼击车的第653重装甲歼击营训练、重组及作战

修连已经先期到达那里。第653重装甲歼击营第1和第2连主力在维瑟河谷、克罗瑙地区占据阵地。三个连还各有一些战车在下奥威斯海姆（Unteröwisheim）进入脱粒机仓库，由维修连在那里对它们进行维修。1945年3月27日，该营接到如下命令（节选）（出处：联邦档案馆之弗莱堡军事档案馆）：

第8号军部命令　党卫军第13军军部
1945年3月27日，军部
（机密）第43/45号作战命令
（1）……
（2）……
（3）集结在基尔拉赫以东地区的第653重装甲歼击营，应继续在原地驻防。此地段系第47国民掷弹兵师和第2山地师的防区，全营须和这2个师密切协同，消灭企图突击这里的敌军坦克部队。另外，鉴于在莱茵平原的北部或内卡河畔的山地可能发生战事，要对这些地区展开勘察。

1944年3月22日，美军已经在奥彭海姆（Oppenheim）建立了一个强大的桥头堡，并从那里不断向莱茵河-内卡河三角洲地区进攻，作战目标包括曼海姆市（Mannheim）和海德堡市（Heidelberg）。1945年3月28日，美军对曼海姆发起猛烈炮击，于1945年3月29日占领该城。步兵上将拜尔指挥的德第53军在1945年3月28日和29日的日志里记录了以下内容（节选）：

1945年3月28日日志摘录：

第1军军部批准了一条新的战线，在傍晚实行。
会合点在大萨克森（Großsachsen）-施里斯海姆（Schriesheim）-拉登堡（Ladenburg）-内卡河运河与塞肯海姆（Seckenheim）-阿尔特里普（Altrip）-莱茵河的交叉点以东1.5公里外。鉴于目前的战场形势，3月28日下午晚些时候，一些分队将加强给部分部队：拥有8辆可作战的六号坦克歼击车（"猎虎"）的第653重装甲歼击营将加强给第559国民掷弹兵师，不过它将被部署在内卡河的南岸。
3月28日清晨，（这个师部）还将接收第280突击炮旅的剩余部队（3辆可作战的突击炮），这支部队部署在沙特豪森（Schatthausen）以东1.5公里处的树林里，不过因缺乏燃料无法行动。

499

653重装甲歼击营战史

1945年3月29日日志摘录：

敌军从南面，以及施里斯海姆的东面发起进攻，冲向多森海姆（Dossenheim）以东，我军转向多森海姆的西面，到傍晚时分，已击退从西北部以及罗森霍夫（Rosenhof）发起的所有攻势。

2辆敌军坦克沿南-东南方向从拉登堡向沙本海姆发起进攻，被打退。上午，敌人从拉登堡西南部冲出桥头堡，冲向已被我军趁夜占领的内卡豪森（Neckarhausen），攻击得手。敌军又进入埃丁根（Edingen），我军在"猎虎"的支援下发起反击，将其击退。敌军在4辆水陆坦克的支援下进攻腓特烈斯费尔德（Friedrichsfeld），友军不惜极大的伤亡，挡住了他们。在福伊登海姆（Feudenheim）的南面，敌军渡过内卡河，自下午早些时候开始不停地进攻发电厂。他们沿着高速公路，向塞肯海姆西南面的十字路口推进，攻击目标是在那里不停炮击敌军的我军炮兵。

战场形势的发展迫使我们在晚上部署在较小的阵地里。第559国民掷弹兵师将离开内卡河北岸的前哨阵地，并撤退至河的南岸。第198步兵师将撤退至维伯尔林根（Wieblingen）-格伦茨霍夫-莱茵里尔（Rhineall）一线。

汉斯·克尼彭贝格少尉（第653重装甲歼击营第1连）指挥的3辆"猎虎"奉命参加海德堡/施韦青根（Schwetzingen）的战斗，阻止美军冲向曼海姆。1945年3月30日，这些坦克歼击车在中午左右到达施韦青根。美军装甲部队的矛头已抢先冲进了这座城市，立即与赶来的"猎虎"爆发了战斗。克尼彭贝格少尉的115号"猎虎"——这个战车编号并不寻常，它不属于这个营的战车编号体系，也找不到这样编号的原因——在施韦青根北面的旷野边上陷住，无法移动。其车组乘员——车长汉斯·克尼彭贝格少尉、驾驶员赫尔曼·卢夫特、无线电操作员汉斯·迪斯特勒，炮手海因里希·沙费尔和两名装填手（姓名不详）——炸掉了战车，还向它发射了一枚"铁拳"。车组成员们完整地撤了出来，并杀出一条路，返回了桑德豪森（Sandhausen）的德军战线。

第2辆坦克歼击车，也就是131号"猎虎"，在施韦青根市中心撞上了美国装甲部队前锋的炮口上，在极近的距离（大约200米）被击毁。战车立即起火。驾驶员阿尔弗雷德·赫特尔从驾驶员舱口逃脱，只受了点轻伤。炮手弗里茨·克莱因在弃车时被机枪击毙。无线电操作员（姓名不详）严重烧伤，死在英军的一所野战医院里。其他乘员在车辆爆炸后大难不死，其中部分人员被烧伤（包括车长金贝格尔军士长、装填手赫尔曼·菲尔贝特，第二装填手姓名不详）。

第七章 换装"猎虎"坦克歼击车的第653重装甲歼击营训练、重组及作战

第3辆"猎虎"成功逃出了施韦青根,前往海德堡西郊的埃珀尔海姆(Eppelheim)。当车组试图在曼海姆至海德堡公路旁占据一个阵地时,其履带被击中。由于无法在敌人的火力威胁下修好履带,车组只得在炸毁战车后弃车。整个车组毫发无损地回到桑德豪森的德军战线。(车组:车长古斯塔夫·科斯军士长,驾驶员弗里茨·波伊中,无线电操作员姓名不详,炮手霍斯特·莫尔肯廷,第一装填手库尔特·迈因斯一等兵,第二装填手姓名不详以及115号"猎虎"的驾驶员二等兵赫尔曼·卢夫特——他当时坐在车顶)

1945年3月30日签发的电报(出处:联邦档案馆之弗莱堡军事档案馆):

致:装甲兵总监

——机密——

第653重装甲歼击营目前的战车数量为28辆"猎虎"。能投入作战的是6辆,目前在小修的有12辆,在大修的有10辆。

自1945年3月25日起新的损失为6辆"猎虎"。

维修场已修好1辆坦克歼击车,准备接收1辆新的"猎虎"。早在1945年3月29日,10辆需要大修的"猎虎"就已被用火车送到了斯图加特的维修连。

1945年3月29日,1辆运载4套波尔舍负重轮臂组件的卡车从尼伯龙根工厂抵达布雷滕。1辆运送侧减速器的卡车在(巴特)坎施塔特出了故障,搜索队已在路上。

G集团军群司令部

资深军需官

车辆/装甲车辆

第221/45号日志条目

1945年3月30日

哈尔德少校(签名)

1945年3月31日,第653重装甲歼击营第3连的一辆"猎虎"(驾驶员瓦尔特·艾伯茨)在下奥威斯海姆彻底损失。那时正在修理它的空气粗滤器,把氧气误当压缩空气充进了管道里。巨大的爆炸彻底摧毁了战车。炮手赫伯特·维尔辛、装填手京特·施罗德和亚历山大·库拉特在事故中丧生。

1945年4月3日,第653重装甲歼击营第1连的2辆"猎虎"奉命前往内卡-恩茨(Neckar-Enz)(在海尔布隆和路德维希堡之间)执行掩护任务。赖因霍尔德·施拉

653重装甲歼击营战史

布斯回忆了这次任务的情形：

我和克尼彭贝格少尉经埃平根（Eppingen）前往基尔夏尔特（Kirchardt）去执行掩护任务，我的坦克歼击车在进入基尔夏尔特的路口因转向系统故障抛锚。由于敌空军活跃，它只能伪装得严严实实地待在街上，傍晚才在克尼彭贝格少尉的战车拖曳下返回埃平根。而到了那里，克尼彭贝格少尉的"猎虎"也因为同样的故障坏掉了。两辆战车只得留在埃平根，等待维修人员来回收，或是用平板卡车运走。但直到天黑，两种措施一个都还没实现。接着西边传来了宣告着有坦克前来的滚滚履带声，看来没希望修复或回收这些"猎虎"了。于是在拆掉了所有"敏感设备"之后，这两辆坦克歼击车被炸毁。

1945年4月7日签发的电报（出处：联邦档案馆之弗莱堡军事档案馆）：

致：装甲兵总监
陆军总部/指挥部（策佩林）

——机密——

主题：1945年4月3日第653重装甲歼击营的"猎虎"状况
　　23辆可投入作战，1辆小修，11辆大修，自1945年4月1日起新损失11辆，自1945年4月1日起全损5辆。
　　因为维修部队重新选址和回收方面存在困难，无法预计修理时间。最近一次收到尼伯龙根工厂送来的维修配件是在1945年3月30日18点。
西线总司令部
军需官
车辆/情报科
机密第11126号
迈尔中校（签名）

第653营剩余部队并没有集中撤退。他们以单个战车或者小队为单位撤退，营长试图让"猎虎"经克赖希高前往内卡-恩茨的阵地。1945年4月3日，营部设在了克利布隆（Cleebronn）。此时，战车以单车为单位，在诺德海姆/克林根贝格（Nordheim/Klingenberg）投入战斗，与美军和法军厮杀。在克林根贝格这个小村，德军与法国第5装甲师（第5作战集群）发生了激烈的战斗。1945年4月5日，一辆"猎虎"在战斗中

第七章　换装"猎虎"坦克歼击车的第653重装甲歼击营训练、重组及作战

被击中而烧毁。同一天下午，另外一辆"猎虎"也因为机械故障被炸毁。

1945年4月6日，第653重装甲歼击营第2连彼得·科恩斯下士的214号"猎虎"和牵引它的213号"猎虎"在内卡河畔劳芬（Lauffen am Neckar）被迫双双炸毁。该连继续撤退，途经贝西希海姆、比蒂希海姆-比辛根、内卡河畔马尔巴赫、巴克南和韦尔茨海姆（Welzheim），第2连连部于1945年4月7日到达韦尔茨海姆。

1945年4月7日，该营有一个战斗群在克赖尔斯海姆（Crailsheim）附近作战，在那里击毁了很多敌军坦克，成功地稳定了这个地区的前线。营主力在施瓦本哈尔（Schwäbisch Hall）一直坚守到1945年4月13日，之后经盖尔多夫（Gaildorf）、阿伦（Aalen）和诺德林根（Nördlingen）撤退。1945年4月20日，营部迁至诺德林根附近的施韦因多夫（Schweindorf）。此时该营得到命令：所有没有战车可用的车组立即前往林茨，接收从尼伯龙根工厂运来的新出厂的"猎虎"。

1945年4月17日签发的电报（出处：联邦档案馆之弗莱堡军事档案馆）：

抄送给：

（1）陆军林茨供应点。

（2）西线总司令部（情报科）。

（3）西线装甲部队总司令部、陆军总部、陆军总参谋部（部队组织机构处）……

停放在陆军林茨供应点（尼伯龙根工厂）的3辆"猎虎"下发给第653重装甲歼击营。

要求西线总司令部与陆军林茨供应点协调移交和运输事宜。移交战车时需向集团军司令部第六处和装甲兵总监用电报报告战车编号。

装甲兵总监/（机密）机密 编制 F 2000/45号报告

同时，萨尔茨堡被指定为新集结区，1945年4月11日，首批参谋人员抵达那里。所有需要大修和小修的"猎虎"用铁路运到驻扎在斯图加特附近莱昂贝格的维修连。全营在那里集中，战车条件允许的情况下，尽可能地换上备件。1945年4月8日，美军战斗轰炸机对维修连发动了猛烈的空袭，维修连的很多人员和车组都受了重伤。第653重装甲歼击营第2连的车长马克斯·穆勒上士（Feldwebel Max Müller）阵亡。

1945年4月15日的该营车辆状况统计清楚地表明了战车的状况。

1945年4月15日签发的电报（出处：联邦档案馆之弗莱堡军事档案馆）：

致：装甲兵总监、陆军总部、陆军总参谋部

653重装甲歼击营战史

——机密——

（1）第653重装甲歼击营的战车统计：保有17辆，可投入作战的5辆，小修6辆，大修6辆。

（2）回收设备状况（装甲）：保有4辆，可执行任务的1辆，小修2辆，大修1辆。

（3）因为燃料短缺，1945年3月15日前都无法向齐埃萨尔和尼伯龙根工厂的集结区运动。

（4）急需的关键部件：5辆坦克所需的3套履带，3套亨舍尔底盘"猎虎"履带，2套波尔舍底盘"猎虎"履带。

G集团军司令部

资深军需官

车辆/战车报告

1945年4月15日签发第253/45号机密

作战处

菲舍尔少校

1945年4月15日，鲁道夫·格里伦贝格尔少校交出营长职务。他的继任者是第503重装甲营的骑士十字勋章获得者罗尔夫·弗罗梅少校（Rolf Fromme）。艾希霍恩少尉出任新一任副官。

第653营朝着阿尔卑斯山撤退，途经乌尔姆、弗林根、伊勒蒂森、菲斯滕、费尔德布鲁克、慕尼黑和罗森海姆。因为机械故障（大部分是驱动装置损坏），很多"猎虎"在罗森海姆和巴特艾布灵地区炸毁。第653重装甲歼击营第2连的1辆"猎虎"——车长鲁道夫·布劳恩少尉——在跨过科尔伯莫尔市（Kolbermoor）芒法尔河桥时掉下桥去，只能丢弃在这里。车组成员没有受伤。营其他部队前往阿姆湖（Amm），并在埃特施拉格（Etterschlag）入口处炸毁了他们的战车。防空排和营部连残部前往特拉伦施泰因（Trallenstein）和施奈特茨罗伊特（Schneitzelreuth），在那里炸毁了他们的最后一辆四号高炮坦克。维修连的发动机士官威廉·波恩在1989年8月4日的一封信中写下了维修部队的最终结局：

我们在德勒斯海姆接收了配备128毫米主炮的新式坦克歼击车，于1944年12月带着它们向西行。维修连在茨韦布吕肯登卸车。对于阿登攻势而言我们到得太晚，因此只参与了向"西墙"地区的撤退战斗。我们在兰道附近的黑尔克斯海姆待了几周，之后在盖默斯海姆撤过莱茵河。

第七章　换装"猎虎"坦克歼击车的第653重装甲歼击营训练、重组及作战

余下的撤退行动贯穿了整个1945年4月，经斯图加特和慕尼黑后来到基姆湖畔的基姆格，维修连在那里解散了。为了逃脱苏军之手，我们弄了一些车辆再次向西前往埃伯斯贝格森林。我们的连长舒尔特中尉在那里被美军的奇袭所俘虏，我则逃进了森林。朔尔克下士和萨尔泽下士，以及我的驾驶员一等兵布斯也跟我在一起。几天之后，我们已经换上平民的衣服，骑着自行车向西前行。美军拦下了我们，并把我们抓了起来。我在古廷和菲斯滕费尔德布鲁克一直被关到1945年7月，然后才以"巴伐利亚农场工人"的名义被释放。

1945年5月2日，抵达萨尔茨堡的第653营一些部队被配属给南方集团军群，他们将要从萨尔茨堡前往林茨。其集中地区在亨多夫（营部）/诺伊马克特，而补给连的部队在圣吉尔根（St. Gilgen）。

营部命令
副本

优先第1份副本
1945年5月2日
致：
第1集团军司令部
南方集团军群（情报处）
第653重装甲歼击营（情报处）

第653重装甲歼击营立即分配给南方集团军群。它将由公路行军经萨尔茨堡前往林茨。其先头部队应向第487参谋部"林茨"报到，在那里与南方集团军群建立联系。

行军所用燃料将由装甲兵总监与南方集团军群协调后提供。
西线总司令部/装甲联络办公室
第5483/45号机密指挥事务，1945年5月2日
齐默尔曼少将（签名）

1945年5月2日23点35分，第653重装甲歼击营营部
营运动令
新行动区

（1）根据西线总司令部于1945年5月2日签发的第5483/45号机密指挥事务行动

令，我营已经立即配属南方集团军群。将由公路行军经萨尔茨堡前往林茨，先在萨尔茨堡东北的亨多夫–塞金凯塞–诺伊马克特地区占据一个集结区。

在圣吉尔根的补给连将暂时原地待命。

（2）侦察排连同营部连的先头部队、补给连、维修连和回收排应按照营副官的口头命令于1945年5月3日为全营勘察指定区域。侦察排将要绘制一份标有各单位位置的区域地图。

先头部队应在1945年5月3日5点45分向克里斯特恩少尉报告。6点出发。

（3）营部驻亨多夫。联络点设在郡政府或市长办公室。

（4）312和324号"猎虎"，以及赖曼下士的回收小组，3个维修组和1辆维修连的Kfz.100（携带侧减速器）将在夜间前往新地区。这个集群应由克雷奇默中尉指挥。

（5）营剩余部队将于1945年5月3日8点开始向新的集结区进发，行军顺序为：

作战参谋部—A排—营部连—补给部队（第1补给排和第2补给排）—维修集群—回收排其余部队。维修连也将于8点出发。行军集群指挥官：各连连长；维修工长亚当负责率领维修连。

行军护卫（和拖车部队）指挥官：工程顾问沙弗拉内克。

（6）被选中派往林茨接收"猎虎"的车组们将留下，随时准备出发。

……

战争结束时，该营大部位于波奇森山口（Pötschenpaß）的巴特伊施尔（Bad Ischl）。补给连、维修连和2辆剩下的"猎虎"位于奥地利施泰尔马克州的利岑（Liezen），他们在那里被美军俘虏。第653重装甲歼击营于1945年5月8日不复存在。奉命前往尼伯龙根工厂的那些没有坦克歼击车的车组成员在工厂里迎来了终战，工厂于1945年5月4日正式关闭。汉斯·克尼彭贝格少尉炸掉了那里的8辆"猎虎"。

但是在此之前，第653重装甲歼击营已经有几个车组开着新"猎虎"出了厂，编入了一个党卫军战斗群。1945年4月30日，这个战斗群在圣瓦伦丁装上了六轴重载平板车，前往林区圣莱昂哈德（St. Leonhard am Forst），1945年5月1日拂晓到达目的地。共有4辆"猎虎"编入了党卫军第1"阿道夫·希特勒警卫旗队"装甲师一名党卫军上尉的这个战斗群里。赖因霍尔德·施拉布斯在1991年的一封信里提供了"猎虎"最后战斗的第一手资料：

第七章　换装"猎虎"坦克歼击车的第653重装甲歼击营训练、重组及作战

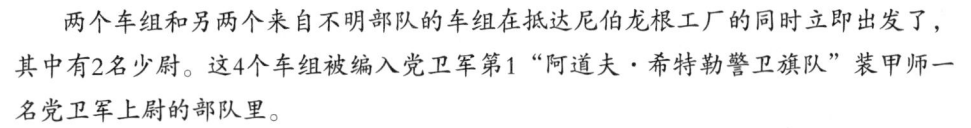

两个车组和另两个来自不明部队的车组在抵达尼伯龙根工厂的同时立即出发了，其中有2名少尉。这4个车组被编入党卫军第1"阿道夫·希特勒警卫旗队"装甲师一名党卫军上尉的部队里。

4辆"猎虎"于1945年4月30日装上了火车，我们要前往圣珀尔滕。因为通向圣莱昂哈德的是窄轨铁路，这些六轴重载平板车必须在维瑟尔堡（Wieselburg）用液压起重机装上火车。然后我们继续前往林区圣莱昂哈德，在1945年5月1日破晓时抵达了那里。卸车之后，战斗群沿着圣珀尔滕－林茨公路前进。因为苏军已经突破了战线，在圣珀尔滕作战的计划并没有付诸实施。

"猎虎"摇摇晃晃地沿着圣珀尔滕－林茨公路向阿姆施泰滕（Amstetten）前进。戈林斯基上士的"猎虎"在伊布斯河上的桥梁上行驶时抛锚，只得将它留下……其车组爬到了其他坦克歼击车上。虽然阿姆施泰滕已被美军和苏军占领，还设置了一道路障，我们还是成功地从集市上绕了过去，继续向施特伦贝格（Strengberg）前行。

公路在一个弯道处开始上坡，弯道被一个野战邮局的多辆大巴士所阻塞，爬山的过程十分缓慢。接着在施特伦贝格入口处的公路两边就出现了2辆苏军坦克。战争结束了。不过我还是要指出，我们的车辆在一路上捎带了很多平民，他们把我们看作是逃向西方的一个机会。

彼得·科恩斯下士个人日记中也有关于第653重装甲歼击营最后的记载历史。科恩斯是第2连的一名车长，他记录下了与其相关的该营行军路线、任务和损失：

1944年10月12日：被派往帕德博恩参加"虎王"坦克车长培训课程。14点20分出发，经过了戈普夫里茨—格明德—布德韦斯—比尔森—马林巴德。

1944年10月13日：继续前进经过埃格尔河畔海布—普劳恩—莱比锡—哈雷—希尔德斯海姆—汉诺威—哈默尔恩—艾伦贝肯—帕德博恩。前往的装甲部队是第1"虎"式连——训练课程。

1944年10月27日：训练完成。

1944年10月28日：离开帕德博恩返回我们连。

1944年11月1日：回到连队。

1944年12月1日：被派往格拉芬沃尔。

1944年12月2日：到达格拉芬沃尔。

1944年12月7日：和穆勒上士一起押运3辆"猎虎"回到连里。

1944年12月11日：晚上回到连队驻地戈普夫里茨。（第653重装甲歼击营第3连）

653重装甲歼击营战史

正在上火车。

1944年12月12日：到茨韦特德去接收一辆"大众"军官车。

1944年12月30日：第1排接到开拔命令。

1944年12月31日：我车组于15点35分出发，经过戈普夫里茨—锡格蒙茨黑尔贝格—克雷姆斯—黑措根堡前往波滕布伦。在我们住过的兵营里过夜。庆祝新年。车组在圣珀尔滕。车长彼得·科恩斯下士、炮手泽普·克施文德纳一等兵、第一装填手米夏埃尔·菲施哈贝尔、第二装填手约瑟夫·门克，驾驶员姓名不详，无线电操作员姓名不详。

1945年1月1日：22点继续向林茨出发。

1945年1月2日：去了坦克发放点，中午领到一辆坦克歼击车。

1945年1月3日：3点离开林茨前往韦尔斯。经阿姆施泰滕前往圣珀尔滕。21点到达。

1945年1月4日：2点04分继续经过了黑措根堡—图尔恩前进。7点前往戈普夫里茨。12点到达。

1945年1月5日：接收1辆坦克歼击车。底盘号300037，车号214。

1945年1月12日：在大波彭靶场练习射击。因为起雾取消。

1945年1月15日：全连接到开拔命令。

1945年1月17日：第3排和战斗群指挥部登上火车。

1945年1月18日：第2列火车也做好了装车准备。舍勒下士的"猎虎"驶离平板车厢，与4辆"猎虎"作为备份车。

1945年1月19日：第2列火车装好了。我们一切顺利。15点出发，途经锡格蒙茨黑尔贝格—图尔恩—黑措根堡—圣珀尔滕。

1945年1月20日：林茨—韦尔斯—哈特南。在塞基兴-马特塞（萨尔茨堡郊外14公里处）。因空袭警报从12—24点原地待命。

1945年1月21日：1点30分出发，途经萨尔茨堡—罗森海姆—慕尼黑—奥格斯堡。施普罗特下士的车辆因为过热在罗森海姆郊外耽误了30分钟。因空袭警报在奥格斯堡郊外原地待命。

1945年1月22日：乌尔姆—锡格马林根—伊门丁根—多瑙埃兴根—菲林根—哈伦扎克。

1945年1月23日：奥芬堡—比尔（巴登）。卸车，更换履带。射击控制杆断了。在那里停了一整夜。

1945年1月24日：更换了射击控制杆和左前方的减震器。继续途经哈岑魏尔和温茨胡斯特到达穆肯朔普夫。住在平民家里。

第七章　换装"猎虎"坦克歼击车的第653重装甲歼击营训练、重组及作战

1945年1月25日：全连跨过莱茵河。我的"猎虎"状况良好，傍晚前往停泊在门普雷希茨霍芬的坦克渡轮处。平安渡过莱茵河。开了1公里后侧减速器出了故障，奈德尔下士的座车拖着我们来到奥芬多夫。

1945年1月26日：更换了侧减速器的螺栓。转移阵地到镇子里。

1945年1月27日：与费恩艾森少尉去执行侦察任务。准备出发。

1945年1月28日：4点30分出发，途经埃尔利塞姆和德吕瑟内姆前往塞瑟内姆。

1945年1月29日：与穆勒上士一起牵引恩斯特·马尔克曼上士（第653重装甲歼击营第1连）的"猎虎"，途经达尔胡登和德吕瑟内姆，于2点跨过莱茵河岸。第653重装甲歼击营第1连的1辆"猎虎"两次滑下河堤。再次被调上前沿。坐莱茵河渡船返回，继续前往门普雷希茨霍芬。17点30分，炮弹在部署在镇子外围的回收排附近爆炸，二等兵鲁道夫·布吕厄阵亡。继续途经加姆斯胡斯特—温茨胡斯特—哈岑魏尔前往比尔。第653重装甲歼击营第1连的1辆"猎虎"留在了加姆斯胡斯特。

1945年1月30日：途经哈岑魏尔前往布赖赫斯特。在一个森林里占据阵地。

1945年1月31日：一等兵克施文德纳跟着前锋部队出动。

1945年2月3日：为出发做准备。推迟。

1945年2月4日：准备在18点出发，21点30分才动身。211号"猎虎"在哈岑魏尔耗尽了燃油。

1945年2月5日：3点到达比尔，9点登上火车，10点出发。在卡尔斯鲁厄休息。3个士兵在卡尔斯鲁厄—哈格斯费尔德摆弄一发"铁拳"时受伤。盖默斯海姆—卢施塔特—霍赫施塔特（普法尔茨）—兰道—罗尔巴赫—坎德尔。

1945年2月6日：卸车，前往埃伦巴赫。帕亚尔下士的高炮底盘必须牵引。

1945年2月17日：准备出发。22点出发前往坎德尔。

1945年2月18日：维桑堡—苏尔茨—叙尔堡—克罗伊茨埃克瓦尔德。

1945年2月19日：6点继续前往甘斯泰—埃伯巴赫。3点在赖希霍夫（舍伦霍夫）外围占据阵地。在战事间隙修建了地堡。侦察小队下了车。科赫下士受了重伤。

1945年3月15日：前进至进攻阵地。奈德尔下士受了轻伤，格贝勒下士和施瓦茨下士重伤。

1945年3月16日：只能以半速前进（弹簧坏了），撤回埃伯巴赫郊外1公里的地方。威廉·洛上士和布里勒尔上士帮助我跨过一个弹坑。布里勒尔独自执行拖曳作业。途经甘斯泰前往克罗伊茨埃克瓦尔德。

1945年3月17日：修好了战车并伪装好了它。傍晚遇到炮击，舍尔茨阵亡，几人重伤。变换阵地，途经叙尔堡—苏尔茨—索嫩堡。经过小镇后小万向节出了故障，继

653重装甲歼击营战史

续慢速前进。奈德尔下士炸掉了他的"猎虎"。

1945年3月18日：3点进入维桑堡兵营占据射击阵地。小万向节修好了。傍晚拖着连长的坦克歼击车前往温德霍夫。从那里出发，经施韦根前往巴特贝格察伯恩。

1945年3月19日：早晨到达目的地。先是住在火车站的房子里，然后去了韦斯滕霍芬饭店。

1945年3月20日：因普飞林根—兰道—奎希海姆。经过小镇后遭到战斗轰炸机空袭。一颗炸弹就在威廉·洛上士的坦克歼击车附近爆炸。前往奥芬巴赫（普法尔茨地区）。在奥芬巴赫和德赖霍夫之间的一片树林里占据阵地。

13点，赫尔曼下士和二等兵克罗克尔被战斗轰炸机打死。20点继续前行，经过德赖霍夫、埃辛根、大菲施林根和阿尔特多夫。

1945年3月21日：文宁根—拉亨—施派尔多夫。之后占据一片树林。上午继续前往哈斯洛赫和伯赫尔。在伯赫尔占据射击阵地。

1945年3月22日：还在原来的阵地里。美军8点进攻。费恩艾森少尉击毁了6辆坦克，哈格尔施泰因下士击毁了3辆坦克。全部是"谢尔曼"。我击毁了2辆装甲车，俘虏了3辆装甲车和13个敌人。费恩艾森少尉的座车被拖到了伊格尔海姆后面的树林里，洛上士在伯赫尔炸掉了他的座车。我和费恩艾森少尉再次前进。费恩艾森少尉两次负伤，我的左手受了轻伤。美军两次进入我们的射程，我们没有开火，并离开。哈格尔施泰因下士的"猎虎"在伊格尔海姆外围烧毁。晚上前往施派尔。菲施哈贝尔在舱盖上砸坏了手指。

1945年3月26日："猎虎"只剩行走能力了。诺贝特·席尔下士加入车组。傍晚经布鲁赫萨尔前往乌布施塔特。

1945年3月27日：占领下奥威斯海姆。

1945年3月31日：接到行军至维斯洛赫的命令。没能完成命令。忙活了一整夜。第653重装甲歼击营第3连的一辆"猎虎"因为空气粗滤器里的氧气自燃，被炸上了天。3人被烧死。

1945年4月1日：修理完毕。傍晚启程前往门青根。在下奥威斯海姆郊外时左边的刹车过热，散热器无法正常工作。

1945年4月2日：前往罗尔巴赫，在那里暂停并修理散热器。下午继续前进，途经埃平根、里舍恩和基尔夏特。

1945年4月3日：与克尼彭贝格少尉牵引第653重装甲歼击营第1连施拉布斯上士的"猎虎"前往埃平根。拖车是件苦差事。克尼彭贝格少尉的"猎虎"在镇子入口处也出了故障，发动机坏了。我车单独经小加特赫前往尼德霍芬，在进入镇子时抛锚，必

第七章　换装"猎虎"坦克歼击车的第653重装甲歼击营训练、重组及作战

须修理刹车。第653重装甲歼击营第3连的维修人员修好了故障，由此可见第653重装甲歼击营第1连维修排的工作还是疏忽大意了。在黑夜中继续前进，在尼德霍芬郊外1公里处下车。必须把我的座车交给第653重装甲歼击营第3连的弗里茨·施瓦茨上士。施瓦茨接过"猎虎"前往诺德海姆。我和齐梅克少尉一起前往位于克利布隆的营部。

1945年4月4日：通报关于"猎虎"刹车损坏的消息。在伊格尔海姆报告要求回收我的"猎虎"。与尼尔森一起前往弗劳恩齐默尔曼，之后前往我们连在弗罗伊登塔勒的驻地。作为信使前往比辛根送信，然后又回来。和维森法特中尉一起去看了停在诺德海姆的"猎虎"，然后又回来了。

1945年4月5日：驾驶边轮摩托车把连长送到比辛根。继续途经贝西希海姆前往查看我的座车。我的"猎虎"转向装置和刹车都坏了。一辆"猎虎"烧毁了。费恩艾森少尉及其车组被烧伤。与车辆检修士官向西前往比辛根。安排我的"猎虎"拖车事宜。回到劳芬。与连长一起，途经劳芬—本尼希海姆前往位于克利布隆的营部。继续前往弗罗伊登塔勒。把桶车带回劳芬。因为工兵已经在铁路隧道里提前埋设了炸药，回收我的"猎虎"已经不可能。炸掉了第653重装甲歼击营第1连的一辆"猎虎"。返回，途经贝西希海姆—比辛根—弗罗伊登塔勒。搭乘了一辆从瓦尔海姆开出的厢式拖车。

1945年4月6日：和尼尔森一起坐着边斗摩托作为前锋部队出发，途经比辛根、比蒂希海姆、马尔巴赫、巴克南格、上格伦登、下格伦登、埃布内特和凯撒斯巴赫前往韦尔茨海姆。回来时途经巴克南格、马尔巴赫、内卡魏尔辛根、比蒂希海姆和比辛根，前往弗罗伊登塔勒。2点，一位一等兵（姓名不详）炸掉了我的"猎虎"。

1945年4月7日：全连途经比辛根、马尔巴赫、巴克南格和韦尔茨海姆，与我们会合。傍晚开车载着连长和连部前进。连长的座车、洛上士和布雷尔在克赖尔斯海姆附近战斗。埃勒尔下士的右脚在驱动轮和履带之间夹断了。

1945年4月9日：穆勒上士在维修连被战斗轰炸机炸死。

1945年4月13日：装载着军粮，与哈格尔施泰因下士一起途经盖尔多夫前往施瓦本哈尔。在新的区域转移阵地。途经盖尔多夫、瓦瑟阿尔芬根、阿伦、诺德林根、瓦瑟特吕丁根、埃英根、拜尔贝格和伯克。于1945年4月14日2点到达。

1945年4月15日：坐卡车途经阿尔贝格（离开阿尔贝格10公里后出了事故）、金岑豪森、施瓦巴赫、纽伦堡和新米勒训练场。接收了4件"豹"式车体和1辆塔特拉汽车。傍晚返回。驶出2公里后留下1件车体，转向装置出了毛病。通向施瓦巴赫的所有路上都布置了坦克路障。在施瓦巴赫留下了第2件车体，转向装置出了毛病。途经福斯特霍夫。所有车体在金岑豪森郊外都耗尽了燃油。

1945年4月18日：坐卡车经金岑豪森和阿尔贝格前往布尔克去领取燃油，之后回

到阿尔贝格郊外10公里处。给车辆加油。拖着纪尧姆的车辆前往布尔克。和哈格尔施泰因经阿尔贝格和金岑豪森前往施帕尔特。经芬夫布隆、金岑豪森、阿尔贝格和布尔克返回。步行2公里前往施利尔贝格。

1945年4月19日：和哈格尔施泰因下士经丁克尔斯比尔和诺德林根前往施韦恩多夫。

1945年4月20日：和哈格尔施泰因下士一起前往领取军粮，再次途经诺德林根、奥廷根、金岑豪森、芬夫布隆、施帕尔特和芬夫布龙。

1945年4月21日：经金岑豪森、奥廷根、诺德林根和施韦恩多夫返回。在诺德林根获得了一辆军官车。傍晚再次前往领取军粮：从施韦恩多夫出发，途经诺德林根、奥廷根、奥斯特海姆、海登海姆、哈尔堡、多瑙沃特和奥珀茨霍芬。

1945年4月22日：多瑙沃特、德鲁斯海姆和艾塞曼霍芬。夜里运送军粮，途经多瑙沃特、蒙海姆、比滕布隆、朗根阿尔特海姆、索尔尼霍芬、比斯旺、默伦、特罗伊希林根、温迪施豪森、罗尔巴赫和德克斯海姆。

1945年4月23日：经罗尔巴赫、特罗伊希林根、默伦、比滕布隆、朗根阿尔特海姆、索尔尼霍芬和比斯旺返回。拖着桶车途经索尔尼霍芬、比滕布隆、蒙海姆、多瑙沃特、赖恩和诺伊基兴。坐着军官车继续途经赖恩、多瑙沃特、奥格斯堡、乌尔姆、弗林根和施尼尔普弗林根。

1945年4月24日：又途经菲斯滕、莱希河畔兰茨贝格、魏尔海姆、穆尔瑙、格鲁布、施泰因加登、劳特巴赫。在雅格德贝格住宿。

1945年4月25日：步行前往劳特巴赫，还是没找到我们营。

1945年4月26日：下午继续前进，途经雄高、福斯特和圣莱昂哈德前往海德的"中央"装甲支撑点。继续途经魏尔海姆前往塞斯豪普特的支援连。夜里继续途经沃尔夫拉茨豪森、比滕布隆、措尔讷丁和埃格尔哈廷。在施塔德尔过夜。

1945年4月27日：早晨继续前进，途经基希塞翁、雅各布诺伊哈廷、埃格瑙和弗劳恩诺伊哈廷。住宿。

1945年5月1日：途经弗劳恩诺伊哈廷、因河畔罗特和格里斯塔特。

1945年5月2日：途经海芬、特罗恩施泰因、弗赖拉辛、施泰因布吕宁、弗赖拉辛和派廷。

1945年5月3日：我决定就此结束战争，带上我们车组最年轻的乘员米夏埃尔·菲施哈贝尔，和他一起途经施泰因、海芬、格里斯塔特和弗赖母。换上平民服装后坐船渡过因河。拉默贝格附近的阿特和阿特塔尔。

1945年5月4日：途经拉默贝格和泰格瑙。

1945年5月5日：途经艾克霍芬、下艾克霍芬、小罗尔斯多夫、盖尔林、韦特林、哈斯拉赫、瓦滕霍芬、赖泽塔尔和明斯特尔。

第七章　换装"猎虎"坦克歼击车的第653重装甲歼击营训练、重组及作战

1945年5月5日：新明斯特尔、海马特霍芬、格平根、克莱因、卡罗利妮费尔德和阿吉特。我把米夏埃尔开心地送回了家。我在他们家的农场一直待到1945年5月15日，之后拼凑了一辆自行车，我踏上了回家的路程。经过法国人造成的种种延误之后，我于1945年8月28日回到了家。

曾在第653重装甲歼击营第2连担任过排长的鲁道夫·布劳恩少尉也指挥过"猎虎"，下面是他提供的自己在该营作战的第一手资料：

现在我决定把我47年前的经历完整地提供出来。当我落笔之时，往时的一切立马浮现在眼前。

我是从驻慕尼黑（弗赖曼）的第7装甲训练与补充营前往该部的，我的父亲布劳恩少校，是这个营的营长。雷恩利茨上尉是负责训练的连长。

我也在圣瓦伦丁的尼伯龙根工厂待了一段时间，可以说是在装配线上被训练成为"猎虎"的车组成员。在我们被调往阿格诺森林之前，我们先去了离维也纳不远的德勒斯海姆的一个训练场，我们在那里完成了128毫米主炮的射击训练。我所在的第653重装甲歼击营第2连在阿格诺附近发动春季攻势之前驻扎在普法尔茨的埃伦巴赫镇。那次很难算是一次重点进攻。我们白天根本无法露头，因为敌机一刻不停地在攻击着我们。我们把自己重重伪装起来，并藏在树林或谷仓里。但由于巨大的战车总会在树林和旷野里留下显眼的履带印，我们还是经常被发现。我们通常在夜间行动。我不太清楚车辆的具体损失情况，只听说有辆"猎虎"被炮火直接命中并击毁。也经常遭遇因为发动机和传动系统损坏的全损。以上两个系统并不适合我们这种75吨的战车。

格里伦贝格尔少校在去职前一直担任我们的营长。据我所知，元首因为他指挥不力，亲自下令解除了他的职务。

关于撤退我记得的情形如下：我收到一份盖默斯海姆地区支援地域司令官布舍尔少将签发的原始文件，准许我于1945年3月21日带领我部9辆坦克歼击车跨过盖默斯海姆的铁路桥！就要实施前不久，凯塞林元帅却以枪决为威胁特地禁止我这么做，原因是桥上已经一片混乱。然后我们就淹没在了乘火车撤退的大潮中。为了顺利撤退，我们还必须把宽履带换成窄履带。我们在乌尔姆下了火车，接着前往阿尔高地区的菲斯滕，然后途经克伦巴赫、兰茨贝格、慕尼黑和格林瓦尔德前往科尔伯莫尔。

不是1945年4月30日就是1945年5月1日，我们开着一辆"猎虎"通过科尔伯莫尔的一座桥梁时，桥塌掉了。还好没人受伤，因为除了驾驶员之外我们所有人都坐在车顶，及时跳车。这事对我们来说意味着，战争结束了。

653重装甲歼击营战史

1992年6月，科尔伯莫尔市长克洛先生确定了此事：

这辆坦克歼击车的事是真的，当时有2辆坦克歼击车从罗森海姆出发，途经科尔伯莫尔。打头的那辆坦克歼击车驶过韦克斯运河上的桥梁时掉了下去，留在了运河里。第2辆坦克歼击车掉头绕道继续驶向巴特艾布灵。我们没有第2辆坦克歼击车之后的信息。

大约2~3个月后，美国占领军把躺在运河里的那辆坦克歼击车部分拆解之后，移到了运河和芒法尔河之间的一处地点。又过了一年或者一年半，当地一家公司用氧割机将其切割，彻底清走了。

第653重装甲歼击营第1连的坦克歼击车驾驶员一等兵埃米尔·比尔京的袖珍日志上也记录了从1944年9月到1945年3月他与"猎虎"有关的培训、驾训、运输路线和作战行动。（个别记录只对应比尔京自己的任务和休息日程，和全连其他人发生的各种状况并不完全相同。）

1944年9月2日（星期六）：休假结束了，6点离开家。
1944年9月3日：3点到达法灵博斯特尔。
1944年9月4日（星期一）：接手训练车辆。
1944年9月10日：在法灵博斯特尔附近的博姆利茨。
1944年9月12日（星期四）：14点离开法灵博斯特尔。
1944年9月22日：22点抵达林茨。
1944年9月23日：住在林茨附近哈格的大学预科学校里。
1944年9月24日：整理学校。
1944年9月26日：在尼伯龙根工厂。
1944年9月27日：请病假。
1944年9月28日：生病。
1944年9月29日：生病。
1944年10月1日（星期日）：在哈格的阿道夫·希特勒广场庆祝感恩节。
1944年10月16日（星期一）：尼伯龙根工厂遭到空袭。
1944年11月1日（星期三）：14点离开哈格前往圣珀尔滕。
1944年11月2日（星期四）：6点从圣珀尔滕出发前往德勒斯海姆。12点抵达德勒斯海姆。
1944年11月3日：步兵训练。

第七章 换装"猎虎"坦克歼击车的第653重装甲歼击营训练、重组及作战

1944年11月4日：不执勤。

1944年11月6日：开始在"猎虎"上进行驾驶训练。

1944年11月15日（星期三）：结束驾驶训练。

1944年11月17日（星期五）：考试。

1944年11月18日：前往格拉芬沃尔出公差。

1944年11月19日：纽伦堡。

1944年11月20日（星期一）：7点从纽伦堡出发。14点到达格拉芬沃尔。

1944年12月5日（星期二）：离开格拉芬沃尔。

1944年12月6日（星期三）：23点到达德勒斯海姆。

1944年12月7日（星期四）：9点把战车装上火车，22点从威尔德森林地区戈普夫里茨出发。

1944年12月8日：经过林茨。

1944年12月10日（星期日）：火车在奥肯海姆暂停。

1944年12月11日：在克里夫特尔停车一天。

1944年12月15日（星期五）：到达维特利希的火车站。

1944年12月16日：在卢克塞姆。

1944年12月18日：文格罗特。

1944年12月25日（星期一）：在文格罗特遭到空袭，挖坑埋尸体。

1944年12月30日（星期六）：从文格罗特出发，摩托化行军。

1945年1月1日（星期一）：在洪斯吕克山脉的最高处。

1945年1月2日：在莱茵河畔的博帕德。

1945年1月3日：在博帕德上了火车。

1945年1月4日：在布鲁赫米尔巴赫卸车。

1945年1月8日（星期一）：前往茨韦布吕肯登的集结区。

1945年1月9日（星期二）：在里姆兰附近战斗，一辆坦克歼击车被击中。

1945年1月14日（星期日）：撤出战斗，前往萨尔布吕肯。

1945年1月15日（星期一）：抵达许纳费尔德。

1945年1月22日（星期一）：从许纳费尔德出发。

1945年1月23日：在圣英贝特上了火车。

1945年1月25日（星期四）：在莱茵河畔的比尔卸车，前往穆肯朔普夫。

1945年2月7日（星期三）：在比尔上了火车，前往普法尔茨。

1945年2月8日：从卡尔斯鲁厄经铁路前往兰迪。到达豪伊瑙。

653重装甲歼击营战史

1945年2月10日（星期六）：在豪伊瑙。

1945年2月13日：前往黑尔克斯海姆的营部诊所。

1945年2月23日（星期五）：前往位于罗尔巴赫的诊所。

1945年3月4日：从罗尔巴赫出发，途经兰道和诺伊施塔特，前往阿尔蔡。

1945年3月5日：前往位于阿尔蔡的野战医院。

1945年3月9日：前往位于阿尔蔡的野战医院。

1945年3月15日：美军逼得更近了，野战医院被疏散。23点出发。

1945年3月18日：在莱茵河畔艾希。

1945年3月19日：从艾希出发。

1945年3月20日：在达姆施塔特。

1945年3月23日：在布鲁赫萨尔。

1945年3月24日：在海德堡，前往努斯洛赫。

另外一份重要的，大概也是独一无二的关于"猎虎"行动的文件是第653重装甲歼击营第1连一等兵赖纳·斯塔茨（Obergefreiter Rainer Statz）的驾驶员日志。这份文件记录了他的亨舍尔底盘113号"猎虎"（底盘号305023）行动路线、地点、行驶里程和遭受的损伤：

日期	里程表公里数	路线	维修	行驶公里数
1944年12月2日	165	德勒斯海姆火车站	无	10
1945年1月4日	175	在茨韦布吕肯登卸车	无	100
1945年1月28日		维修连	新变速器	
1945年1月31日			新发动机	
1945年2月13日	275	茨韦布吕肯登—上奥尔巴赫	调整发动机	
			调整变速器	34
1945年2月19日	309	从罗尔巴赫至阿格诺森林	补充400升燃油，安装新的里程表	62
1945年3月17日	062	在甘斯泰战斗		15
1945年3月18日	077	在甘斯泰战斗	补充300升燃油、3升传动润滑油、2升发动机润滑油	12
1945年3月19日	089	在甘斯泰战斗	补充250升燃油、4升发动机润滑油、7升传动润滑油	50

第七章 换装"猎虎"坦克歼击车的第653重装甲歼击营训练、重组及作战

续表

日期	里程表公里数	路线	维修	行驶公里数
1945年3月20日	139	罗尔巴赫。在穆特施塔特战斗		48
1945年3月21日	187	在穆特施塔特战斗，1辆战车被毁	补充300升燃油、2升发动机润滑油、5升传动润滑油	39
1945年3月22日	226	3辆战车在雷哈胡特被毁。在施派尔战斗	补充200升燃油、4升发动机润滑油	18
1945年3月23日	244	在施派尔战斗。诺伊多夫	补充250升燃油、2升发动机润滑油、5升传动润滑油	30
1945年3月26日	274	诺伊多夫—维瑟河谷	传动漏油，更换发动机润滑油（25升）	15
1945年3月28日	289	维瑟河谷：维修部队（帝国高速公路）	补充200升燃油、3升发动机润滑油、6升传动润滑油	18
1945年3月29日	307	维修部队（帝国高速公路）。下比尔特斯海姆		55
1945年3月30日	362	下比尔特斯海姆—布雷滕	补充600升燃油、5升发动机润滑油、9升传动润滑油 小型U连接头故障	19
1945年4月2日	381	布雷滕—意青根		10
1945年4月3日	391	意青根—莱昂贝格—弗林根	补充300升燃油、4升发动机润滑油、3升传动润滑油 变速箱故障	35
1945年4月25日	426	菲斯滕—伦巴赫	补充400升燃油、5升发动机润滑油、9升传动润滑油	45
1945年4月27日	471	奥格斯堡—菲斯滕费尔德布鲁克	补充250升燃油	23
1945年4月30日	494	菲斯滕费尔德布鲁克—罗森海姆		109
1945年5月4日	603	在罗森海姆附近自毁"猎虎"	右侧转向制动器故障，无法转向	

517

653重装甲歼击营战史

医护兵二等兵约翰·施莱斯的服役证上记录了从1944年8月26日到1945年5月7日营部的位置：

1944年	
8月26日	到达法灵博斯特尔
10月2日	前往德勒斯海姆
12月7日	在戈普夫里茨上了火车，前往文格罗特/弗卢斯巴赫
12月9日	在圣戈阿（隧道）耽搁
12月11/12日	到达
1945年	
1月2日	米特尔巴赫（下茨韦布吕肯登）
1月4日	赛韦勒
1月10日	尼德奥巴赫（上茨韦布吕肯登）
1月11日	阿尔滕瓦尔德（？）
1月20日	比尔（巴登）
1月21日	比尔附近的诺伊扎茨
1月23日	穆肯朔普夫
1月25日	1点横渡莱茵河，奥芬多夫
1月28日	奥恩海姆—罗施沃格
1月29日	塞瑟内姆—比尔（巴登）
1月30日	卡佩尔文德克（比尔附近）
2月3日	装上火车
2月5日	罗尔巴赫—黑尔克斯海姆
2月19日	维桑堡、苏尔茨、叙尔堡
2月21日	霍伦霍夫（支援3个连队）
3月8日	席尔伦霍夫
3月14日	叙尔堡
3月15日	贡德斯霍夫
3月16日	莫斯布隆、兰佩茨洛赫
3月17日	克罗伊茨瓦尔德、德拉亨布龙
3月18日	维桑堡、施魏格霍芬、雷希滕巴赫、黑尔克斯海姆
3月19日	哈斯洛赫，主力在施派尔渡过莱茵河
3月21日	希弗施塔特
3月22日	伊格尔海姆、杜登霍芬、汉霍芬
3月23日	贝格豪森、盖默斯海姆（莱茵河渡口）
3月24日	诺伊多夫
3月25日	诺伊多夫
3月26日	克罗瑙
3月27日	格伦茨霍夫
3月28日	埃珀尔海姆

第七章　换装"猎虎"坦克歼击车的第653重装甲歼击营训练、重组及作战

续表

1945年	
3月29日	埃珀尔海姆（炮击）
3月30日	阿尔特维斯洛赫
4月1日	米歇尔菲尔德
4月2日	奥克森贝格
4月3日	克利布龙
4月5日	盖默里戈海姆（内卡河）
4月6日	贝西希海姆
4月8日	路德维希堡（上火车）
?	施瓦本哈尔
?	克赖尔斯海姆
?	纽伦堡
4月24日	施泰因豪森
4月26日	瓦尔克茨霍芬
4月27日	基辛（奥格斯堡附近）
4月28日	阿默湖畔雄多夫、韦斯灵
4月29日	慕尼黑（盖泽尔加斯泰格）、绍尔拉赫
4月30日	巴特艾布灵
5月1日	罗森海姆、施洛斯贝格尔
5月2日	埃尔施泰特（基姆湖）
5月3日	亨宁多夫
5月4日	魏森巴赫（阿特湖）
5月5日	巴特伊施尔
5月6日	温岑瑙（作为战俘被关了2小时）
5月7日	波奇森山口—利岑（战争在15点结束）

第653重装甲歼击营第3连老兵霍斯特·泰斯下士也提供了他使用"猎虎"的第一手资料：

1944年9月16日，我因紧急事假回家8天。1944年10月1日，我完成了训练课程，被提升为下士，1944年10月4日又开始了一段因为被调动获得的14天假期。到了10月23日，我被调回了先前的那个营，也就是第653重装甲歼击营。

这时全营还没武器可用，部署在靠近当时的（波希米亚—摩拉维亚）被保护国边境的地方，也就是奥地利的德勒斯海姆训练场。这次，我被分配到第653重装甲歼击营第3连，当时的连长仍是克雷奇默中尉。营长则是格里伦贝格尔少校。我们即将接收最新式的武器——"猎虎"，一种战斗全重将近80吨的世界上最重的装甲战车。

随后几周的训练非常艰苦，直到1944年12月初全营登上火车向西前进。越往西运

653重装甲歼击营战史

输状况就越糟。由于铁路已经被空袭炸毁，火车进退两难，我们就在奥肯海姆火车站（靠近宾根）度过了圣诞节。

我们的列车经过将近三周的行驶，最后一个发车，却第一个在茨韦布吕肯登卸车。不过我们的战斗型履带——比运输型履带宽20厘米——还没运到，所以只得继续使用运输型履带。在"西墙"的碉堡里过了一夜之后，我们在1944年12月31日夜用运输型履带在冰天雪地中出动。我们只有2辆坦克歼击车越过了洛林边界，在梅德塞姆迎来了新年的到来。接下来的10天里我们在埃兴-里姆兰（Erching-Rimling）地区与党卫军第17"戈茨·冯·贝利欣根"装甲掷弹兵师协同作战，此地是与美军交战最激烈之处。

车组在厚厚的积雪和冰冻中完成了几乎无法完成的任务，尽管代价高昂，但物有所值。很快我们就意识到，敌人能给我们造成威胁的全部都来自其空中优势和火炮，特别是其火炮还都能够通过观测机的指引进行校射。可德国空军却从未出现过。我们的巨型战车在雪地里是非常显眼的目标，几乎无法进行伪装，因此只能经常违反原则在夜间出动"猎虎"。那次在里姆兰一座磨坊爆发的午夜遭遇战在我的脑海里挥之不去。若没有党卫军的步兵支援，我们可能再也无法离开那里。

经历这些艰难的作战之后，1月11日到23日在萨尔布吕肯附近许纳费尔德的休整期就相当惬意了。1945年1月23日，我们在圣英贝特上了火车，向巴登地区的比尔开进。我们的坦克歼击车在那里进行了一次快速翻修。我们顺利地在上萨斯巴赫（Obersasbach）占据阵地。与此同时，连里的其他部队在比舍魏勒—阿格诺地区投入了战斗。

1945年2月5日，我们又前往普法尔茨州兰道地区的罗尔巴赫。和往常一样，第653重装甲歼击营第3连在豪伊瑙也找到了相当不错的宿舍。由于战事已经在西面打响，我们营在这个地方首次集结在了一起。1945年2月18日，我们在休息了12天之后出发。我们经过维桑堡和沃特前往位于霍伦多夫（靠近格里斯巴赫）的集结区，这次行军使得我无法参加计划于1945年2月19日开课的一个武器培训班。

新区域是阿格诺森林和普法尔茨森林之间沿着莫代河的第二道防线。在之后相对平静的日子里，射击阵地和碉堡陆续被修建起来。我们还趁机熟悉了地形。

1945年3月10日的一次候补军官考试过后，让当时的我们除了战事之外也多了一份额外的念想。3月12日我们又出发前往阿格诺森林里的沃尔堡登上火车。不过没等装车，我们就第一次像炮兵那样作为间瞄火力被部署，对美军设在阿格诺的高层建筑里的观察所进行射击。接着在1945年3月14日傍晚，一道作战命令来了。

第七章　换装"猎虎"坦克歼击车的第653重装甲歼击营训练、重组及作战

在美军发动穿过洪斯吕克山脉直达莱茵河的冲刺行动之后，整个萨尔—普法尔茨地区的局势濒临崩溃。我军必须全速撤退。在我们的地段中，我营和一支"追猎者"坦克歼击车部队负责掩护大部分炮兵、突击炮和步兵的撤退。

接下来的数天非常艰难，在格里斯巴赫爆发了夜战，还在福尔斯坦、霍伦多夫和维桑堡附近发生了战斗。多亏我们营的车长们在撤退行动方面的丰富经验，以及回收排的卓越表现，我们在这次荒唐的行动中才没有遭受过高的损失。

我们的314号"猎虎"坦克歼击车和泰格曼上士的322号"猎虎"被迫于1945年3月17日早晨4点30分炸掉。当时美军步兵已经推进到150米之内，我军的步兵却不见踪影。

在维桑堡穿过马其诺防线并在巴特贝格察伯恩穿过了"西墙"之后，我们于1945年3月20日来到了驻罗尔巴赫的维修连。然后又参加了魏恩施特拉瑟地区诺伊施塔特和施派尔的行动，还于3月23日在盖默斯海姆渡过了莱茵河。在此之前，我们已经收集了很多箱军粮。随后我在驻格拉本—诺伊多夫的支援连里当了3天运油卡车的司机。然后我们途经布鲁赫萨尔前往拉姆博尔茨豪森，1945年3月29日我从那里出发前往圣瓦伦丁出公差。经过奥格斯堡和慕尼黑时，我们也顺便把前任营长的私人物品带到了林茨。他已经因为使全营遭受了不必要的损失以及作战不力被降为少尉。弗罗梅少校成为了我们的新营长。

1945年3月31日，我们在林茨又遭到空袭，这回差点失去了我们的卡车，下午晚些时候抵达圣珀尔滕。我们从那里继续前往维也纳，并在维也纳过了复活节。复活节之后的那个星期一，"伊万"开始炮击维也纳，我在星期二早上乘坐着最后发出的一班列车离开了这座城市，当晚抵达圣瓦伦丁。第二天在尼伯龙根工厂，我们发现计划领取的维修部件已经在一次空袭中被埋住，只能挖出来。于是经过1945年4月5日到8日的耽搁之后，一辆车子才将我们从工厂带到位于诺伊伦巴赫—黑措根堡（Neulengbach–Herzogenburg）附近前线的车辆集结区。我们从克雷姆斯带回了120升酒，经过这段惊险的旅行之后，安然抵达哈格。

1945年4月10日，我们继续途经梅根霍芬、帕绍、雷根斯堡和雷根施陶夫，在雷根施陶夫住了2天。又从那里出发，前往魏登附近的格拉芬沃尔训练场执行我们的任务。1945年4月14日，我们继续经奥格斯堡前往菲沙赫。1945年4月17日前往伦巴赫，在那里我们又可以休息2天。1945年4月20日，我们终于到达了驻伊勒河畔弗林根的我连和营部，此时营部已经将我们上报为失踪人员。1945年4月23日我们出发，随维修连前往沃特湖。美军紧追不舍，1945年4月25日我们继续途经慕尼黑前往埃格尔哈廷。1945年4月27日，我们抵达支援连的驻地埃尔丁。

653重装甲歼击营战史

　　1945年4月30日，16个车组在埃尔丁集合，动身前往尼伯龙根工厂接收新的"猎虎"以迎接"最后一战"。1945年5月6日夜里，美军抵达与苏军的分界线——恩斯河。因为党卫军在我们眼皮底下抢走了新出厂的"猎虎"，加上我们不愿意做苏军的俘虏，于是在1945年5月6日我们作为一个完整的集群前往阿尔卑斯山。那是一次奇妙的旅行：先是穿过恩斯河谷，然后又穿过特劳恩河谷，直到1945年5月8日夜进入G集团军群在拉德施塔特的投降区域。

　　在拉德施塔特，我们帮着"清算"了一个补给站。根据投降协议的规定，德军坦克已经封锁了往北的唯一道路，因此那一眼望不到边的队伍改道前往南斯拉夫。我们被迫开着装得满满的卡车穿过尘土飞扬的土路奔向通往萨尔茨堡的公路，我们是打算开着这辆装满了燃油和食物的卡车直接穿越德国，把每个人都送到他家附近。因此到了1945年5月9日，我们发现自己是孤零零的一辆车，行驶在穿越美军控制区通往萨尔茨堡的路上。为避免冲突，我们都把手枪扔进了一条小溪里。美军的装甲车和宪兵在离萨尔茨堡不远处拦下了我们，并于当天夜里把我们送到了城堡下面的一个用作收容站的兵营里。幸运的是，他们允许我们保留装得满满的背包。

　　1945年5月31日，我们被车子送到巴特艾布灵附近的一个地区。同行的第653重装甲歼击营第3连人员是：弗里茨·施瓦茨、恩斯特·高坦、金特尔·农霍夫、赫尔穆特·克赖恩汉根、欧根·博特、罗伯特·库恰、赖纳·弗洛尔斯和卡尔·朔特尔德赖克尔。

　　在第653重装甲歼击营第3连担任过无线电操作员的弗朗茨·库拉尔也在1992年6月28日的一封信中提供了下列资料：

　　1944年9月初：约2周的休假。休假结束后，奉命来到德勒斯海姆训练场。在那里组建新部队，换装"猎虎"。

　　1944年12月18日：从训练场出发前往戈普夫里茨的铁路站场。途中发动机发生故障，返回德勒斯海姆。其他所有"猎虎"都装上了火车，准备前往莫泽尔。

　　1944年12月21日：2辆"猎虎"在戈普夫里茨装上火车。314号"猎虎"的车组成员如下：

　　车长：埃里克·博尼克上士

　　炮手：霍斯特·泰斯

　　驾驶员：胡贝特·雷斯曼

第七章 换装"猎虎"坦克歼击车的第653重装甲歼击营训练、重组及作战

无线电操作员：弗朗茨·库拉尔

另外一辆"猎虎"的车长是里德尔下士。车组成员姓名不详。

1944年12月24日：奥肯海姆。

1944年12月26日：在没有战斗型履带的情况下在茨韦布吕肯登卸车。在"西墙"的碉堡里住了2个晚上。

1944年12月29日：2辆坦克歼击车都朝着梅德塞姆开进。

1945年1月1日：我们被营长和一位将军叫醒。这位将军祝我们"新年快乐"，并送我们一瓶香槟酒佐餐。

下午向着梅德塞姆前进，战车的履带在一个结冰的陡坡上脱落了。整条履带都必须拆下来并放在战车前面，让战车从上面开过去，让履带重新绕在轮子上。部分履带销已经成了碎片。

大约一个到一个半星期之后，两辆坦克歼击车都回到了茨韦布吕肯，我们的战斗型履带已经送到了那里。然后2辆"猎虎"都经圣英贝特和祖尔茨巴赫前往许纳费尔德。连里的其他部队也到达了那里。1945年2月，大约是20号，我们在圣英贝特上了火车。后来抵达普法尔茨，在坎德尔卸车。我们住在豪伊瑙，又从豪伊瑙前往阿格诺森林。

撤退时，我们拖着另一辆"猎虎"。越过一条弯曲的公路上了一座山之后，我车的侧减速器出了故障抛锚，只得炸毁。继续途经魏因特尔附近施韦根和巴特贝格察伯恩撤向豪伊瑙。安东·斯多耶莱下士在维修连遭遇空袭受伤，博尼克上士及其车组遂接管了他的坦克歼击车。之后我们和几辆"猎虎"朝着魏恩施特拉瑟地区诺伊施塔特开进。由于一个履带张紧装置存在缺陷，我们在施派尔多夫和魏恩施特拉瑟地区诺伊施塔特之间的地带抛锚了。夜间我们又赶往拉亨。次日夜里我们途经施派尔前往格拉本—诺伊多夫的树林。2天后，前往布鲁赫萨尔和下奥威斯海姆。维修连驻扎在了存放收获农作物的仓库。

在复活节的那个星期日，我们的"猎虎"在离开维修连之后又坏了。我们步行前往布雷滕，并等待一辆坦克歼击车来拖曳我们。它抵达后拖着我们前往米尔阿克附近的一个树林。在那里，我们换乘了一辆半履带车前往莱昂贝格，后来又前往菲斯滕。修理工作终于得以在弗林根附近的一个树林里进行。

之后我被调到菲斯滕的支援支队。在那里，我在一辆装着一台缝纫机的卡车上开始了我无谓的旅行，途经乌尔姆、丁克尔斯比尔、讷德林根、多瑙沃特、奥格斯堡、慕尼黑、塞斯豪普特和施塔恩贝格湖，又折回慕尼黑、格拉芬、因河畔罗特、莱芬、萨尔茨堡、塞基兴、蒙德塞，最后到了阿特湖。1945年5月6日，我们在阿特湖边的努

653重装甲歼击营战史

斯多夫被美军俘虏。然后我们被关进毛尔基兴的一个营地，1945年5月22日我从这里被释放。

第653重装甲歼击营营部连的老兵卡尔·塞茨中尉在1990年8月30日的一封信里描述了驻奥地利弗赖施塔特的第17装甲歼击补充与训练营的情况：

尽管并不是营史的重要部分，我还是要说说1944年秋我再次返回营里的原因。我在伯根接受了突击炮训练，在米劳也训练过。由于我1940年在于特博格就指挥突击炮部队，因此我很熟悉它。学生于是也成了老师。格里伦贝格尔少校与米劳的训练部队一直有联系，因此1944年秋他就把我要去。当我向他报到时，他跟我说我将成为重建的第653重装甲歼击营第2连连长，不过首先我要组建一个补充与训练连。因此这个连就出现在了第17装甲歼击补充与训练营中。

1945年4月，这个训练连被调到圣瓦伦丁去协助尼伯龙根工厂组装"猎虎"。1945年5月1日，该连被解散，人员并入一个步兵师里；但是，火车遭到战斗轰炸机扫射。受此影响，我们到了1945年5月8日才到达戈普夫里茨火车站。

而训练营的4辆被我们用于训练的"猎虎"在铁路运输途中在毛特豪森（Mauthausen）地区毁于一次空袭。

"猎虎"坦克歼击车分配一览表

配发至	数量	日期	备注
陆军武器局	2	1944年2月	亨舍尔底盘和波尔舍底盘各1辆
装甲歼击学校（米劳）	1	1944年6月30日	波尔舍底盘
补充营（米劳）	3	1944年8月28日	波尔舍底盘
第653重装甲歼击营	3	1944年10月5日	
后备军（德勒斯海姆）	1	1944年10月6日	
第653重装甲歼击营	3	1944年10月7日	波尔舍底盘
后备军（德勒斯海姆）	1	1944年10月8日	
普特洛斯（射击学校）	1	1944年10月14日	波尔舍底盘
第653重装甲歼击营	1	1944年10月23日	
第653重装甲歼击营	1	1944年10月23日	波尔舍底盘
后备军	3	1944年10月23日	
后备军	3	1944年10月23日	亨舍尔底盘
后备军	1	1944年11月8日	波尔舍底盘
第653重装甲歼击营	1	1944年11月18日	

第七章　换装"猎虎"坦克歼击车的第653重装甲歼击营训练、重组及作战

续表

配发至	数量	日期	备注
第653重装甲歼击营	1	1944年11月18日	亨舍尔底盘
第653重装甲歼击营	3	1944年11月18日	
第653重装甲歼击营	3	1944年11月24日	亨舍尔底盘
第653重装甲歼击营	4	1944年11月24日	
第653重装甲歼击营	3	1944年12月7日	
第653重装甲歼击营	1	1944年12月7日	
第653重装甲歼击营	1	1944年12月8日	
第653重装甲歼击营	1	1944年12月8日	
第653重装甲歼击营	4	1944年12月11日	亨舍尔底盘
第653重装甲歼击营	3	1944年12月11日	亨舍尔底盘
第653重装甲歼击营	1	1944年12月11日	
第653重装甲歼击营	1	1944年12月11日	
第653重装甲歼击营	1	1944年12月12日	
第653重装甲歼击营	1	1944年12月29日	
第653重装甲歼击营	4	1945年1月2日	
第653重装甲歼击营	1	1945年1月3日	
第653重装甲歼击营	4	1945年1月4日	
第653重装甲歼击营	1	1945年1月6日	
第653重装甲歼击营	4	1945年1月9日	
第653重装甲歼击营	1	1945年1月13日	
第653重装甲歼击营	1	1945年1月13日	
第653重装甲歼击营	1	1945年1月13日	
第653重装甲歼击营	1	1945年1月25日	
第653重装甲歼击营	4	1945年4月17日	电报称

战争最后阶段的第653重装甲歼击营车辆状况

日期	猎虎 可用/在修	回收坦克 可用/在修	高炮坦克 可用/在修
1944年12月30日	5/2	—/—	—/—
1945年1月1日	6/1	0/0	0/0
1945年2月1日	22/19	4/0	7/1
1945年2月5日	25/12	?/?	?/?
1945年3月1日	31/8	3/1	6/2
1945年3月15日	38/3	3/1	6/2
1945年3月25日	28/13	?/?	?/?
1945年3月26日	9/19（布雷滕地区）	?/?	?/?
1945年4月10日	10/7 ★	?/?	?/?
1945年4月26日	1/13 ★★	?/?	?/?

★自上次报告后有4辆战车彻底损失。　　★★其中13辆在修：7辆小修，6辆大修。

653重装甲歼击营战史

第653重装甲歼击营"猎虎"车长名单

第653重装甲歼击营第1连

维尔纳·哈伯兰中尉（Oberleutnant Werner Haberland），101号"猎虎"。

汉斯·克尼彭贝格少尉（Leutnant Hans Knippenberg），先后指挥过115号和114号"猎虎"。

古斯塔夫·科斯军士长（Oberfeldwebel Gustav Koss），车号不明。

费迪南德·金贝格尔军士长（Oberfeldwebel Ferdinand Kinnberger），131号"猎虎"。

威廉·弗林特罗普上士（Feldwebel Wilhelm Flintrop），车号不明。

霍斯特·戈林斯基上士（Feldwebel Horst Golinski），车号不明。

恩斯特·马尔克曼上士（Feldwebel Ernst Markmann），车号不明。

埃里希·普雷齐尔上士（Feldwebel Erich Pretzier），车号不明。

埃德蒙·罗斯上士（Feldwebel Edmund Roos），车号不明。

赖因霍尔德·施拉布斯上士（Feldwebel Reinhold Schlabs），123号"猎虎"。

安德烈亚斯·施米特上士（Feldwebel Andreas Schmitt），车号不明。

海因茨·亨宁下士（Unteroffizier Heinz Henning），车号不明。

弗里茨·亚斯凯拉下士（Unteroffizier Fritz Jaskiela，1945年1月4日阵亡），134号"猎虎"。

弗里茨·魏因贝格尔下士（Unteroffizier Fritz Weinberger，存疑），车号不明。

第653重装甲歼击营第2连

罗伯特·维森法特中尉（Oberleutnant Robert Wiesenfarth），车号不明。

费恩艾森少尉（Leutnant Feineisen），车号不明。

鲁道夫·布劳恩少尉（Leutnant Rudolf Braun），211号"猎虎"。

兹沃克少尉/恩斯特·盖勒行政士官（Leutnant Zwack/Stabsfeldwebel Ernst Geile），车号不明。

威廉·洛军士长（Oberfeldwebel Wilhelm Löh），车号不明。

施泰纳军士长（Oberfeldwebel Steiner，存疑），车号不明。

约翰·米尔豪泽上士（Feldwebel Johann Mühlhauser），车号不明。

马克斯·穆勒上士（Feldwebel Max Müller，1945年4月8日阵亡），车号不明。

海因里希·布里勒尔下士（Unteroffizier Heinrich Brieller），车号不明。

恩斯特-奥古斯特·哈格尔施泰因下士（Unteroffizier Ernst August Hagelstein），224号"猎虎"。

彼得·科恩斯下士（Unteroffizier Peter Kohns），214号"猎虎"。

维利·马克斯海姆下士（Unteroffizier Willi Maxheim），车号不明。

奈德勒下士（Unteroffizier Neidler），车号不明。

卡尔·施普罗特下士（Unteroffizier Karl Sprott），车号不明。

第七章　换装"猎虎"坦克歼击车的第653重装甲歼击营训练、重组及作战

第653重装甲歼击营第3连

弗朗茨·克雷奇默中尉（Oberleutnant Franz Kretschmer），301号"猎虎"。
赫尔曼·克纳克少尉（Leutnant Hermann Knack），车号不明。
贾斯珀·郭格尔勒少尉（Leutnant Kaspar Göggerle），331号"猎虎"。
埃米尔·伊斯勒军士长（Oberfeldwebel Emil Issler），车号不明。
弗里茨·施瓦茨军士长（Oberfeldwebel Fritz Schwarz），车号不明。
奥托·博特上士（Feldwebel Otto Bott），车号不明。
阿尔弗雷德·席斯特尔上士（Feldwebel Alfred Schiestl），车号不明。
海因茨·泰格曼上士（Feldwebel Heinz Teigmann），322号"猎虎"。
海因茨·托尔加上士（Feldwebel Heinz Tolgauer），车号不明。
埃里希·博尼克上士（Feldwebel Erich Bönicke），314号"猎虎"。
弗里茨·里德尔下士（Unteroffizier Fritz Riedel），车号不明。
还有三辆"猎虎"的车号及车长姓名不详。

第197突击炮营 / 第653重装甲歼击营的高级勋奖获得者

骑士十字勋章

约翰·施皮尔曼
1942年3月27日，中尉，第197突击炮营第1连排长。
注：1945年3月28日又以第202突击炮旅少校旅长身份成为第804位橡树叶饰获得者。

海因里希·泰里特
1943年7月22日，少尉，第653重装甲歼击营排长。

弗朗茨·克雷奇默
1943年12月17日，少尉，第656重装甲歼击团第1营（第653重装甲歼击营）排长。

陆军荣誉谱勋饰

约翰·施皮尔曼
第197突击炮营第1连排长，因1942年3月13—14日在图拉姆查克的表现于1942年3月28日被登入陆军荣誉谱。

653重装甲歼击营战史

金质德意志十字奖章

乌尔里希·布林克中尉
1943年1月8日,第197突击炮营第1连连长。

威廉·弗林特罗普上士
1945年4月27日,第653重装甲歼击营第1连车长。

伯恩哈德·康纳克中尉
1943年12月26日,第653重装甲歼击营第3连连长。

埃伯哈德·孔策上尉
1943年10月21日,第653重装甲歼击营第2连连长。

弗里德里希·W.迈根军士长
1943年9月6日,第653重装甲歼击营第2连排长。

格拉尔德·德·雷诺提尔中尉
1942年7月,第197突击炮营第3连连长。

弗里茨·施罗德尔炮兵军士长
1942年4月11日,第197突击炮营第1连车长。

海因茨·施泰因瓦克斯上尉
1942年3月25日,第197突击炮营营长。

赫尔穆特·乌布利希上尉
1944年12月3日,第653重装甲歼击营第1连连长。

维尔纳·哈伯兰中尉
第653重装甲歼击营第1连连长,被推荐,但到二战结束都未授予。

第七章 换装"猎虎"坦克歼击车的第653重装甲歼击营训练、重组及作战

◎ 上图是1944年9月初,在熟悉了新武器"猎虎"坦克歼击车之后,第653重装甲歼击营第1连和第3连从驻吕讷堡希思的法灵博斯特尔营地的第500装甲补充与训练营里接收了战车,准备用火车将它们运往德勒斯海姆。下图与上图为同期拍摄,这是供该营用于训练的首批3辆"波尔舍"底盘"猎虎"。它们都敷设了防磁涂层并画有国籍标志,但没有喷涂迷彩。

529

653重装甲歼击营战史

◎ 上图是与前页图同期拍摄。因为"猎虎"的裙甲会让车体太宽，不适合铁路运输，所以被拆掉了，还换上了铁路运输型履带。

◎ 1944年10月下旬，重建的第653重装甲歼击营第2连又在德勒斯海姆训练场接收了2辆用于训练的"猎虎"，它们都是使用波尔舍底盘，底盘编号分别是305009和305010。下图是这个连的排长之一——鲁道夫·布劳恩，在新运抵的305009号底盘"猎虎"前留影。

第七章 换装"猎虎"坦克歼击车的第653重装甲歼击营训练、重组及作战

◎ 上图是305009号底盘"猎虎"在装卸车坡道上的侧面照片。为方便铁路运输而拆掉的裙甲放在发动机舱盖板上。炮管上坐着一个小孩。

◎ 下图也是305009号底盘"猎虎",清晰地展示了较窄的运输专用型履带。

653重装甲歼击营战史

◎ 上图是305009号底盘"猎虎"的正面照，可见车头灯上涂着一个白色字母A，表明这辆波尔舍底盘"猎虎"是训练用车。

◎ 左图中，反复在305009号底盘"猎虎"上出现的这个小孩非常具有镜头感，不断面对镜头摆出各种姿势，他的身份并不清楚，可能只是居住在附近的某家小孩。

第七章　换装"猎虎"坦克歼击车的第653重装甲歼击营训练、重组及作战

◎ 这两张照片是305010号车驶下坡道之后，正在准备更换战斗型履带。这辆"猎虎"后来成了第3连连长克雷奇默中尉的301号车。

533

653重装甲歼击营战史

◎ 上图及左图是卸车之后拍摄的305009和305010，同时可以注意的是，两辆车都在战斗室顶部装有防止雨水流进战斗室内的防水布，证明了"猎虎"也不完全防水。另外值得注意的一点是，这两辆车一辆没有喷涂迷彩（305009），另一辆则喷涂了条纹迷彩（305010）。

第七章　换装"猎虎"坦克歼击车的第653重装甲歼击营训练、重组及作战

◎ 在这两张照片的对比中，我们还可以注意 305009 和 305010 的主炮行军固定架存在着细微差别。

653重装甲歼击营战史

◎ 上图是奥地利森林中的德勒斯海姆营地。第653营换装"猎虎"之后在这里继续进行驾驶和射击训练。

◎ 1944年12月初，在严密的警卫措施之下，第653重装甲歼击营第1连和第2连的"猎虎"在戈普夫里茨（德勒斯海姆附近）郊外登上火车，准备前往参加阿登攻势。虽然禁止拍照，泰斯下士还是拍下了下图。

第七章　换装"猎虎"坦克歼击车的第 653 重装甲歼击营训练、重组及作战

◎ 上图是第 653 重装甲歼击营第 3 连的二等兵马蒂亚斯·卡彭铁尔在 1944 年冬拍摄的肖像照。

◎ 下图是海因里希·阿佩尔下士的肖像照。他是弗朗茨·克雷奇默中尉座车 301 号"猎虎"的驾驶员。

◎ 上图是库尔特·舍雷尔中尉的肖像照，他在第 653 营担任副官直至 1945 年 3 月。

◎ 下图是赫尔穆特·克赖恩哈根下士在 1944 年冬拍摄的肖像照。

◎ 在艾费尔高原地区的布兰肯海姆附近一个森林中待命的第3连的一辆"猎虎"，站在车前的是埃米尔·高尔军士长。

第七章　换装"猎虎"坦克歼击车的第653重装甲歼击营训练、重组及作战

◎ 上图是1944年冬天，医护二等兵施莱斯站在营部的一辆Sd.Kfz. 251/8型装甲救护车前留影。

◎ 下图是在艾费尔高原地区设防的一辆第653营的"猎虎"，来自第3连，它被用树枝和树叶严密伪装起来。一名担任警卫的国民掷弹兵师士兵站在它旁边。

653重装甲歼击营战史

◎ 上图是314号"猎虎"将要在梅德塞姆与埃兴之间越过洛林边境时的留影。车组成员从左到右分别为装填手瓦尔特·莫伊塞斯、雷斯曼、车长埃里希·博尼克、库拉尔和装填手罗伯特·库恰。

◎ 左图是314号"猎虎"的车长埃里希·博尼克上士,他扛着一枚128毫米炮弹留影。

第七章　换装"猎虎"坦克歼击车的第653重装甲歼击营训练、重组及作战

◎ 上图是314号"猎虎"在塞耶勒尔附近补充弹药，引擎盖上可以看到一些巨大的主炮炮弹。从左到右：雷斯曼、莫伊塞斯和泰斯。

◎ 下图是使用运输专用履带行驶到达行动区之后，车组正在更换战斗型履带。

653重装甲歼击营战史

◎ 上图是314号"猎虎"在萨尔地区许纳费尔德附近的休息区。

◎ 下图是1945年1月,第3连的一些官兵在许纳费尔德与当地居民的合影。

第七章 换装"猎虎"坦克歼击车的第653重装甲歼击营训练、重组及作战

◎ 虽然阵地中的"猎虎"都做了伪装,但其体积庞大,而且留下的履带印也十分庞大显眼,因此盟军还是常常能侦察到它们,然后用战斗轰炸机发起攻击。上图摄于314号"猎虎"遭到空袭后不久,它侥幸逃过一劫。

◎ 下图是克雷奇默中尉的301号"猎虎"在茨韦布吕肯附近受损之后所摄,该车只涂了暗黄色。所以车组此时采用了应急战地伪装措施——把床单铺在战车的上层结构、主炮和车身上。

653重装甲歼击营战史

◎ 1945年1月9日，134号"猎虎"（底盘号305024）在阿尔萨斯地区的里姆兰（靠近比奇）被美军的一发"巴祖卡"火箭弹击中了弹药舱，由此引发的一次剧烈殉爆将整个战斗室炸飞，其整个车组——弗里茨·亚斯凯拉下士、格哈德·菲舍尔、维尔纳·扬松、鲁道夫·高贝、弗朗茨·施罗德和弗朗茨·博克塔全部阵亡，这也是第653营损失的第一辆"猎虎"。本页组图即为美军士兵在检查并展示134号"猎虎"的残骸。

第七章 换装"猎虎"坦克歼击车的第653重装甲歼击营训练、重组及作战

◎ 上图及下图是1945年1月16日在奥地利圣瓦伦丁的尼伯龙根工厂拍摄的"猎虎"生产线。此时生产线上生产的都是后期型,其识别特征是战斗室侧面的中段也布满了用于固定备用履带的挂钩。

545

653重装甲歼击营战史

◎ 上图及下图是第653重装甲歼击营第2连的"猎虎"正在经铁路前往普法尔茨地区的集结区。即使在火车上,"猎虎"也要进行严密伪装,并且由于白天被盟军航空兵发现和攻击的风险较高,所有运输只在夜间进行。

第七章 换装"猎虎"坦克歼击车的第653重装甲歼击营训练、重组及作战

◎ 上图及下图是1945年2月5日拍摄的被完全炸毁的卡尔斯鲁厄的铁路设施,只能绕行。

653重装甲歼击营战史

◎ 上图是乘火车前往普法尔茨地区途中的第653重装甲歼击营第3连的一辆"猎虎"（底盘编号305032），注意它此时安装的是战斗型履带，理论上，这种宽履带会让旁边的列车无法通过，所以只允许在紧急情况下使用。

◎ 下图是在海讷附近的森林中，第653重装甲歼击营第3连的一辆"猎虎"在补充燃油。燃油和弹药都是先行送达，以保证这个营不受油弹短缺的困扰。

第七章　换装"猎虎"坦克歼击车的第 653 重装甲歼击营训练、重组及作战

◎ 上图是第 653 营营属侦察排的一辆 Sd.Kfz. 251/3 装甲车的内部照片。汉斯·塔姆斯下士是这辆车的车长。

◎ 左图是塔姆斯下士在阿格诺森林边缘的一个哨位上留影。

◎ 下图是 1945 年 3 月初，第 653 营官兵正在霍伦霍夫附近的阿格诺森林地区修建一个用于储存弹药的地堡。

653重装甲歼击营战史

◎ 上图是第653营第1连连长维尔纳·哈伯兰中尉的101号"猎虎"在暮色中驶向阿格诺附近的集结区。因为盟军掌握着制空权,"猎虎"只能在傍晚或者晚上进行机动。

◎ 1945年3月17日4点30分,第653重装甲歼击营第3连的314号车(波尔舍底盘)和332号车(亨舍尔底盘)的车组不得不在莫尔斯布隆莱班弃车并将车辆炸毁。下图是由美军在战斗结束之后拍摄,前景这辆是314号"猎虎",远处那辆是332号"猎虎"。

第七章 换装"猎虎"坦克歼击车的第653重装甲歼击营训练、重组及作战

◎ 314号"猎虎"是因为侧减速器发生了故障而被弃车。上图为1945年3月18日一个美军士兵在检查这辆战车。从这张照片里可以清楚地看到其伪装式样和黑色的车身编号,并且注意其没有涂上防磁性雷涂层。

◎ 上图及下图是美军士兵正在检查332号"猎虎"的残骸,注意其后方发动机舱盖上有一个高射机枪支架。

653重装甲歼击营战史

◎ 上图及右图中这辆美军丢弃的坦克回收车据说是第653营在阿格诺森林地区战斗期间的战果，但不知道这辆车的最终命运如何。

◎ 下图拍摄的是第653重装甲歼击营第1连连部的102号"猎虎"残骸，它是波尔舍底盘，在1945年3月中下旬的撤退途中在莫尔斯布隆莱班以西的霍伦霍夫附近被遗弃并炸毁。曾经有段时间由于这个角度拍摄的只有一些模糊的照片，因此它被误认为是301号"猎虎"，直到这张车号清晰的照片出现才得以改正。

第七章　换装"猎虎"坦克歼击车的第653重装甲歼击营训练、重组及作战

◎ 上图就是与前页下图拍摄角度相似的102号"猎虎"残骸，可见照片中的车号并不清晰，因此曾经造成了误判。而左图及下图也是近年新发掘出的由平民拍摄的102号"猎虎"残骸照片，这两张照片是同期从两个不同的角度进行拍摄，其中左图也清晰地显示了车号，另外我们还可以看到在这两张照片中，原来只是从基座上脱离的主炮炮盾，现在已经完全不见了。

653重装甲歼击营战史

◎ 本页组图是在102号"猎虎"残骸的拆解工作进行到尾声阶段时所摄，炮管已经切断，发动机舱已经空了，战斗室也已被切开。而从已经拆下的战斗室侧面装甲板上，还可以从斑驳的表面分辨出车号数字102。

第七章 换装"猎虎"坦克歼击车的第653重装甲歼击营训练、重组及作战

◎ 上图及下图是美军拍摄的第653重装甲歼击营第2连于1945年3月22日遗弃在盖默斯海姆郊外蔡斯卡姆村一个道口的234号"猎虎"残骸。美军坦克兵和步兵们争相查看这辆巨大的战车。从轮子可以看出,这是一辆亨舍尔底盘的"猎虎"。

653重装甲歼击营战史

◎ 本页三张照片是美军拍摄的234号"猎虎"残骸更多的照片。右图中,可以看到其右侧前挡泥板上有一个清晰的弹孔,就是这次命中导致其右侧履带断裂,从而弃车。下图是美军对其进行拆解时所摄,右侧的悬挂系统已经被拆掉堆在一旁,主炮也被拆了下来,而车体因为要清空道路,被向右掀翻。

第七章　换装"猎虎"坦克歼击车的第653重装甲歼击营训练、重组及作战

◎ 1945年3月22日，第653重装甲歼击营第3连的一个战斗群在贾斯珀·郭格尔勒少尉的指挥下，对着行驶在"葡萄酒之路"上的诺伊施塔特的一支美军坦克纵队开火，声称击毁了25辆坦克，那些烧毁的"谢尔曼"坦克直到二战结束都散落在路边。

653重装甲歼击营战史

◎ 在魏恩施特拉瑟地区诺伊施塔特的战斗中，格赫尔战斗群的331号"猎虎"以及323号"猎虎"也都因为发生故障而丢弃在了兰道尔大街上，上图及下图就是美军的一支车队从331号"猎虎"旁驶过。

第七章　换装"猎虎"坦克歼击车的第653重装甲歼击营训练、重组及作战

◎ 上图及下图摄于1945年3月23日，美军在更近的距离上检视331号"猎虎"（底盘编号305020）和323号"猎虎"。郭格尔勒战斗群在战斗爆发时埋伏在诺伊施塔特北面的一个预设阵地中，战斗打响之后才在美军的反击之下退入城区中，两车都被美军坦克多次击中，但厚重的装甲都使得这些命中没有造成什么严重损伤。退入城区之后，323号"猎虎"在试图进入一个花园占据阵地时因侧减速器损坏而抛锚，331号"猎虎"则在其对面的兰道尔大街70号房子前继续向美军开火，最后它的侧减速器也发生了故障，于是车组在打出最后一发炮弹之前破坏了制退器，使主炮在射击完最后一弹之后卡在完全后座的状态，以免被敌人使用。随后所有人员搭乘半履带车和战斗群的最后一辆"猎虎"离开了诺伊施塔特。331号"猎虎"背后的这栋房子，就是现在的巴恩考夫酒店。

◎ 上图是331号"猎虎"主炮防盾极近距离的照片。在防盾和炮管的连接处可以看见有损伤的痕迹。这辆车后来被美军回收，送到美国阿伯丁武器试验场做了全面的试验，并在那里一直保存到现在。下图就是美军利用"龙"式坦克运输车将331号"猎虎"运走时所摄。

第七章 换装"猎虎"坦克歼击车的第653重装甲歼击营训练、重组及作战

◎ 在美军继续推进之后,"自由法国"部队抵达"葡萄酒之路"上的诺伊施塔特担任占领军的角色,他们把323号"猎虎"拖到了镇广场上,直到被拆解前它就一直待在那里。上图及下图就是已经被拖到广场上的323号"猎虎",成为孩童们的巨大玩具。

653重装甲歼击营战史

◎ 上两图是323号"猎虎"的另外两张战后照片。

◎ 1945年3月22日在伯尔－伊格尔海姆的激战中，第653重装甲歼击营第2连在战斗中损失了2辆"猎虎"。右图是其中一辆，它是哈格尔施泰因下士的座车224号，它是从伯尔撤到伊格尔海姆之后由于发动机舱被炮弹击中，导致整车烧毁。这个战斗群在伯尔还损失了威廉·洛军士长的"猎虎"，但遗憾的是，从来没有这辆"猎虎"残骸的照片被发现（或确认）过，而且它的车号也不清楚。

第七章 换装"猎虎"坦克歼击车的第653重装甲歼击营训练、重组及作战

◎ 224号"猎虎"的残骸一直留在伊格尔海姆的桑德加塞斯，直到1948年春才被拆解，右图为该车被拆解时的照片。从上图来看，224号"猎虎"是亨舍尔底盘。

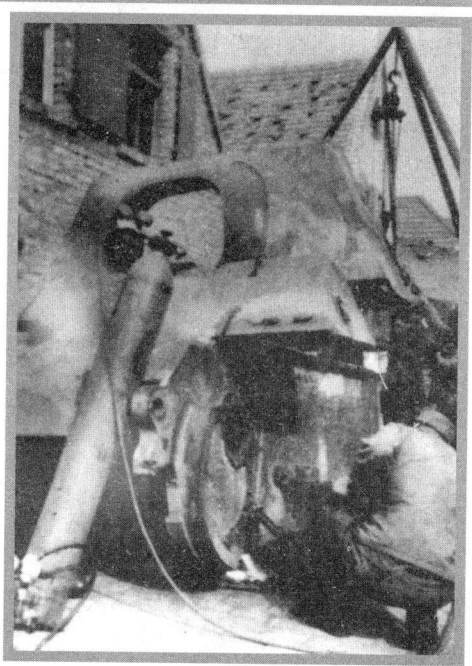

653重装甲歼击营战史

◎ 上图摄于1945年3月27日，在盖默斯海姆渡过莱茵河之后，这辆第653营第2连的"猎虎"在布鲁赫萨尔的一个墓地里待命。车上从炮管一直到车身都罩着一层伪装网。

◎ 下图是1945年3月30日在施韦青根拍摄的115号"猎虎"残骸，尽管照片清晰度不高，但仍可以看清车号是115。其部分车组成员是：汉斯·克尼彭贝格少尉（车长）、赫尔曼·卢夫特（驾驶员）、汉斯·迪斯特勒（无线电操作员）和海因里希·沙费尔（炮手）。

第七章 换装"猎虎"坦克歼击车的第653重装甲歼击营训练、重组及作战

◎ 上图是施韦青根一位名叫弗里茨·西格尔的教师于1945年5月17日绘制的一张草图,它描绘了编号不同寻常的115号"猎虎"残骸,草图的标题是"施韦青根,朗厄马克大路上被毁的坦克"。

◎ 115号"猎虎"残骸一直到1947年都还在施韦青根郊外的这个地点,许多占领军士兵都登上这辆巨型战车留影。

653重装甲歼击营战史

◎ 上图是1945年3月30日在施韦青根市内被击毁的131号"猎虎"残骸，它是在200米距离被"谢尔曼"坦克击中起火，此照由施韦青根当地的一名摄影师在几天后拍下。该车车组成员为：车长费迪南德·金贝格尔军士长，炮手弗里茨·克莱因下士，驾驶员阿尔弗雷德·赫特尔，无线电操作员姓名不详，第一装填手赫尔曼·菲尔贝特，第二装填手姓名不详。

◎ 131号"猎虎"在爆炸时把驾驶员阿尔弗雷德·赫特尔抛出了车外，接着车子还在继续前进，一头撞进了克雷布斯家的住宅里（在海德尔贝格尔大街和曼海默大街的拐角处）。撞击力使得主炮从炮架上松脱，炮口指向天空。下图是从另一角度拍摄的该车残骸。

第七章 换装"猎虎"坦克歼击车的第653重装甲歼击营训练、重组及作战

◎ 炮手弗里茨·克莱因下士在弃车时被机枪击毙,无线电操作员则被严重烧伤,几个月后死在英军的野战医院。上图是从尾部拍摄的131号"猎虎"残骸。克雷布斯宅邸不是唯一一座被131号"猎虎"的爆炸完全摧毁的房屋,曼海默大街及德赖柯尼根大街上的其他房屋也在爆炸中受到严重损坏。

◎ 下图是一名法军士兵站在131号"猎虎"的履带上摆好姿势拍下的一张纪念照,这张照片中的车号清晰可见,而且还可以看到裙甲上有几个被击穿的孔洞。

653重装甲歼击营战史

◎ 上图这张近距离拍摄的照片展示了131号"猎虎"的驾驶员和无线电操作员舱盖板也被爆炸冲击波掀了起来。

◎ 1946年春美军工兵试图回收131号"猎虎",下图就是回收时拍下的照片。但是因过于沉重,导致整架起重机都被扯离GMC卡车底盘,之后他们放弃了努力。因此这辆战争遗物在原地一直停放到1947年春,之后被拆解当作废铁运走。

第七章　换装"猎虎"坦克歼击车的第653重装甲歼击营训练、重组及作战

◎ 这辆"猎虎"是1945年3月30日在埃珀尔海姆被自行炸毁的第653重装甲歼击营第1连古斯塔夫·科斯军士长的座车。猛烈的爆炸将车体的上层结构全部炸飞，只剩下主炮还留在原位。这三张照片是二战结束后由美军拍摄的。

653重装甲歼击营战史

◎ 上图是在下奥威斯海姆拍摄的一辆"猎虎"残骸,它的整个战斗室都从车体上脱离,翻到了一旁。此车是1945年3月31日在此维修时,由于车组误将氧气当作压缩空气使用而导致了大爆炸,3名车组成员在爆炸中身亡,该车也全部报废。

◎ 下图是1945年4月3日在埃平根遗弃的第653重装甲歼击营第1连的2辆"猎虎"。汉斯·克尼彭贝格少尉的114号"猎虎"在前,它的主炮已经因自行爆破而脱落,在它后面的是施拉布斯上士的123号"猎虎"。这2辆"猎虎"都是因为机械故障被丢弃的。

第七章　换装"猎虎"坦克歼击车的第 653 重装甲歼击营训练、重组及作战

◎ 上图及下图是 114 号"猎虎"残骸的前方和侧后方照片，摄于 1945 年夏。其主炮的脱落是德军对其自爆所致，并且战斗室顶盖也因此被掀开。

653重装甲歼击营战史

◎ 本页组图是114号"猎虎"残骸的另外几张细节照片，而右图的三个空药筒是在遭遇美军部队时打出三发炮弹之后所遗留的。这三发炮弹是由同属克尼彭贝格战斗群的214号"猎虎"所打出，美军坦克因此撤退，随后用炮火覆盖了埃平根。受损的114号和123号"猎虎"只得自爆放弃，所有人员搭乘214号"猎虎"和支援车辆向东撤离。

第七章 换装"猎虎"坦克歼击车的第653重装甲歼击营训练、重组及作战

◎ 这三张照片是在美军占领埃平根之后，由一名美军士兵所拍摄的施拉布斯上士的123号"猎虎"残骸。可见内部爆破的冲击波使得很多车内的零件和设备散落到了车外四周。

573

653重装甲歼击营战史

◎ 上图是施拉布斯上士的123号"猎虎"残骸正面的另一张照片。有意思的是，这辆"猎虎"的迷彩涂装是一种有斑点的伏击用式样（见右侧挡泥板）。而在此时为了清空道路，残骸周围的零件碎片已经被堆积到了车前。

◎ 由于当地占领军缺乏重型回收车辆，埃平根街道上的2辆"猎虎"残骸就只能一点点地氧割拆解。下图摄于1945年夏，可见114号"猎虎"后面的123号"猎虎"整个战斗室都已经被拆除，只剩下了车体。

第七章　换装"猎虎"坦克歼击车的第653重装甲歼击营训练、重组及作战

◎ 1945年4月6日在内卡河畔劳芬，第653营第2连的213号"猎虎"牵引着受损的214号"猎虎"在撤退途中也发生了故障，最终两车都被炸毁。本页三张照片就是美军后来在发现两车残骸之后所摄。

653重装甲歼击营战史

◎ 上图是行政士官阿道夫·罗德在1945年春的肖像照,他时任第653营装甲防空排排长。

◎ 上图是1945年3月下旬在哈伯兰中尉负伤之后出任第653重装甲歼击营第1连连长的马克西米利安·维尔申上尉。维尔申上尉在1945年4月中旬的一次车祸中受伤,之后哈伯兰中尉官复原职。维尔申于1945年2月7日获得骑士十字勋章,当时为第507重装甲营第2连连长,此照就是获得该勋章之后所拍摄,当时他还是中尉,3月1日晋升为上尉。战争结束时维尔申在医院中待了3个月,之后拄着拐杖逃离了逮捕。2004年在巴登-符腾堡州的金策尔绍自杀身亡。

◎ 下图是第653重装甲歼击营第1连的赖因霍尔德·施拉布斯上士和弗朗茨·加特纳上士(叉腰者)。此照摄于1945年4月29日的施韦恩多夫(靠近诺德林根)。当他们来到这里时,陆军总司令部下令让所有没有坦克歼击车可用的车组立即到尼伯龙根工厂报到。

第七章 换装"猎虎"坦克歼击车的第653重装甲歼击营训练、重组及作战

◎ 上图是1945年4月底营属装甲侦察排的部分官兵在伊勒蒂森的合影。坐在半履带车发动机罩上的三名士官从左到右依次为是：汉斯·塔姆斯下士、海因茨·波隆加塞尔上士和鲁道夫·路德维希下士。

◎ 1945年5月4日，113号"猎虎"车组在罗森海姆附近的一个树林里弃车，并炸掉了它。下图是美军士兵在战后拍摄的此车残骸，可见爆炸掀掉了战斗室的顶盖，并撕裂了焊缝。

577

653重装甲歼击营战史

◎ 这是在诺德林根以南不远的埃德海姆（Ederheim）所发现的第653营第2连的233号"猎虎"残骸。这辆车的损失没有在第653营的官方战史中提及，但是根据残骸地点来看，它应该是损失于1945年4月15日之后5月1日之前。根据残骸照片来看，它应该也是自爆。

第七章　换装"猎虎"坦克歼击车的第653重装甲歼击营训练、重组及作战

◎ 这就是在科尔伯莫尔掉下桥去的第653营第2连的鲁道夫·布劳恩少尉的座车。根据布劳恩的回忆，事件发生的时间"不是1945年4月30日就是1945年5月1日"，而布劳恩少尉没有提到他的座车车号，根据后世战史研究者的考证，该车车号为211。上图是211号车被部分拆解后从运河里拖上岸之后所摄。

653重装甲歼击营战史

◎ 上图及下图是第653营继续向阿尔卑斯山撤退的途中，在慕尼黑附近遗弃的一辆"猎虎"，其车号不明。

第七章　换装"猎虎"坦克歼击车的第653重装甲歼击营训练、重组及作战

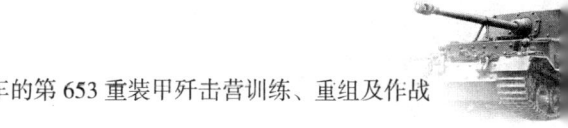

◎ 这是第653营在埃特施拉格的入口处自行炸毁的一辆"猎虎",其战斗室的顶部、左侧和后部装甲板均被炸飞。根据"操作手册"所言,自毁战车需要在两处设置炸药:一处是驾驶室,使得战车无法驾驶;另外一处是主炮,使得战车无法开火。

653重装甲歼击营战史

◎ 上图及下图是第653营在埃特施拉格自行炸毁的"猎虎"另外两张照片，从右后方进行拍摄。

◎ 下图这辆"猎虎"残骸的地点不明，根据战史研究者的考证也是属于第653营，它也经历了猛烈的内部爆炸。

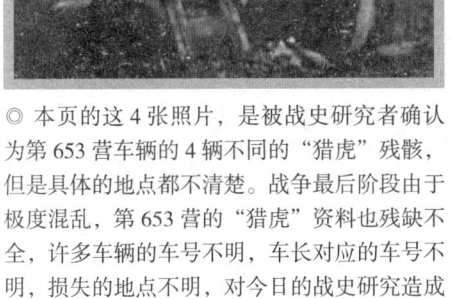

第七章 换装"猎虎"坦克歼击车的第653重装甲歼击营训练、重组及作战

◎ 本页的这4张照片,是被战史研究者确认为第653营车辆的4辆不同的"猎虎"残骸,但是具体的地点都不清楚。战争最后阶段由于极度混乱,第653营的"猎虎"资料也残缺不全,许多车辆的车号不明,车长对应的车号不明,损失的地点不明,对今日的战史研究造成了很大困扰。

653重装甲歼击营战史

◎ 本页组图中的"猎虎"残骸是同一辆车,由美军第20装甲师在德国南部的一条公路边所发现,具体地点不明,根据战史研究者的考证也是属于第653营。它最初被发现时是瘫在路边的,左侧悬挂系统严重损坏脱落(上图及右图),后来它被美军进一步推翻(下图)以扩宽路面。推翻之后可见其车底出现了大洞,可以确定其内部发生过猛烈爆炸,可能是自爆。

第七章　换装"猎虎"坦克歼击车的第 653 重装甲歼击营训练、重组及作战

◎ 上两图均摄于 1945 年 5 月初，第 653 营残余部队在奥地利境内行军期间。

◎ 上图是 1945 年 5 月初，第 653 营的全部人员集合拍下了这张合影。前排身穿浅色斜纹粗棉布制装甲兵夹克的是营部车辆回收排排长罗尔夫·施莱歇少尉。

◎ 下图是第 653 营营部的一辆 Sd.Kfz.251/8 装甲救护车，摄于奥地利，时间是全营投降前几天。

◎ 上图是被编入党卫军第 1 装甲师一个战斗群的其中一辆"猎虎",正在林茨市内向东运动,据称它是在 1945 年 3 月 23 日因空袭受损的一辆修复车。

◎ 下图是被编入党卫军第 1 装甲师一个战斗群的另一辆"猎虎",正停在一个伪装阵地中等待伏击苏军。它是三色迷彩涂装,主炮防盾上写有它的绰号——Sunny Boy(阳光男孩)。

第七章 换装"猎虎"坦克歼击车的第653重装甲歼击营训练、重组及作战

◎ 上图摄于1945年5月5日,党卫军第1"阿道夫·希特勒警卫旗队"装甲师的一名党卫军上尉指挥的一个拥有3辆"猎虎"的战斗群在奥地利施特伦贝格的一个苏军路障前停下,车组随即成为苏军俘虏。不过最终,这些战俘被移交给赶来的美军。

◎ 下图是一名美军士兵和一名苏军士兵爬到在施特伦贝格投降的一辆"猎虎"上合影留念。这辆"猎虎"的战斗室前方左侧画有一只玩具熊。

653重装甲歼击营战史

◎ 这组照片中的这辆"猎虎"就是1945年5月5日在奥地利施特伦贝格投降的3辆"猎虎"中的一辆。它的尾部特别惹人注目，因为其排气管之间装有回收/牵引装置，这种改动可能只应用在最后一批生产的"猎虎"上。这辆"猎虎"的底盘号是305083，它采用了大色块迷彩涂装，国籍标志描绘在车体侧面的备用履带块上方，以及战斗室后部两侧，车体后部的发动机舱盖上还安装了一个对空射击用的机枪支架。这辆"猎虎"车况非常好，苏军将其送回了莫斯科郊外的库宾卡武器试验场进行了一系列测试，现在被陈列在库宾卡博物馆中对外展示。这个博物馆中保存着几乎所有被苏军缴获过的德军车辆。

附　录
车辆标记与涂装

◎ 营部　　◎ 第1连　　◎ 第2连　　◎ 第3连　　◎ 维修连

◎ 第197突击炮营的营徽"加农炮之鹰"。全营各部所使用的营徽式样都相同，只是在底色上有所区别：绿色——营部；白色——第1连；红色——第2连；黄色——第3连；蓝色——维修连。

◎ 1941年3月，第197突击炮营第1连的B号突击炮涂装彩绘。

◎ 1941年4月巴尔干战役期间，第197突击炮营第2连的D号突击炮涂装彩绘。

653重装甲歼击营战史

◎ 第197突击炮营（第1连）的Sd.Kfz.250车头。

◎ 1941年4月巴尔干战役期间，第197突击炮营第2连Z2号Sd.Kfz.250半履带装甲观测车涂装彩绘。

◎ 1942年克里米亚战役期间，第197突击炮营第1连施皮尔曼少尉的Z1号突击炮涂装彩绘。

◎ 1942年克里米亚战役期间，第197突击炮营第1连的Z3号Sd.Kfz.250半履带装甲观测车涂装彩绘。

◎ 1942年冬天苏联前线，第197突击炮营第3连威廉·比尔曼指挥的突击炮涂装彩绘。

附录 车辆标记与涂装

◎ 1943年5月奥地利新锡德尔，第653重装甲歼击营第3连的322号"费迪南德"涂装彩绘。该营所有的"费迪南德"在新接收时都是原厂的暗黄色涂装，没有任何迷彩图案，直到"城堡"行动发起之前才在集结地进行迷彩涂装。

◎ 1943年7月苏联奥廖尔地区，第653重装甲歼击营第1连洛克少尉的121号"费迪南德"涂装彩绘。

◎ 1943年7月苏联奥廖尔地区，第653重装甲歼击营第2连的213号"费迪南德"涂装彩绘。

653重装甲歼击营战史

◎ 1943年7月初"城堡"行动前夕,第653重装甲歼击营也在他们"费迪南德"的战斗室后部右上角上采用了一套特别的视觉识别系统。这套系统的主体是一个大矩形,矩形的不同颜色代表不同的连,而连里的各个排则用这个大矩形左上角的一个小矩形来识别,勾边不封底的是第1排,只勾边不填色的是第2排,勾边封底同时填色的是第3排。由于第1连的大矩形颜色为白色,小矩形的勾边难以识别,因此其第2和第3排又在大矩形上用红色斜杠和红色十字进行了专门区别。

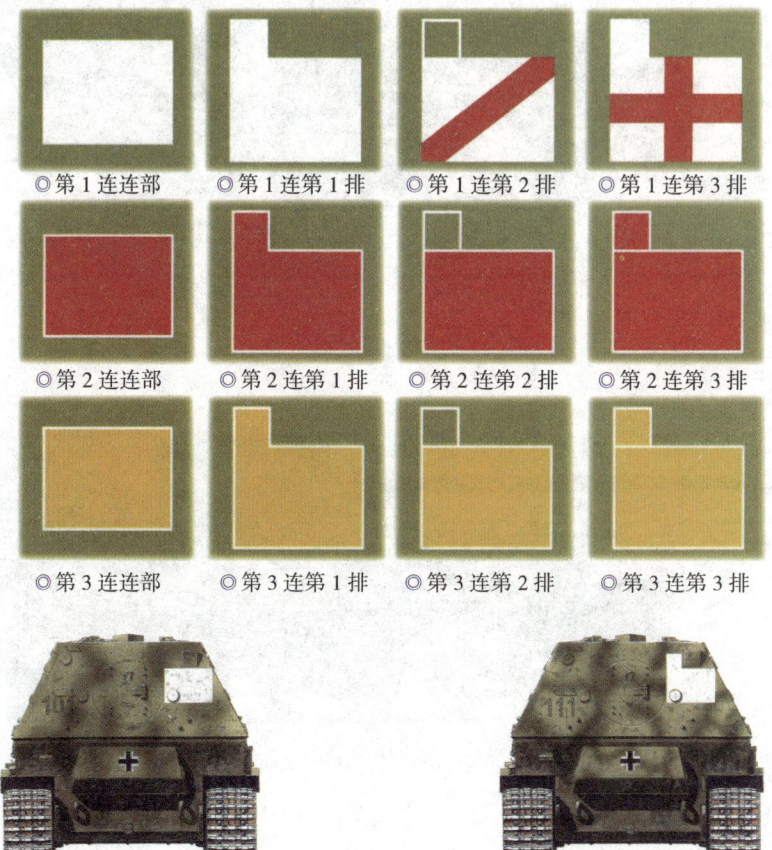

◎ 第1连连部	◎ 第1连第1排	◎ 第1连第2排	◎ 第1连第3排
◎ 第2连连部	◎ 第2连第1排	◎ 第2连第2排	◎ 第2连第3排
◎ 第3连连部	◎ 第3连第1排	◎ 第3连第2排	◎ 第3连第3排

◎ 第1连连长施皮尔曼上尉的101号车。

◎ 第1连第1排排长乌布利希少尉的111号车。

◎ 第1连第2排排长洛克少尉的121号车。

◎ 第1连第3排排长科斯军士长的131号车。

附录　车辆标记与涂装

◎ 第 2 连连长孔策上尉的 201 号车。

◎ 第 2 连第 1 排排长施拉德尔少尉的 211 号车。

◎ 第 2 连第 2 排排长格特尔曼少尉的 221 号车。

◎ 第 2 连第 3 排排长迈根军士长的 231 号车。

◎ 第 3 连连长萨拉蒙中尉的 301 号车。

◎ 第 3 连第 1 排排长朗格中尉的 311 号车。

◎ 第 3 连第 2 排排长施派德尔军士长的 321 号车。

◎ 第 3 连第 3 排候补军官奥皮茨的 334 号车。

653重装甲歼击营战史

◎ 1943年7月苏联奥廖尔地区，第653重装甲歼击营第2连231号"费迪南德"的涂装彩绘。该车也是第653营在库尔斯克战役中使用了暗黄、绿色和褐色三色迷彩的两辆车中的一辆（另一辆是333号），而该营其他"费迪南德"的迷彩都是暗黄底色上加绿色条纹。

◎ 1943年7月苏联奥廖尔地区，第216突击坦克营营部连的一辆"灰熊"四号突击坦克涂装彩绘。

◎ 1943年7月苏联奥廖尔地区，第216突击坦克营第2连的一辆"灰熊"四号突击坦克涂装彩绘。

◎ 1943年7月苏联奥廖尔地区，第654重装甲歼击营第1连第1排排长费尔德海姆少尉的511号"费迪南德"涂装彩绘。该车也是该营在"城堡"行动过后幸存下来的19辆"费迪南德"中的一辆，于1943年8月全部转交第653营。该车后来送回尼伯龙根工厂大修改造之后，于1944年2月成为了第653营第1连的102号"象"式前往意大利作战，5月24日因起火烧毁而被遗弃。美军将其回收，现陈列在美国阿伯丁博物馆。

594

附录　车辆标记与涂装

◎ 第656重装甲歼击团的"潘帕斯"团徽是从1943年9月开始使用的，团徽上的Pampas这个词源自该团团长威廉·恩斯特·阿图尔·阿尔弗雷德·热迪·冯·荣根费尔德男爵曾经在美洲的生活经历。该团团部，以及麾下的第653重装甲歼击营和第216突击坦克营都使用过这个团徽，它们的基本图案相同，只是颜色上进行了区别。另外就是第653营和第216营的维修连所用的徽记与其他单位的有很大区别，其他单位的主体图案是爆炸的坦克，维修连的则是一只眼睛包着绷带的受伤的突击炮，以表明维修连的工作性质。

◎ 第656重装甲歼击团团部

◎ 第653重装甲歼击营营部
◎ 第216突击坦克营营部

◎ 第653重装甲歼击营第1连
◎ 第216突击坦克营第1连

◎ 第653重装甲歼击营第2连
◎ 第216突击坦克营第2连

◎ 第653重装甲歼击营第3连
◎ 第216突击坦克营第3连

◎ 第653重装甲歼击营补给队
◎ 第216突击坦克营补给队

◎ 第653重装甲歼击营维修连
◎ 第216突击坦克营维修连

595

653重装甲歼击营战史

◎ 1943年9月部署在萨波沃罗耶桥头堡期间，北部战斗群指挥官鲍蒙克少校的"费迪南德"尾部涂装彩绘。战斗室左下角的IN1表示的意思是"北部战斗群第1营指挥官"。

◎ 1943年9月部署在萨波沃罗耶桥头堡期间，第653重装甲歼击营第2连一辆"费迪南德"的正面涂装彩绘。战斗室左侧正中央画有一个第656重装甲歼击团的"潘帕斯"团徽。

◎ 1943年9月部署在萨波沃罗耶桥头堡期间，第653重装甲歼击营第3连一辆"费迪南德"车体前部倾斜装甲板上的手绘"骷髅"图案。

◎ 1943年9月部署在萨波沃罗耶桥头堡期间，第656重装甲歼击团团部通讯排的一辆三号指挥坦克涂装彩绘。左上是其炮塔正面的涂装彩绘，主炮防盾左侧也带有一个"潘帕斯"团徽。

596

附录 车辆标记与涂装

◎ 1943年12月部署在尼科波尔桥头堡期间，第653重装甲歼击营第3连的一辆"费迪南德"涂装彩绘。

◎ 1943年11—12月部署在尼科波尔桥头堡期间，第653重装甲歼击营第1连的102号"费迪南德"尾部涂装彩绘。

◎ 1944年5月在意大利作战期间，第653重装甲歼击营第1连连长乌布利希上尉的102号"象"式尾部涂装彩绘。战斗室后部右上角的字母U就是战斗群指挥官乌布利希上尉的姓氏首字母。此车现被陈列在美国阿伯丁博物馆。

◎ 1944年5月在意大利作战期间，第653重装甲歼击营第1连连长乌布利希上尉的102号"象"式侧面涂装彩绘。

597

653重装甲歼击营战史

◎ 1944年初，第653重装甲歼击营开始采用新的营徽，主体图案为尼伯龙根之剑与多瑙河的波涛，外面加一个圆框，底色为白色，图案和框为黑色；第2连的营徽在右下角加上了一个阿拉伯数字2，第3连则是加上一个阿拉伯数字3，营部和其他补给后勤等单位所用的营徽则不加数字。另外值得一提的是，在意大利作战的第1连从来没有使用过这个营徽；而到了换装"猎虎"之时，这个营徽也不再使用。

◎ 1944年4月在苏联加里西亚地区作战期间，第3连的322号车尾部涂装彩绘。

◎ 1944年5月在苏联加里西亚地区作战期间，维修连的一名士兵在Sd.Kfz.9半履带车前留影，左前轮挡泥板上可以看到第653营营徽。远处的维修工棚中还可以看到一辆正在维修的"象"式。

◎ 1944年5月在苏联加里西亚地区作战期间，第2连的一辆"象"式正面涂装彩绘。

◎ 1944年5月在苏联加里西亚地区作战期间，第2连的223号"象"式尾部涂装彩绘。

附录　车辆标记与涂装

◎ 1944年6月在苏联加里西亚地区作战期间,第653重装甲歼击营营部连回收排一辆用"回收豹"改装的指挥坦克涂装彩绘。它加装了一个无法转动的四号坦克炮塔,其主炮可以开火。

◎ 1944年6月在苏联加里西亚地区作战期间,第653重装甲歼击营营部连防空排的一辆高炮坦克涂装彩绘。这辆车是该营维修连用缴获的苏军T-34坦克底盘在战地改装的,加装了一座四联装20毫米高射炮,并用一辆报废的半履带装甲车上切割下来的装甲板搭建了炮塔。

653重装甲歼击营战史

◎ 1944年6月在苏联加里西亚地区作战期间，第653重装甲歼击营营部使用的一辆"虎"（P）指挥坦克涂装彩绘。最上两图是该车尾部的两种涂装式样，第一种带有一个营徽，第二种取消了营徽，转为画上车号003。而根据判断，尾部带有营徽的时期，其炮塔上也没画上车号003。

◎ 1944年7月在苏联的加利西亚地区作战期间，第653重装甲歼击营第3连使用的一辆T-34坦克底盘弹药运输车正面涂装彩绘。

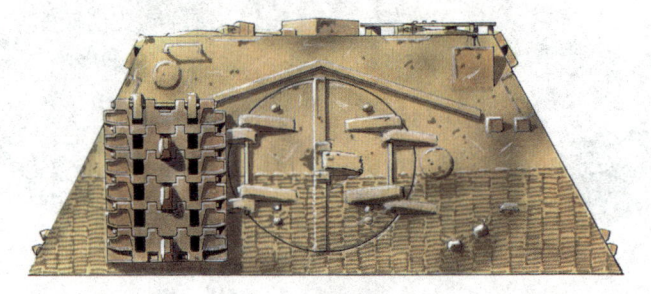

◎ 1944年6—7月在苏联的加利西亚地区作战期间，一辆安装了对开式战斗室后部舱门的"象"式战斗室后部彩绘。总共只有4辆"象"式进行了这样的改造。

附录　车辆标记与涂装

◎ 1944 年 7 月在苏联的加利西亚地区作战期间,第 653 重装甲歼击营第 3 连的一辆"象"式回收车涂装彩绘。"象"式回收车与"费迪南德"回收车的区别在于敷设了防磁涂层,并加装了一挺遥控机枪。

◎ 1944 年 8 月在苏联的加利西亚地区作战期间,第 653 重装甲歼击营第 2 连的一辆"象"式涂装彩绘。

◎ 1945 年 4 月在柏林地区作战的第 614 重装甲歼击连的一辆"象"式涂装彩绘。

601

653重装甲歼击营战史

◎ 1945年2月在奥利地弗赖施塔特的第17装甲歼击训练与补充营驾驶训练排的一辆波尔舍底盘"猎虎"正面涂装彩绘。

◎ 1945年5月在奥利地施特伦贝格被苏军路障截获的党卫军战斗群"猎虎"正面涂装彩绘。

◎ 1943年3月22日在"葡萄酒之路"上的诺伊施塔特作战的第653重装甲歼击营第3连的323号"猎虎"（亨舍尔底盘）涂装彩绘。

◎ 1945年4月3日在埃平根被遗弃的第653重装甲歼击营第1连克尼彭贝格少尉的114号"猎虎"涂装彩绘。

附录 车辆标记与涂装

◎ 1943年3月22日在"葡萄酒之路"上的诺伊施塔特作战之后被遗弃的第653重装甲歼击营第3连的331号和323号"猎虎"都在战斗结束后不久被拍下了彩色照片,这也是战时"猎虎"的珍贵彩色影像。上图是331号"猎虎",下图是323号"猎虎"。

653重装甲歼击营战史

◎ 上图是战争结束后不久在阿伯丁的美国陆军试验场拍摄的102号"象"式。

◎ 下图是战争结束后不久在阿伯丁的美国陆军试验场拍摄的331号"猎虎"，102号"象"式就在它左侧。

◎ 上图是如今陈列在阿伯丁博物馆的331号"猎虎"。

◎ 上图是如今已经被修葺一新的102号"象"式。

◎ 右图是如今陈列在俄罗斯库宾卡博物馆的"猎虎"。